KB192676

사랑하는 가족이
섭식장애를 앓고 있을 때

—〰 신 모즐리 기법 〰—

Janet Treasure · Gráinne Smith · Anna Crane 공저
김율리 · 권젬마 공역

학지사

역자 서문

역자들은 오랜 기간 섭식장애 치료팀으로 수많은 환자를 치료해 왔고 그 가족들과 회복 과정을 함께해 왔습니다. 섭식장애와 관련된 치명적인 문제들은 감당하기 어렵고 매우 까다롭기 때문에, 어려움에 직면한 부모와 배우자 그리고 가족 전체가 겪고 있는 난관들이 얼마나 고통스러운지 알고 있습니다. 가족은 분열되기 쉽고, 서로를 자극하지 않으려고 모른 척하거나, 적극적 회복을 포기하고 충분한 시간이 흘러 저절로 나아지기를 바라는 체념의 마음을 갖기 쉽습니다. 이 책은 섭식장애를 앓고 있는 사랑하는 사람의 옆에서 고통의 시간을 무력하게 감당하고 있는 부모와 보호자들이 새로운 돌봄기술을 발견하고 익힐 수 있도록 안내하기 위한 훈련 지침서입니다. 책 속의 가이드를 실천하면서 섭식장애 당사자와 관계 회복이 될 것이고, 섭식장애로부터 회복이 가능하다는 희망을 전하고 싶습니다.

제1장과 제2장에서는 섭식장애 당사자와 가족들이 왜 이 책을 읽어야 하는지와 섭식장애에 대한 선입견과 잘못된 신념들을 소개하여 인식을 바로 잡고본 치료법을 이해하는 데 필요한 핵심개념과 질환에 대해 설명하였습니다.

제3장에서는 섭식장애의 심리적, 생리적 측면을 이해하고, 신체에 드러난 섭식장애 징후들과 보이지 않은 정서적인 변화들을 의학적 관점에서 설명하여 보호자가 위험을 알아차릴 수 있게 도왔습니다.

제4장부터는 보호자가 섭식장애를 이해하고 대처하는 데 필요한 핵심 개념과 기술을 제시하고, 당사자 앞에서 회피하는 대신 상황을 바라보며 적절

히 꺼내 볼 수 있는 말들을 시도하도록 하며, 한 번의 실패에 포기하지 말고 다른 기회를 통해 나아갈 수 있음을 강조합니다.

제5장에서는 섭식장애 당사자를 돌보는 보호자들에게 보이는 정서 반응과 행동 반응에 따른 동물 비유의 돌봄 유형을 소개하여 보호자들이 자기를 돌아볼 수 있게 안내하면서, 보호자의 한계를 인정하고 회복적 분위기를 위해 발전시킬 태도를 생각해 보게 합니다.

제6장에서는 섭식장애 당사자가 보이는 특이하고 되풀이하는 문제들로 인한 부모와 보호자들의 스트레스와 돌봄에 대한 중압감 속에 느꼈던 고통이 얼마나 막중한지에 대한 공감과 보호자의 6C가 당사자뿐 아니라 보호자 자신에게도 소중한 태도임을 기억하고자 합니다.

제7장에서는 변화의 단계들을 이해할 수 있도록 기본구조를 설명하여 회복의 흐름을 조망할 수 있게 도왔고, 당사자와 보호자 모두의 변화에 대한 동기의 가늠을 통해 현재의 상태를 이해하고, 효과적인 대화를 통해 회복 동기를 강화해 나갈 수 있음을 보여 주었습니다.

제8장에서는 의사소통이 의미의 소통까지 이어지기 위한 기본조건들을 소개하였고, 당사자와 보호자 사이의 소통 기술에서 중요한 것이 교감, 듣기, 실수도 보물이 될 수 있다는 것에 중심을 두고 8가지의 의사소통 기술을 주제별로 나누어 실질적으로 안내하였습니다.

제9장에서는 섭식장애에서 잘못된 의사소통이 일상과 관계에 미치는 영향과 이러한 패턴이 어떻게 섭식장애를 지속시키는지에 대해 다루었습니다.

제10장에서는 회복이 추구하는 목표 중 하나인 사회 참여와 연결을 증진시키기 위해 구성하였습니다. 섭식장애가 원인이 되어 나타나는 사회 관계에서의 한계들을 설명하고, 불안을 다스리려다 쉽게 빠질 수 있는 함정들을 경고합니다.

제11장에서는 당사자가 보이는 섭식장애의 일부인, 과민함과 보이는 표정과는 다른 혼란스러운 감정, 소통 능력 저하를 가족이 어떻게 받아들여야 할

지 논의하면서, 보호자가 정서 조절에 모범을 보이고 가르치는 것이 가치 있음을 말합니다.

제12장에서는 당사자가 섭식 행동의 변화 시 맞닥뜨리는 도전들을 가족이 어떻게 도울 수 있는지를 구체적으로 설명하면서 변화에 있어 전진과 후퇴의 반복은 당연하고, 당사자와 함께 토론하고 계획하며, 당사자 옆에 머물면서 인내한 시간들이 회복에 다다르게 함을 설명합니다.

제13장에서는 당사자의 폭식과 구토의 문제를 극복하기 위한 변화를 지원하는 방법을 소개합니다. 사회는 인간 생존의 핵심인 '먹기'를 혼란스럽게 흔들 수 있는 많은 이유를 가지고 있습니다. 이에 폭식과 제거행위가 어떻게 한 쌍의 병리적 굴레가 되는지 소개하고, 자동화된 사고를 멈추거나, 방향을 바꾸기 위해서 할 수 있는 노력이 무엇인지 설명합니다.

제14장에서는 복합적으로 얽혀 있는 섭식장애의 까다로운 증상과 행동을 당사자와 보호자가 풀어 갈 수 있도록 단계적인 전략과 전술을 자세하게 소개합니다. 당사자가 심각한 문제행동을 보일 때 어떻게 접근해야 하는지, 행위화의 뿌리에 어떤 신념들이 당사자에게 있는지, 병리적 행동 속에서 변화를 모색하기 위해서 어떤 도구로 당사자의 논리에 반박하여 타협을 품은 협상을 할 수 있는지 보여 줍니다. 더불어 당사자 옆에 있는 보호자가 자신의 실수를 보물로 여기면서 병에 압도되지 않고 다양한 방식으로 풀어가는 침착한 모습을 보여 주는 자체가 당사자에게는 회복의 모델링임을 강조합니다.

제15장에서는 가족이 당사자의 회복을 돕기 위해서는 섭식장애를 보는 또 다른 치료적 관점이 생겨야 하고, 실용적인 해결책을 찾기 위해 필요한 핵심 지침들을 간략하게 정리하면서, 보호자가 미리 갖추어 놓으면 좋을 태도에 대해 소개하며 책을 마무리합니다.

각 장의 마무리에는 '빠른 길잡이' 역할을 할 수 있는 '실천하기'와 '기억할 점'이 있습니다. 이를 참고하면 문제에 부딪힐 때마다 혹은 상황이 발생했을 때 대처 방법을 떠올리는 데 도움이 될 것입니다.

  우리 모두에게는 연약함이 있습니다. 자기 안의 연약함과 닿아 그것을 이해해 가는 과정에는 뚜렷한 난관이 있을 것입니다. 하지만 연약함을 취약성으로만 여길 것이 아니라, 자기 안의 연약함이 타인을 향한 연민과 호기심의 마음을 갖게 하는 뿌리일 수 있음을 기억했으면 좋겠습니다.

  섭식장애는 회복하는 과정은 힘들지만 회복이 가능한 질환입니다. 늦었다고 생각할 때가 가장 빠른 때임을 기억하시고, 섭식장애 전문 치료기관의 도움을 받으시길 바랍니다. 그래야만 절망을 느끼는 섭식장애 당사자와 죄책감을 느끼는 부모와 보호자들이 혼자가 아니라는 사실을 깨닫고, 부담에도 불구하고 회복의 여정이라는 도전을 받아들이게 되어, 어느덧 원래의 삶으로 다시 다가서 있음을 깨닫게 될 것입니다.

권젬마, 김율리

저자 서문

이 책이 왜 필요할까요

섭식장애 증상(들)은 섭식장애 당사자(people with eating disorder)와 보호자 모두에게 지대한 영향을 끼칩니다. 하지만 보호자들에게 미치는 섭식장애의 영향에 대해서는 종종 간과되어 왔습니다.

최근의 섭식장애 연구 결과, 섭식장애 당사자가 겪고 있는 병리적 사고와 행동에 대해서 보호자가 이해하는 것이 회복에 도움이 되는 것으로 나타났습니다. 하지만 보호자의 의도가 좋더라도 증상에 대한 보호자의 자동화된 (대처)반응들은 실제 회복에 크게 도움이 되지 못할 수도 있습니다.

보다 효과적인 방식으로 증상을 다루기 위해서는 한 걸음 물러나는 것이 가족이자 한 개인으로서 당신에게 미칠 불리한 영향을 줄일 수 있습니다.

보호자가 숙련된 기술로 섭식장애 당사자를 돌본다면 전문적인 섭식장애 치료 기관의 역할에 버금가는 효력을 발휘할 수 있습니다. 예를 들어, 'C'로 시작하는 평온(Calmness), 소통(Communication), 연민(Compassion), 협동(Cooperation), 협업(Collaboration), 코칭(Coaching)의 6C를 보호자가 숙지하는 것은, 섭식장애 당사자에 대한 일관적이고 다차원적인 돌봄에 유용한 도움을 줄 수 있습니다.

이 책은 당신에게 신 모즐리 기법의 최신 기술과 정보를 줍니다. 더불어 특별한 소식은, 영국 런던 모즐리 병원의 섭식장애 치료팀이 개발한 이 치료 팁들을 환자의 아버지가 직접 실천했을 때 환자의 섭식장애 회복을 보다 적극적으로 도모할 수 있다는 연구 결과가 있다는 것입니다.

수년 동안 모즐리 병원 연구팀은 섭식장애를 앓고 있는 당사자들을 돕기 위해 방대한 전문 지식과 기술을 발전시켜 왔습니다. 우리의 목표는 이러한 정보를 종합하고 공유하는 일입니다. 우리의 궁극적 소망은 보호자인 당신 또한 섭식장애 당사자의 회복을 돕는 전문가가 될 수 있게끔 하는 것입니다.

당신은 보호자로서 섭식장애가 당사자의 삶을 점령하려 드는 것을 막는 역할을 할 수 있습니다. 이 매뉴얼이 당신에게 노하우를 제공할 것입니다.

누가 도울 수 있고, 보호자는 누구일까요

이 책 속의 '보호자'라는 단어는 환자에게 지지를 보내는 가까운 친구 혹은 가족 구성원 누구라도 해당될 수 있습니다. 대부분은 부모가 그 역할을 수행하고 배우자 혹은 형제자매가 그 역할을 하기도 합니다. 특히 아버지, 남동생 그리고 배우자는 촉진적 역할을 맡을 수 있습니다. 보호자가 돌봄에 대한 지식과 기술을 가지고 대한다면, 그들은 아주 귀중하고 현명한 멘토가 될 것입니다. 보호자의 전문성 유무에 관계없이 이 책의 내용은 섭식장애를 겪고 있는 당사자를 보살피는 보호자 모두에게 적용할 수 있습니다.

런던 모즐리 병원의 섭식장애 치료 책임자들에 의해 만들어진 이 책의 내용이 보호자의 개별적 환경에 딱 맞게 적용되지 못할 수 있습니다. 보호자들은 적용에 앞서 상의를 통해 책의 정보를 상황에 맞게 조정할 필요가 있습니다. 하지만 입원병동이든 가정환경이든, 실제적인 돌봄에 대한 광범위한 개념은 적용할 수 있습니다.

용어 안에 무엇이 있나요

　일부 사람들은 신경성 식욕부진증(이하 거식증), 신경성 폭식증, 폭식장애 등 구체적인 용어를 사용하자고 주장합니다. 하지만 당사자는 이러한 진단들 사이를 왔다 갔다 하기 때문에 보다 폭넓은 용어인 '섭식장애'라 부르는 것이 더 낫습니다. 오래된 기아 상태와 식습관의 비정상적 패턴과 같은 증상 자체가 새로운 증상을 만들어 내는 뇌의 변화에서 유발되었을 수 있기 때문에 질병의 복잡성에 있어서 시간은 중요한 역할을 합니다. 병의 초기에는 증상들이 유동적이지만 시간이 흐르면서 증상이 고착되면 변화하기가 쉽지 않습니다. 그러므로 이들은 병의 다음 단계로 생각하는 것이 더 정확할지도 모릅니다.

　이 병에 관해 글을 쓰면서, 우리는 '섭식장애로 힘들어하는 사람' 또는 '당신이 사랑하는 사람' 또는 '당신의 딸, 아들, 또는 배우자' 등을 반복적으로 쓰는 것이 어색할 때가 많았습니다. 그래서 이러한 표현 대신, 우리는 이 책에서 섭식장애가 있는 한 개인을 부르는 용어로 '섭식장애 당사자'를 쓰고자 합니다. '섭식장애 당사자'는 남자일 수도 있고 여자일 수도 있으며, 나이가 많을 수도 있고 적을 수도 있습니다. 여러분은 보호자로서 여러분이 사랑하는 이의 이름으로 대체하면 됩니다.

　본질적으로 섭식장애는 극단적이고 복합적인 행동이 특징입니다. 그런 행동들을 수용한다는 것이 보호자들에게 큰 도전입니다. 영준, 세나, 라희라는 이름 대신에 '당사자'라는 이름을 사용하는 것은, 섭식장애를 앓고 있는 당사자로부터 그들이 하는 도저히 받아들이기 힘든 행동(거식증의 목소리와 속삭임 등)을 분리하는 데 도움을 줄 것입니다.

이 책의 구성과 목적

이 책은 총 15개의 장으로 구성되어 있고, 각 장에서는 섭식장애 당사자를 돌보기 위한 주제가 담겨 있습니다. 제1장에는 섭식장애 당사자를 위한 유용한 정보를 담았고, 제2장부터 제15장에는 다음의 내용들이 포함되어 있습니다.

- 섭식장애에 관련된 기본 배경정보
- 당신이 만날 수 있는 상황의 예시
- 실제적 기술과 실용적 팁
- 새로운 기술을 실제에 활용하도록 돕는 과제
- '깊어진' 문제로부터 빠져나가기 위한 '기술' 목록

이 책의 목적은 우리의 경험을 통해, 보호자가 맞닥뜨린 도전과 돌봄 역할에서 흔히 일어날 수 있는 이슈에 대해 정보를 제공하는 데 있습니다. 이 책의 어떤 매뉴얼을 가지고 곤궁을 극복해 나갈지는 각자에게 달려 있습니다. 어떤 분은 전체 텍스트를 훑어본 뒤 자기 상황과 관련된 장만 찾아보는 것을 좋아할 수도 있고, 또 어떤 분은 각 장을 순차적으로, 체계적으로 연구하고 각 기술을 차례대로 흡수하는 것을 선호할 수도 있습니다. 선택은 당신의 몫입니다.

새로운 기술들 배우기

섭식장애가 보여 주는 복합적인 문제들을 다루기 위해서는 새로운 기술이

필요합니다. 여기에는 습관을 깨는 기술, 두려움에 맞서는 기술, 전반적으로 편안한 의사소통 능력을 발달시키는 기술이 있습니다. 그 핵심 기술들은 치료자들이 수년간의 훈련과 연습, 실제에 대한 지도감독을 통해 얻은 것으로, 정신의학 치료자들에 의해 오랫동안 사용되어 온 것입니다. 우리는 대부분의 보호자가 스스로 이 기술을 사용하고자 노력해 왔을 뿐 아니라 전문가에 의한 치료가 무엇을 하는 것인지에 대해 보호자들이 이론적으로 이해하는 것이 도움이 된다는 것을 알았습니다. 그래서 우리는 보호자들이 필요로 하는 지원을 제공하게 된 것입니다.

1. 해로운 습관 깨기

해로운 습관을 깨는 과정은 세 가지 요소를 포함합니다. 알아차리기 혹은 자각(Awareness), 계획 세우기(Planning), 행동화(Taking Action)의 'APT'로 기억하기 바랍니다. 각 장의 다음과 같은 아이콘을 찾아보세요.

A는 알아차림 혹은 자각을 의미합니다. 관찰을 통해 나는 무엇을 배울 수 있을까요? 알아차림과 반영(reflection)은 필수적인 정보를 모으고 지식을 얻는 것입니다.

이 아이콘은 '알아차리기' 혹은 '자각'을 의미합니다. 이 아이콘은 당신에게 또 다른 관점을 갖도록 자극합니다. 자신을 제3자 보듯 담담히 바라봅니다. 자동적으로 발생해서 무심코 지나쳤던 환경 속에서 일어난 자극과 행동양상에 대한 정보를 있는 그대로 기록해 봅니다. 당신이 신뢰하는 사람과 반영적 경청(reflective listening)을 해 봅니다(제8장 참조). 당신이 어떻게 하고 있는지 가족과 가까운 지인들에게 피드백을 요청해 보세요.

P는 정교한 계획과 준비를 의미합니다. 습관과 학습된 행동들은 자동적이

어서 초기에 중단되지 않는 한 그 행동이 인생을 차지하게 됩니다. 해로운 습관을 없애기 위해서는 좋은 구성으로 시각화된 계획을 가져야 합니다. 섭식장애 당사자에게 최상의 돌봄을 구축하려면, 또 다른 핵심 기여자가 이 단계에 참여하도록 하세요.

이 아이콘은 '계획 세우기'를 의미합니다. 이 아이콘은 강요에 의하지 않고 자연스러운 선택으로 섬세하게 만들어진 계획과 연습에 시간을 투자할 수 있도록 도와줍니다. 장애물들을 극복하기 위한 창의적인 아이디어를 찾기 위해 브레인스토밍(예를 들어, '만약–그렇다면'으로 시작하는 시나리오 같은)을 같이 해 보는 겁니다. 전화기에 메모로 적어 놓거나 신뢰하는 사람에게 크게 소리 내어 말하는 것도 도움이 됩니다.

T는 시도하고 행동함을 의미합니다. 도전을 선택하세요. 무엇을 배웠으면 하나요? 우리는 새로운 것을 통해 우리의 뇌를 놀라게 함으로써 무언가를 배웁니다.

이 아이콘은 '실천하기, 시도'를 의미합니다. 실천하세요. 시도해 보세요. (그리고 또다시 해 보세요.) 과감히 도전해 보세요. 당신의 계획을 다시 행동으로 옮기고 또 옮기다 보면(적어도 최소 일곱 번) 이것들이 서로 연결될 것입니다. 모든 시도가 성공하지 않습니다. 하지만 견뎌 내세요! 새로운 행동을 배울 때는 시간이 걸리고 인내와 반복이 필요하지만, 당신은 결국 해낼 것입니다.

그런 후에 다시 첫 번째(알아차리기)로 되돌아갑니다. 당신에게 무엇이 일어났는지, 무엇이 잘되었고 무엇이 잘못되었는지 자각하고, 다음 계획, 준비 및 행동에 무엇이 필요한지 자각해 봅니다.

알아차리기-계획 세우기-시도하기(APT)는 연속적 과정입니다. 새로운 것을 시도하는 것은 자신의 행동을 검토하고 쌓여 온 것을 수용하고, 반영을 통해 가다듬는 과정입니다. 당신은 무엇을 경험했었나요? 변화를 일으키거나 유지하려면 어떤 도움이 필요한가요? 섭식장애 당사자의 관점에 새로운 관점을 덧붙여 주거나 어떤 제안을 해 달라고 타인에게 요청할 수 있나요?

이러한 변화는 섭식장애 증상들을 약화시키는 잠재력을 가질 뿐 아니라 섭식장애 당사자에게 당신이 변화하고 있음을 보여 주는 계기가 됩니다. 또한 변화한다는 것이 얼마나 어려운 것인지를 가르쳐 주기도 합니다. 이 과정은 '셋이 하나가 되는 것'으로 병을 약화시키고, 실례를 따르고, 통찰력을 발달시키는 것입니다.

2. 두려움에 맞서기

두려움에 맞서는 것이 필요한 때는 두려움을 느끼는 용기를 가지고 있지만 뚫고 나갈 힘은 부족할 경우를 의미합니다. 이 비밀을 풀 열쇠는 과제를 작은 과제들로 나누는 데 있습니다. 도전 단계를 하나씩 올릴 사다리의 간격은 도전이 될 정도로 크게, 하지만 너무 압도적이어서 흥분하지 않을 정도여야 합니다. 새로운 배움을 통합해 가는 과정은 시간이 걸리고, 반복이 필요합니다.

3. 의사소통

정확하게 듣고 긍정적으로 반응하는 것은 상대방 누구에게나 큰 선물입니다. 이것 역시 시간과 연습이 필요합니다.

각 장 맨 끝부분에 있는 깨달음 상자에는 중요하게 기억하여 '집에서 시도해 볼' 메시지가 요약되어 있습니다. 하지만 개개인의 회상은 모두 다를 것입니다. 당신은 무엇을 배울 수 있었나요? 일기에 적힌 당신의 행동을 모니터링해 보는 것은 자기관찰에 유용합니다. 당신이 어떻게 하고 있는지에 대한 정기적인 피드백은 모두에게 이익입니다. 집계를 할 수 있나요? 당신 마음의 문을 열 용기와 당신의 성찰들을 공유할 수 있나요? 그리하여 독립적인 과정

모니터링을 얻을 수 있나요?

이 책에 묘사한 기술들을 내 것으로 만드는 것은 쉽지 않습니다. 하지만 그 기술들은 삶의 많은 경우에 적용할 수 있는 유용한 것들입니다. 또한 당신 자신이 당신의 행동을 변화시키는 과정을 거쳤다면, 당신은 섭식장애 행동을 변화시키는 데 더 효과적일 수 있습니다.

효과가 있을까요, 어떤 근거가 있습니까

의학이 예술에서 과학으로 옮겨 감에 따라 전문가들은 근거기반 치료를 기대합니다. 본질적으로, 연구자와 임상의가 반드시 물어야 할 질문은 개입이 환자에게 도움이 되는 것이 입증되었는가 하는 것입니다. 가장 확실한 증거는 설득력 있는 결과를 줄 만큼의 충분히 큰 무작위 실험연구입니다. 그러나 치료의 효과가 있는지의 여부는 보다 복잡합니다. 각 환자의 개인차도 매우 중요하기 때문입니다. 다시 말해, 우리는 각 환자의 개별적인 특징, 그들의 경험과 반응 및 섭식장애의 개별적 특징을 고려해야 합니다.

섭식장애는 인간의 성장과정 중 가장 중요한 발달 시기에 시작되고, 평균 10년 이상 병이 지속됩니다. 또한 치료에 대한 형태와 영향 및 반응은 다양합니다. (예를 들어, 가족기반치료는 병의 초기 단계에서는 치료효과가 크지만, 병이 더욱 견고해지고 병력이 길 경우 덜 효과적입니다.) 게다가 환자의 선호도 역시 다양합니다. 환자가 치료를 중단하면 개입은 어렵습니다. 따라서 섭식장애를 겪고 있는 사람 모두에게 적용 가능한 하나의 치료 방식이 아니라 '맞춤 재단'을 요구합니다. 당사자 개인을 위한 적절한 치료 개입에는 신중한 판단이 늘 요구됩니다.

많은 연구를 통해 섭식장애 당사자의 보호자에게 정보와 기술을 교육하고 지원하는 것이 그들의 고충과 부담의 무거운 짐을 경감시킨다는 결과가 나오고 있습니다. 또한 질적으로 높은 수준의 정보들을 병의 초기 단계에서 가족들에게 제공하였을 때, 심각한 수준으로 병이 굳어 가는 것을 막을 수 있다는 연구 결과가 있습니다.

성인기에 접어들면서 섭식장애와 관련된 습관이 정체성의 형태로 굳어진 경우 보호자가 어떻게 도와야 할지에 대한 정보는 매우 적습니다. 이 책 속의 기술들은 병이 심각한 중증으로 진행되기 전에 개입하는 것들로 고안되었습니다. 부모와 보호자가 이 책의 조언을 따를 때 섭식장애 환자가 부모 혹은 보호자와의 관계 변화를 긍정적으로 언급한다는 것을 두 개의 연구를 통해 예비증거를 발견하였습니다. 더 나아가 섭식장애의 심각성이 약화되고 병원 입원치료를 덜 필요로 한다는 것도 발견하였습니다.

우리가 더 많은 연구 결과를 도출함에 따라 이 자료들은 수정을 거듭하였고, 우리는 시청각 자료를 제작하기 위해 Succeed 자선 단체의 도움을 받았습니다(www.succeedfoundation.org). 이 사실은 이 책에 대한 신뢰를 보여 주는 훌륭한 증거입니다. 더불어 전 세계의 섭식장애 당사자의 가족과 섭식장애 회복센터들 그리고 간호사, 섭식장애 치료자들이 이 책을 통해 배우고 익히고 있습니다.

성공을 위한 팁

1. 기술 쌓아 가기

알아차림, 계획 세움, 실천(함), 도전(함), 두려움과 대면, 좋은 의사소통은 이 책의 매뉴얼을 성공적으로 사용하기 위한 기본 요소입니다. 지속적으로 배우고 연습하는 것이 얼마나 중요한지는 아무리 강조해도 지나치지 않습니다.

전문 치료자를 훈련시킬 때에도 수년이 걸리며, 경험이 풍부한 전문가의

'임상감독'을 통해 지속적인 지지와 피드백 경험이 필요합니다. 훈련은 오디오와 비디오를 통해 기록을 반영하고, 분석하는 과정을 통해 발전하며, 실수와 부족함을 가려냅니다. 이것을 집에서 진행하는 것이 분명히 쉽지 않긴 하지만, 당신의 진행에 시간을 가지고 회상해 보세요. 가능하다면, 당신의 조력자, 친척과 친구 혹은 섭식장애를 경험했던 사람에게 도움을 요청해 보세요. 다른 보호자나 자조집단으로부터 도움을 얻는 것이 가능한가요?

2. 익히는 과정

이 훈련 전체는 하나의 답과 같은 결과가 아니라 상호작용을 통해 과정과 방법을 이해하는 것이며 당신의 변화에 도움이 됩니다. 이것을 명심하세요.

3. '모든 실수는 보물입니다'

인생의 다른 영역과 마찬가지로, 과정 중의 실수는 일어납니다. 그것이 실패로 간주되어서는 안 된다는 것을 기억하는 것이 중요합니다. 높은 기준과 완벽주의가 당신의 새로운 시도를 흔들지 않게 하세요. 사실, 실수란 당신과 당신이 사랑하는 사람들 모두에게 어떤 과정도 어떤 사람도 완벽할 수 없음을 깨닫게 합니다. 당신이 최적의 경로로 가기 위해서는 실수를 해야만 합니다. 어떠한 실수도 없다는 것은 과도한 회피를 의미합니다. 매뉴얼 내내 이 사실을 기억하길 바랍니다.

마지막으로

당신이 맞닥뜨리는 모든 문제에 관련 예시를 주는 것은 힘들지만, 우리가 제공하는 폭넓은 모델 중 일부를 적용해 보기 바랍니다.

우리는 많은 보호자가 무엇을 필요로 하는지, 어떤 것이 효과적이었고 어떤 것이 불필요했는지를 말해 준 덕택에 이 책을 발전시켜 올 수 있었습니다. 이 책에도 오류가 있을 수 있습니다. 따뜻한 마음으로 이해해 주기를 바랍니다. 언제나 그래 왔던 것처럼 앞으로도 우리가 해 왔던 것들을 꾸준히 개선해 나갈 것입니다.

☐ 차례

제15장 회상, 검토 그리고 휴식 • 301

제1장
공유된 관점
—섭식장애에 관한 생생한 경험

1. 이 책을 반복해서 읽어야 하는 이유

당신은 이 책을 가족 혹은 친구로부터 소개 받거나 직접 찾았을 것이다. 어떤 경로를 통해 이 책을 만났든, 현재 어떤 상황이든, 병력이 길든 짧든, 당신의 감정은 복잡한 상태일 것이다. 당신의 고통을 누군가 알았을 때 희망을 느꼈을 수도 있고, 당신이 아프다는 것을 타인들이 안다고 생각하니 용기를 잃거나 화가 나기도 했을 것이다. 당신만의 비밀, 삶의 버팀목, 늘 '성공적이었던' 대처방식에 사로잡혀 있거나, 당신의 행동이 무섭고, 그 행동의 결과가 다른 사람들에 미치는 영향에 대해 수치스러울 수 있다. 당신이 누구든, 무엇을 느끼든, 변화로의 열망이 강한지, 양가적인지, 우유부단한지와는 상관없이 당신은 믿어야 한다. 어떤 순간이나 어디에서 어떤 방법으로든 당신을 도와줄 사람이 필요하리라는 것을 수용해야 한다. 당신은 이 상황에서 빠져나가고 싶어 해야만 한다. 하지만 당신의 능력이 충분하고, 자율적이라 스스로 공언할지라도 '당신 혼자서도 할 수 있지만, 혼자서 그 일을 해낼 수는 없다'라는 것을 반드시 기억하기 바란다.

이 책은 당신의 배우자, 친구, 부모, 형제에게 섭식장애를 겪고 있는 당신을 어떻게 가이드하고 지지해야 할지 깨우치는 데 목적이 있다. 이 책에 담긴 내용과 정보는 오랜 시간 축적되어 온 결과로 세 가지 관점을 가진다. 첫 번째는 지식적으로 충분한 전문가의 관점, 두 번째는 경험을 축적한 보호자의 관점, 세 번째는 회복하려는 섭식장애 당사자의 관점이다.

이 책을 읽은 당신은 스스로에게 훌륭한 보호자가 될 것이다. 이 책을 치료자나 주변인에게 보여 주고 그들과 힘을 합쳐 회복해 나가길 바란다.

이 책을 유용하게 사용할 수 있는 방법을 추가로 찾아보길 권장한다. 그 후 치료자와 주변인에게 당신의 경험을 공유하자. 먼저 각 장에서 다루는 내용을 간략하게 요약해 보자. 당신은 보호자가 선택한 돌봄 방법(접근 방법)에 대해 이해할 수 있을 것이다. 더불어, 정보와 회복에 필요한 기술을 갖춘 보호자가 회복을 향한 여정의 출발선에 당신을 안전하게 설 수 있게 하고 전진할 수 있게 한다는 점을 인식하게 될 것이다. 우리는 보호자의 행동을 바꾸는 것이 얼마나 어려운지 잘 알고 있다. 덧붙여, 우리는 보호자가 섭식장애 행동을 바꾸는 것이 얼마나 어려운 일인지 인지하게 되면, 섭식장애를 겪고 있는 당신의 투쟁에 더 큰 연민을 가진다는 것을 발견했다.

2. 책 구성에 대한 빠른 길잡이

1) 동물 비유

섭식장애 관련 증상들은 당사자뿐 아니라 주변 사람들에게 심각한 영향을 끼친다. 섭식장애 행동은 격노, 분노, 좌절, 절망, 눈물, 공황, 불안, 외면, 심지어는 차단에 이르기까지 다양한 반응을 일으킨다. 제5장에서 우리는 보호자들에게 그들 스스로가 섭식장애 당사자에게 어떤 식으로 반응하는지를 물어보고, 공통적으로 등장한 응답을 통해 동물에 비유하여 소개했다. 어떤 비유가, 당신에게 반응하는 보호자의 방식과 유사한지 연결지어 보자.

당신의 모든 움직임을 보호하고 경호하려 하여 숨이 막히는가? 보호자가 당신을 무가치하고 무능력하고 혼자서 결정할 수 없는 어린아이 다루듯이 행동하는가? 마치 당신을 보호자의 주머니 속에 넣어 숨겨 두고, 보호하려는 캥거루 같은가?

보호자가 쉽게 화나 짜증을 내는가? 당신이 왜 그렇게 행동하는지 전혀 이해하지 못하는가? "좀 더 먹으면 돼. 간단해!"라고 소리치거나 "밥 먹고 화장실 가지 마. 그러면 문제는 해결돼."라고 하는가? 마치 화를 내거나 조종하려는 단 두 가지 방식만 가진 코뿔소 같은가?

또 다르게는 보호자가 테리어처럼 행동할 수도 있다. 곁에서 계속 당신의 음식과 섭취에 대해 비난하거나 끊임없는 질문을 하는가?

다른 한편으로는, 스스로의 건강을 해치는 당신을 무시하기로 선택한 보호자를 발견했을 수 있다. 인정하는 것이 너무 고통스럽고, 너무 무섭고, 바라보기에 너무 리얼해서 그러한가? 당신의 보호자는 마치 머리를 모래에 파묻고 있는 타조처럼, 단지 시간이 지나가기만을 기다리고, 모든 문제가 사라져 버리기만을 바라는가?

아니면 당신의 보호자가 당신 행동으로 인해 눈물을 흘릴지 모른다. 그들은 마치 해파리처럼 민감하고 정서적으로 불안정하여 '이 모든 것'에 대한 책임이 자신에게 있다는 확신으로 엄청난 죄책감과 수치심을 가진다.

이러한 정서반응은 당신의 섭식장애 행동에 대응해 가는 보호자를 당황하게 만든다. 그래서 우리는 제5장과 제13장에서 이 병에 대한 적응패턴에 대해 논의했다. 당신이 변화할 수 있도록 조용하게 지지하기 위해서 보호자에게는 넓은 어깨와 지혜로운 머리가 필요하다.

제9장과 제13장에서는 자연적이고 본능적인 반응일지라도 섭식장애 당사자와 보호자 모두에게 일반적으로 도움이 되지 않는 방식들을 소개하였다. 우리의 목적은 보호자들이 자신의 반응행동을 바꾸는 데 필요한 도구, 기술, 지식을 제공하여 섭식장애 당사자와 맞서기보다는 협력하면서 병을 극복하

도록 하는 데 있다. 병을 지속하여 당신을 죽음으로 망가뜨리는 대신 회복, 삶, 건강을 촉진하여 섭식장애를 약화시키고자 한다. 행동을 바꾼 보호자는 당사자에게 변화란 가능하고, 병을 극복할 수 없는 것이 아님을 깨닫도록 도울 수 있다.

2) 진실

제2장과 제3장은 보호자에게 섭식장애를 교육하려는 목적이 있다. 제2장은 섭식장애에 관한 흔한 오해를 떨쳐 내고 증상을 인지하기 위한 보호자의 능력을 향상시킨다. 제3장에서는 잠재적인 의학적 위험과 건강에 미치는 악영향을 판단할 수 있는 보호자의 지식을 강화시키고자 한다. 그 부분을 숙지하게 되면 많은 사람이 병리적인 섭취에 대해 얼마나 무지한지 깨달을 것이다. 특히 건강에 미치는 잠재적 위험과 건강 악화, 당신의 인생을 향해 섭식장애가 무엇을 어떻게 드러냈는지를 알게 될 것이다. 덧붙여, 공통의 신념을 공유함으로써, 당신과 보호자는 공동의 관점 하에 함께 작업하게 된다. 이것의 중요성은 결코 과소평가될 수 없다.

이 책에서는 섭식장애의 치명적 측면들, 삶을 유지하기 위한 필수적인 영양소 손실을 초래하고 당신의 신체와 뇌를 손상시키는 무서운 증상들을 소개한다. 뇌는 회복을 촉진하는 데 필요한 주요 기관이기 때문에 영양결핍으로 인한 뇌 손상은 특히 심각한 문제이다. 영양부족 상태면 생각의 패턴이 왜곡되는데, 이 점이 바로 당신의 회복 여정에 보호자의 도움이 절실한 이유이자 우리가 이 책을 쓰게 된 중요한 이유 중 하나이다.

3) 변화

제7장에서는 섭식장애라는 고통 속에서 느끼는 변화의 각각 다른 단계들

을 소개한다(제7장의 [그림 7-1] 참조). 보호자는 당신이 변화하기를 원하고 있다는 것을 인식해야 한다. 당신만이 스스로 삶, 건강 그리고 미래를 원한다는 결정을 내릴 수 있다. '당신만이 할 수 있다'는 것을 기억하자. 만약 당신이 병을 고수하기로 결정했다면 아무리 당신을 병으로부터 떼어 내고자 괴롭히고, 강요하고, 속이고, 무력을 써도 당신을 흔들 수 없다. 하지만 제7장을 통해 보호자는 당신의 회복과정에 자신들의 역할이 있음을 배운다. 보호자는 변화의 장단점을 표현해 보도록 당신에게 시간과 기회를 주고 격려해야 함을 배운다. 언제나 명심해야 할 것은 '당신은 할 수 있다' 그러나 '당신 혼자서 할 수는 없다'를 기억하는 것이다. 제7장에 나온 '상태측정 가늠자(readiness ruler)'는 당신의 현재 진행을 실제적으로 체크해 줄 유용한 도구이다.

4) 소통

소통은 회복에 필수적인 부분이고 제8장에서 집중적으로 다룬다. 당신은 누구도 당신 말에 더 이상 귀 기울이지 않고 가족 중 누군가는 아예 당신의 존재 자체를 알고 싶어 하지도 않는다고 느낄 수 있다. 당신이 무언가를 성취하고, 목표를 달성했을 때에만 반응을 보이거나, 당신의 투쟁이 얼마나 힘든지 가족 누구도 알아주지 않을 것만 같을 수 있다. 특히 가정 내에서 긴장된 관계나 불화가 발생하면, 좋은 소통이 이루어지기 어렵다. 제8장에서는 순차적인 의사소통 기술을 주제로, 장기적으로는 당신의 회복과정을 돕는 데 필요한 자원들을 어떻게 제공해야 하는지를, 단기적으로는 가정 생활, 가정 내 분위기 및 가족 관계를 향상시키는 의사소통 기술을 제공한다.

5) 잃어버린 감정

섭식장애의 기저에 작용하는 정서적 요인들을 이해하는 것은 매우 어렵다. 이것이 단지 체중이나 칼로리(열량), 운동 그리고 거울 속에 비친 당신의 모습에 관한 것으로 보이는가? 아니면 섭식장애가 당신을 얼마나 '둔하고 무디게' 만드는지, 강렬한 감정들을 어떻게 통제하는지 알고 있는가? 당신의 현재 관점이 어떻든 다음의 글을 읽어 보자. 입원 치료를 시작하면서 한 환자가 자신과 자신의 신경성 식욕부진증의 관계에 대해 작성한 글이다.

> 간호사 선생님은 2년 동안 반복되었던 억눌린 감정이 조절되지 않고 쏟아져 나와 제가 분노하고, 화내고, 눈물 흘리며 좌절하고 비명 지르는 것을 참고 견뎌 주셨어요. 선생님은 내가 나의 고통과 싸우도록 두었고, 울도록 두었고, 내가 '친구(섭식장애)'를 잃어버린 슬픔을 충분히 느끼도록 두었어요. 이 병은 저의 모든 감정을 짓눌러 왔어요. 이 병과 함께라면 화도, 웃음도, 분노도, 즐거움도, 슬픔도, 쾌락도, 불안도, 고통도 없이 오직 무감각한 상태예요. 아무것도 느낄 수 없어요. 아무것도요. 병은 저를 둘러싼 벽이고 안전지대였어요. 제가 병과 함께 있을 때, 엄마는 저에게 손댈 수 없었고, 보이지 않아 숨을 수 있었고, 면역성이 있는 상태라고 느꼈어요. 점진적으로, 치료 시작 후 몇 주가 지나가면서 저의 감정들이 올라오기 시작했어요. 처음에는 아주 강해서 감당이 어려웠어요. 저의 감정은 극단적이고, 겁먹게 했고 스스로도 알기 힘들었어요. 그리고 기분이 너무 빨리 변했어요. 고요함은 느닷없이 공포로 바뀌었고, 웃음은 갑자기 수치심으로 바뀌었어요. 매 순간 눈물이 뺨을 타고 흘러내렸어요. 제가 저의 삶에 몰두할수록, 이런 생소한 감정들을 어떻게 다뤄야 하는지 배워야 했어요. 섭식장애가 만든 무감각이 모든 것을 차단했기 때문이었어요. 섭식장애는 삶이 주는 다양하고 놀랄 만한 감정을 잃어버리게 해요. 그래서 환자들이 힘든 감정으로부터 도망칠 수 있었던 것 같아요. 하지만 치료는 고통 받는 사람에게 그들이 느끼는 감정과 함께 살아갈 수 있도록 필요한 도구들을 가르쳐 줍니다.

또 다른 이상섭식행동인 폭식, 과운동, 구토 또한 강렬하고 힘든 감정을 달래거나 전환하기 위한 방법일 수 있다. 항상 배가 '꽉 찬', 마치 풍선처럼 팽창

하고, 팽팽해져 더 이상 채워 넣을 수 없다고 느끼는가? 이 현상을 다른 관점에서 다시 생각해 보면, 억압되고 통풍이 안 되는 감정으로 당신이 꽉 차 있는 것은 아닐까? 아마도 이 '꽉 찬' 느낌을 당신이 먹는 그 무엇을 제한하거나 토함으로써 해소하는 것이 아닐까?

섭식장애를 겪고 있지 않더라도 감정을 식별하고 대화하는 것은 많은 사람과 가족에게 어렵다. 사실 때로 감정에 관해 이야기하는 것은 금기처럼 여겨지기도 한다. 이것은 그 누구도 당신에게 '기분이 어때요?'라고 묻지 않았음을 보여 주며, 당신 자신이 자기감정을 인식하고 명료히 하는 데 어려움이 있음을 의미한다. 제11장에서는 보호자가 섭식장애 당사자를 이해하게 되는 중요한 기술인 '정서적으로 영리해지는 방법'을 코칭한다.

6) 잃어버린 관계

섭식장애는 사랑하는 사람들과의 관계를 끊게 한다. 제10장은 사회적 관계에 초점을 맞추어 섭식장애가 당신과 배우자, 친구, 형제들과의 관계에 어떤 영향을 미치는지를 보여 준다. 사회적 동물인 인간에게 고립과 외로움은 맹독이다. 그 스트레스는 당신의 몸과 마음에 해롭다. 이 책에 나와 있는 이해와 기술은 손상된 관계성을 복구할 수 있게 하여, 세상과 좀 더 연결되도록 할 것이다.

7) 섭식과 행동

제12장과 제13장에서는 섭식(절식, 제한식, 과식, 폭식, 구토) 측면을 다루었고, 제14장에서는 추가적인 문제행동을 다루었다. 음식에 관한 당신만의 엄격한 규칙이 있는가? 예를 들면, '열심히 일한 자만이 먹을 자격이 있다.' 혹은 '음식은 단백질, 탄수화물, 채소 등 각 영양소를 따로따로 섭취해야 한다.' 같

은 것들이 그것이다. p. 205의 내용에서 몇 가지 예를 볼 수 있다. 이러한 규칙들은 식사 후, 운동 후, 구토나 변비약을 먹은 후 '안전하다'고 느끼기 위해 사용될 수 있다. 섭식장애로부터 자유로워지려면 그러한 행동들과 규칙들로부터 벗어나야 한다. 때로 이러한 것이 회복에 있어 가장 두렵고 가장 어려운 것으로 보일 수 있다. 제12장에서는 그 규칙들로부터 멀어지고, 분리될 수 있도록 보호자가 어떻게 도와줄 수 있는지 코칭한다. 대화를 통해 장단점을 생각해 보고(p. 217), 개인적인 규칙들을 '명명하고 부끄러워하고(naming and shaming)'(p. 233), ABC 접근법(p. 223)을 사용하도록 안내하고 있다. 더 나아가 당신이 회복을 위한 변화나 도움 구하기 등에 저항하더라도 당신의 보호자가 식사시간과 관련해 어떻게 하는 것이 최선의 도움인지 실제적인 제안들을 썼다. 섭식문제에 관한 한 '당신 혼자서 다 할 수는 없다'는 개념을 특히 강조하고 있다. 제13장에서는 위험한 섭식습관이 당신의 뇌 속에 어떻게 만들어져 음식갈망에 시달리는지, 환경의 변화가 어떻게 식욕시스템의 조절 와해에 일조하는지도 설명하고 있다.

가족들은 당신의 폭식, 구토, 고립 등의 행동에 대해 어떻게 대처해야 하는지 알아내는 것을 매우 어려워한다. 또한 청결에 관한 강박적 의례, 요리에 관한 규칙, 끊임없는 부정적 자기 반추 역시 다루기 힘들고 어렵다. 당신의 마음이 준비되었고 기꺼이 그 행동들을 바꾸려고 하지만, 그 행동들이 주는 강력한 '안전감' 때문에 바꾸기를 주저하는가? 제14장에서는 문제 행동 포기 과정을 통해 보호자가 어떻게 당신을 안내하고 지지해야 하는지를 코칭한다.

이 책에서 우리는 보호자에게 습관 변화에 작용하는 APT의 초석을 가르친다.

첫째, 이 아이콘은 알아차리기(Awareness)를 의미한다. 행동에 대해 의식적으로 주의를 집중하는 것이다. 수첩에 '언제, 어떻게, 무엇을'에 대해 기록함으로써 반영과 자각이 일어나고 이 과정을 통해 회복 여정을 유지한다.

둘째, 이 아이콘은 계획 세우기(Planning)이다. '만약…… 그렇다면……'의 시나리오를 준비해 두면 당신이 무엇을 변화시킬지, 어떻게 할지, 누가 당신을 도울지 등을 결정하는 데 도움이 된다. 시각화(스토리보드)나 음성화(말로 설명해 보기)는 일어날 수 있는 문제들을 예상하는 데 도움이 된다. 이러한 건강한 습관이 자동으로 이루어지는 데에는 시간이 필요하다.

셋째, 이 아이콘은 실천하기(Trying it)이다. 새로운 행동을 반복하는 것은 중요하다. 무엇을 배웠는가? 새로운 행동을 시도했던 과정을 회상할 수 있는가? 당신은 이 과정을 최소 일곱 번 시도해야 한다. 그리고 기억하자, 누구라도 실수한다는 것을! 그리고 모든 실수는 보물이라는 사실을!

3. 당사자들로부터 얻은 생각들

보호자가 이러한 접근 방식을 수행할 때 섭식장애 당사자의 반응은 어떠한가?

- 안심: '저는 제 부모님 마음이 더 가벼워지고 자유로워졌음을 느꼈어요. 다른 부모들도 같은 이슈, 같은 문제, 같은 도전들에 직면한다는 것이 부모님께 안도감을 주었습니다. 이후 부모님은 저로부터 스트레스를 덜 받으셨습니다.'
- 고립 해소: '수년간 부모님은 저와 함께 제 병 속에 갇혀 있었어요. 부모님은 나를 혼자 두지 않으려고 했어요. 휴가도 안 가셨고 영화관조차도 가지 않으셨어요. 가족 전체가 제 섭식장애로 질곡의 세월을 보냈고 삶의 모든 것이 섭식장애에 초점이 맞춰져 있었어요. 우리 모두가 비눗방

울 속에 갇혀 있는 것 같았어요. 제 생각에 이 책은 부모님으로 하여금 나의 병에 시간을 쏟아 부으며 사는 대신 저의 병세를 밖에서 살피도록 안내해 주었고, 부모님 자신의 삶을 살며 좋아하는 것을 즐길 수 있도록 했어요.'

- **폭로된 비밀**: '어머니께서 섭식장애에 관해 배우기 전까지 제 병은 비밀이었어요. 지극히 개인적이고, 나만의 것이었지요. 저는 저와 어머니를 기만했고, 거짓말을 아주 잘했어요! 그러다 어머니의 지식이 쌓이는 만큼 제 병이 폭로되었어요. 책에서 속임수 부분을 읽으시고는 저의 기만적인 방법들을 알게 되셨고, 병은 더 이상 지극히 개인적인 것이 아니게 되었어요. 어쨌든 장벽이 무너졌어요. 회복 초기에 저는 변화에 화가 났었지만 돌이켜 생각해 보면, 그건 제가 회복과정을 시작할 수 있게 한 유일한 방법이었어요.'

- **이해**: '너의 머릿속은 다른 사람이 이해하기에 너무 복잡해! 가족들은 저의 분노, 죄책감, 자기혐오를 느끼지 못했어요. 상상도 못할 일이죠! 부모님은 병 뒤에 있는 제 감정을 인식하지 못했어요. 처음에는 부모님에게 이 병은 그저 음식에 관한 것이었어요. 저를 더 먹게 하거나 가능한 한 저의 식습관을 억제시키는 것만 생각하셨어요. 이 책을 읽은 뒤 그들은 섭식장애가 먹는 것 이상의 어떤 것들(예민함, 억눌린 감정, 성격, 자존감, 대인관계를 해석하는 것 등)의 문제임을 인식하기 시작하셨어요. 나에 대한 부모님의 변화된 반응이 저를 완전히 바꾸어 놓았어요.'

- **결국 누구의 결정인가?**: '내 인생이 바뀐다면 내가 원해야만 한다는 걸 엄마가 깨달은 것 같아요.' 엄마는 제게 더 많은 결정권을 주었고, 추가적인 책임을 맡겼어요. 때로는 엄마의 신뢰를 악용하지 않기 힘들었지만, 내가 그랬을 때, 내가 느꼈던 죄책감과 수치심이 더 참기 힘들었어요. 만약 엄마가 그런 나를 어느 정도 관망해 주지 않았다면, 더 오랫동안 이 병에 사로잡혀 있었을 거라고 생각해요.'

- **사실 점검**: '이 단계쯤 되니 제가 저의 변화를 원한다는 것을 깨달았어요. 부모님과 병의 장점과 단점에 대해 여러 번 대화했어요. 나는 내 병을 잘 알아요! 음식과 관련될 때마다 내 세계가 좁아지는 것이 정말 실망스러 웠어요. 저는 제 미래에 대한 계획, 희망, 포부 등을 볼 수가 없었고, 그 대신에 보는 전부는 제 앞에 놓인 음식이었어요. 식사 시간마다 부모님 은 제게 '진짜 세상'과 '더 큰 그림'을 상기시켜 주셨어요. 그렇게 해 주셔 서 끝까지 먹을 수 있었고 그것은 잔소리가 아니었어요.'

  실천할 점

- 이 책을 읽을 수 있는 용기를 찾았다면 당신은 섭식장애를 넘어서 더 큰 세상을 보 고, 이 병 없이 살 수 있는 첫 단계를 밟은 것이다.
- 당신은 다른 사람들이 바라보는 것처럼 새로운 관점을 얻을 것이다.
- 당신 자신과 타인들의 생각, 감정, 감각, 기억, 지각에 관한 개괄적인 내용을 안다 는 것은 성숙한 지혜로 크게 도약하는 것이다.

 기억할 점

- '당신이 할 수 있지만 혼자서 다 할 수는 없다.' 이 책에서 우리는 보호자가 이 병으 로 인해 덜 혼란스럽도록 이해를 돕고 더 잘 대응할 수 있게 돕고자 한다.
- 비밀은 도움이 되지 않는다. 개방과 존중은 회복의 핵심이다. 이 책은 섭식장애에 관한 혼동을 있는 그대로 알려 준다.
- '모든 실수는 보물이다'. 실수는 우리에게 많은 것을 가르치고, 무엇이 잘못되고 있 는지, 어떻게 바꾸어서 다음에 더 잘할지에 관해 생각하게 할 것이다.

제2장
종합적 이해에 기반하여 질환에 대처하기
– 섭식장애에 관한 기본적인 사실들

질환에 대한 기본적인 다섯 가지 질문은 다음과 같다.

- 증상은 무엇인가?
- 원인은 무엇인가?
- 질환의 시간 경과에 따라 어떤 것들이 예상되는가(예측되는가)?
- 질환이 당사자 및 가까운 사람들에게 끼친 영향은 무엇인가?
- 질환은 얼마나 통제 가능하고, 치료 가능한가?

1. 이 증상이 섭식장애인가

많은 사람이 다이어트를 하고 있는데, 그것이 단지 일시적 현상이 아님을
어떻게 알 수 있는가? 섭식장애의 초기 증상들은 보통 당사자가 치밀하게 숨
기기 때문에 조기 진단이 쉽지 않다. 섭식장애 행동은 오랜 시간에 걸쳐 발현
되었을 수 있고, 종종 '정상적인' 발달과정이라고 오해되거나 취미, 관심사 등
의 변화로 간주된다. '전형적인' 환자의 수척(쇠약)한 모습은 즉각적인 의학적
위험신호와 진단을 유발하고 조치를 취하게 하지만, 체중이 '정상'인 경우, 섭

식장애를 감지하기 위해서는 외형적인 부분을 넘어서 좀 더 주의 깊은 관찰, 행동의 미세한 변화들을 감지할 필요가 있다. 어떤 증상들이 섭식장애를 암시하는가?

〈표 2-1〉은 섭식장애가 다이어트보다 더 심각한 부분과 관련되어 있음을 보여 주는 몇 가지 신호들이다. 섭식장애가 악화되고 있는 사람은 표의 두세 가지 징후를 보인다.

표 2-1   섭식장애 증상과 정상적인 다이어트를 구별하기

① 다이어트 부정(다이어터들은 늘 다이어트에 대해 말함)
② 음식에 대한 자신만의 규칙 고수와 변경(예: 채식주의자가 되고자 함)
③ 배고픔과 음식갈망 부인
④ 체중 감소 감추기(예: 가능한 헐렁한 옷 입기)
⑤ 음식에 대한 관심 증가(예: 타인을 위한 요리, 레시피 탐닉, 마트 선반 응시, 식료품 칼로리 계산)
⑥ 다른 사람보다 적게 먹을 필요가 있다고 주장하거나 작은 부분만 먹겠다고 주장함
⑦ 입 안에 음식을 조금 넣고 느리게 먹거나 오래 씹기
⑧ 타인과의 식사자리 피함(예: 이미 먹었다고 하거나 다른 곳에서 먹었다고 양해를 구함)
⑨ 행동은 점점 더 충동적이고 의례화되어 감(예: 버리기, 깔끔, 정렬, 씻기 등)
⑩ 섭취에 있어 엄격한 규칙 적용(예: 익숙한 음식만 먹기, 상표 중시, 먹는 시간 고정 등)
⑪ 사회적 고립과 기분 저조
⑫ 식사 중, 식사 후 자주 화장실로 감(예: 구토 냄새를 없애기 위해 향기 스프레이를 과하게 사용)
⑬ 외모, 성취, 성격 그리고 사회적 능력에 대한 자기 비난 및 불만족 표현(예: '난 쓰레기야' '난 머저리야' '난 바보야' '난 게을러' '난 괴물이야' '난 쓸모없는 인간이야')
⑭ 운동 강도 및 빈도 증가(예: 엄격성, 단호함, 과도함)
⑮ 섭식 행위 혹은 운동 중단에 직면할 때 짜증과 분노

2. 섭식장애에 관한 잘못된 상식

　　일반적인 '섭식장애 정보'가 대부분의 섭식장애 당사자에게 적용되더라도, 각 사례마다 독특한 양상이 있다. 질환에 대한 잘못된 추정들이 도움이 되지 않는 대처 전략(방법)으로 이어져 당사자와 가족, 친구들에게 고통을 준다.

　　다음은 섭식장애에 관한 몇 가지 흔한 오해를 소개하고 있다. 섭식장애를 극복하는 데 도움이 될 수도 있고 아닐 수도 있는 당신만의 믿음이 무엇인지 살펴보기 바란다.

- 가족 중 특히 엄마는 자녀의 섭식장애 악화에 책임이 있다.
- 섭식장애를 겪고 있는 사람은 병을 선택했다. 그들은 병들기를/죽어 가기를/성장하지 않기를 원한다.
- 섭식장애를 겪고 있는 사람은 자기 부모 혹은 함께 살고 있는 누구를 벌 주려고 한다.
- 섭식장애가 있는 가족은 치료가 필요하다.
- 섭식장애는 모두 모델이 되고자 하는 허영심과 열망을 가지고 있다.
- 섭식장애는 10대 청소년이 주의를 끄는 행동이자 반항일 뿐이다.
- 섭식장애는 자라면서 없어지는 일시적 현상일 뿐이다.
- 아픈 사람을 기쁘게 하고 기분 좋게 하기 위해 할 수 있는 모든 것을 해야 한다.
- 입원하면 완치될 수 있다.
- 섭식장애란 단지 먹기에 대한 문제다.
- 섭식장애를 겪고 있는 사람은 무엇을 먹어야 할 지 안다. 다만 먹지 않는 것을 선택할 뿐이다.
- 섭식장애란 다이어트일 뿐이다.

- 일단 섭식장애를 앓게 되면, 절대 회복할 수 없다.
- 일단 체중 회복만 하면, 회복된 것이다.

가족 혹은 누구라도 이러한 신념을 붙들고 있을 때, 죄책감, 자책감, 분노, 좌절, 상호비난과 같은 부정적 정서가 넘쳐 나게 되어 스트레스와 긴장이 증가한다. 현재까지도 섭식장애의 원인에 대한 근거가 불충분하여 과학적 연구들이 그 영역에 집중하고 있다. 많은 문헌이 섭식장애에 대한 잘못된 상식이 상처가 되고 회복에 도움이 되지 않음을 밝히고 있다.

알려진 바에 의하면 섭식장애는 단지 먹기와 음식에 관한 문제가 아니다. 조금 더 파헤쳐 보면, 섭식장애는 정체성, 정서와 신념, 가치라는 깊은 주제와 연결되어 있다. 치료는 시간이 걸릴 수 있고, 회복의 일부 측면은 정상적인 발달 맥락 안에서 일어난다. 회복을 향한 여정은 길고 도전적이지만 섭식장애는 반드시 정복될 수 있다.

3. 지금까지의 사실

이상적인 상황이라면, 관련된 모든 사람이(섭식장애 당사자, 가족 구성원 그리고 의료전문가) 연구근거를 바탕으로 섭식장애에 관해 공동의 이해를 가지고 질환을 다루어 가야 한다. 중요한 지식, 신념, 태도들은 협력과 팀워크를 위해 최상의 수준으로 공유되어야 한다. 하지만 섭식장애에 대한 상충되는 정보가 많기 때문에 실제로 이를 달성하는 것이 항상 쉬운 것은 아니다. 이러한 서로 다른 관점과 근거는, 단 하나의 명백한 원인은 없는 것 같다는 중요한 원칙을 뒷받침한다. 다음에 이어지는 내용은 널리 인정받은 명료한 연구결과를 기반으로, 섭식장애에 대한 기초적인 이해를 제공하고자 한다.

4. 섭식장애의 유발 요인

1) 생물학적 요인

최근 연구에서는 섭식장애를 일으키는 많은 메커니즘이 의식적이거나 고의적인 통제 하에 있는 것이 아님을 밝히고 있다. 오히려 뇌의 정보, 정서, 행동 처리 방식을 포함한 생물학적 시스템의 네트워크 문제가 섭식장애의 기저를 이루는 메커니즘이라고 보고한다. 어떤 요인들은 고정적이며 유전과 연관된 반면, 또 다른 요인들은 환경과 양육으로부터 나온다. 하지만 유전과 행동이 어떻게 연결되어 있는지에 관한 방식은 현재로서는 알 수 없다.

다음은 주요 연구 결과이다.[1]

- 유전적 요인이 섭식장애 위험의 50% 이상을 차지한다.
- 언제나는 아니지만, 종종 섭식장애는 복잡한 뇌 성숙/발달 단계인 사춘기 또는 그 시기 전후에 발병한다. 이 시기의 금식(기아상태)과 학습화된 강박 행동은 이러한 뇌성숙 발달 과정을 방해하는 자폭 함정을 만들어 회복을 더욱 어렵게 만든다.
- 섭식장애를 앓고 있는 사람들의 뇌에서 화학적 불균형을 발견하였다. 세로토닌 및 도파민 수용체(기분과 식욕에 중요한 역할을 하는 주요 신호 화학물질)는 질환의 급성기와 회복 후에 모두 감소해 있다.
- 섭식장애가 있는 사람들의 뇌 영상을 통해 섭식장애 당사자가 음식과 관련된 단서에 비정상적인 방식으로 반응하는 모습이 관찰되었다. 더

---

1) 연구가 너무 빨리 변하기 때문에 참고문헌을 포함하지 않았다. 자넷 트레저 교수의 핵심적 연구 결과물들은 검색을 통해 볼 수 있다.

구체적으로 말하자면, 의사결정과 정서조절에 연관된 뇌의 앞부분 역시 활성화되었다. 이는 음식에 대한 의미와 반응이 동기 및 계획 조절과 얽혀 있음을 보여 주는 것이다.

2) 정서적, 인지적인 요인

정서 및 사고 성향은 섭식장애와 관련 있는 것으로 보인다. 이런 특징들은 타고난 것일 수도 있고, 질환 경과의 일부로 발전한 것일 수 있다.
다음은 주요 연구 결과이다.

- 섭식장애 당사자는 위협에 더 민감하게 반응하는 경향이 있다. 예를 들면, 새 학년을 시작하거나 친구들과 함께 지내는 것을 다른 사람보다 더 무서워한다.
- 흔히 섭식장애를 겪고 있는 사람은 남들보다 더 양심적이어서 타인을 기쁘게 하기 위해 더 노력하며, 매우 높은 기준을 가지고 있다.
- 그들은 또한 친구 그룹에서 갑자기 소외되는 것 같은 사회적 어려움에 부딪힐 수 있다.
- 뛰어난 집중력으로 디테일에 관심을 가지는 사고방식은 질환의 위험도를 증가시킨다. 디테일에 집중하고 몰두할 수 있는 능력은 훌륭한 자산이지만, 이러한 사고방식은 한 개인이 유연하게 행동하는 데 어려움을 겪거나 너무 치열하게 집중해서 큰 그림을 잃어버릴 때 문제가 된다. 예를 들어, 섭식장애 당사자는 건강을 포함한 다른 모든 것(학교/일/친구/사회활동 등)을 배제하고, 음식과 식사에만 초점을 맞춘다.
- 섭식장애 당사자는 학습에 좋을 수 있는 자동화된 습관을 기르는 성향을 가질 수도 있지만, 이러한 자동화된 습관들이 건강하지 않다면 이는 신체에 가학적이고 파괴적일 수 있다.

다음 그림은 비정상적인 식습관과 기아가 뇌에 미치는 2차적 영향의 결과로 섭식장애 증상이 어떻게 고착되는지를 보여 준다. 이는 변화하기 어려운 고착화되고 몰두된 습관을 낳는다.

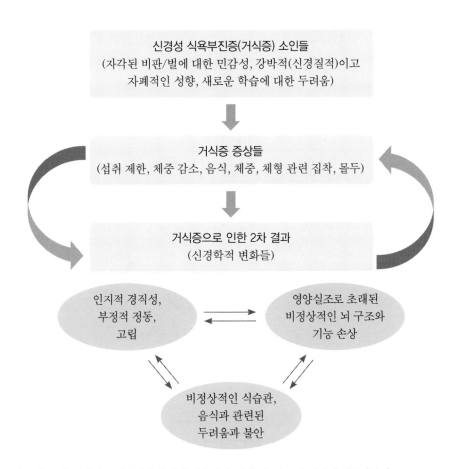

[그림 2-1] 질환의 소인에서부터 병이 지속될 수 있게 만드는 2차 결과에 이르기까지 신경성 식욕부진증의 진행 단계

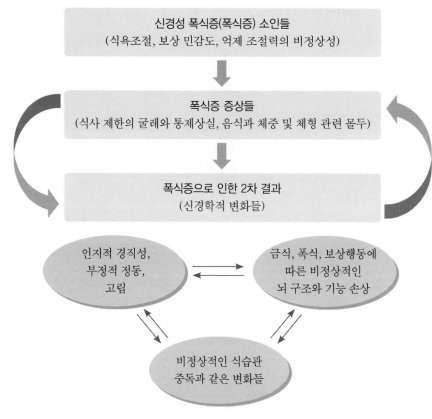

[그림 2-2] 질환의 소인에서부터 병이 지속될 수 있게 하는 2차 결과에 이르기까지
신경성 폭식증의 진행 단계

5. 섭식장애는 어떻게 치료되는가

섭식장애치료에 있어 어떤 한 형태의 치료방식을 지지하는 근거는 거의 없
지만 '말'을 매개로 한 정신 심리치료가 가장 성공적이고 받아들일 수 있는 것
으로 밝혀졌다. 섭식장애는 정서적 심리치료와 주의 깊은 신체 모니터링을
함께 결합할 때 가장 성공적인 치료를 할 수 있다. 어떤 사례는 치료와 모니
터링, 외래진료를 결합한 방식이 효과적일 수 있고, 또 다른 사례는 섭식전문

표 2-2 연구 결과로부터 우리가 배운 것

- 주요 연구 결과들은 섭식장애가 당사자의 고의적인 고집에 기인한다는 그간의 미신을 깨고 있다.
- 섭식장애 당사자는 단식투쟁을 하는 것이 아니다. 그들은 타인에게 보여 주고자 무언가를 하려고 하지 않는다. 오히려 증상은 더 깊은 수준의 스트레스를 보여 주는 지표이고, 이는 뇌 기능에 흔적을 새겨 고통을 준다.
- 뇌는 환경적 사건에 반응하여 성장할 수 있는 적응력을 지닌 '가소성'을 보여 주는 기관이다. 하지만 스트레스와 기아는 이 과정을 하지 못하게 한다.
- 비정상적인 양의 음식과 영양의 섭취 또는 고르지 않은 섭식 패턴들(너무 적게 먹거나, 너무 많이 먹거나, 먹은 후에 바로 제거하는)을 지속하면 할수록, 뇌는 더 높은 수준의 스트레스와 중독 수준에 더 많이 적응한다.
- 금식과 이상섭식행동이 길어질수록, 뇌가 미성숙한 채 남아 있기에 회복은 더욱 더 어렵다.
- 회복하기 위해서는, 섭식장애 당사자가 기존과 다르게 행동하는 법을 연습하거나 심지어는 그들의 타고난 본능에 맞서는 방법을 배울 필요가 있다. 이 과정은 새로운 뇌 경로를 형성하고 '강화'하는 데 도움이 된다.

병동 입원을 통해 짧은 기간 동안 집중적인 영양공급에 의한 체중 회복이 요구된다. 급성기치료는 단기간에 체중을 증가시키는 측면에서는 보통 효과적이다. 하지만 섭식장애 당사자의 근본적인 정서적 문제를 해결하기 위해 개별적인 안정화 작업이 이루어지지 않으면, 재발할 가능성이 높다.

- 신경성 식욕부진증 당사자에게는 치료 초기에 영양학적 건강 회복을 반드시 포함해야 한다. 그것을 특히 강조해야 하는 이유는, 기아가 뇌의 발달을 방해해서 영양실조가 오래 지속될 경우 그 상태에 갇힐 수 있기 때문이다.
- 뼈 성장과 재생기능의 실패와 같은 기아로 인한 의학적 위험은 체중 회복이 되면 역전된다. 변비약 남용과 구토로 인한 체내 염분 불균형도 완화 기간 동안 역전된다. 뇌의 식욕조절은 가장 근본적인 문제이고, 그 부

분에 치료의 초점이 맞춰져야 한다(자세한 내용은 제12장 참고).

- 체중 증가에 성공하게 되면, 두 번째 목표는 증가된 체중을 유지하는 것이다. 높은 수준의 외부 통제(통원치료 예약일까지 혹은 병원치료 없는 주말 동안) 없이도 체중을 유지할 수 있는가?

섭식장애가 있는 사람은 자신을 알기 위해 시간과 노력을 들여야 한다. 자신의 강점과 약점을 통해 그들이 잘 지낼 환경을 만들고 찾을 수 있다. 예를 들어, 당신이 질서와 계획하기를 좋아하고 순차적으로 문제를 해결하는 것을 좋아한다면 응급 부서 또는 상호작용이 많은 직장에서는 발전 가능성이 적다. 하지만 실험실이나 도서관 같은 곳에서는 당신의 능력이 빛을 발해 천재적인 작품이 나올지도 모른다.

섭식장애를 회복하고 있는 사람들은 종종 자신들의 삶이 '뒤처진' 상태라고 느낀다. 그들의 병이 그들의 생각을 짓눌러서 수년 간의 감정적 성숙과 삶의 경험을 잃어버리게 했다. 하지만 '따라잡기(Catch up)'는 가능하다. 종종 치료 프로그램 속에는 친구와 영화 보기, 당일치기 해변여행, 반려동물과 소풍 가기처럼 또래들이 당연하게 즐기는 활동들이 포함되어 있고 이 같은 경험이 매일 채워지는 것으로도 회복된다.

6. 섭식장애는 왜 치료하기 어려운가

섭식장애를 치료하기 어려운 이유 중 하나는 섭식장애 당사자의 기아로 인한 뇌 손상이 변화를 어렵게 한다는 점이다. 뇌는 생을 유지하기 위한, 의식하지 않아도 되는 모든 반응을 생각하고 배우는 데 칼로리를 능동적으로 사용한다. 뇌가 활동적으로 기능하기 위해 하루에 필요한 열량은 500kcal이다. 영양이 부족하면 생각과 집중이 어려워지므로 습관을 바꾸기 위한 새로운 배움이 힘들어진다. 기아에 대한 뇌의 반응은 생명력이 거의 없는 극한의 스트레스 상태가 되는 것이다.

- 섭식장애는 뇌 기능이 원활하지 않게 할 뿐 아니라 뇌량과 뇌의 크기도 감소시킨다. 의미소통 기능과 감정조절 기능을 포함하여, 많은 네트워크를 필요로 하는 뇌의 가장 정교한 측면이 많이 손상된다(자세한 내용은 제10장 참조). 사회적 정서 기능이 감퇴하고, 유연성과 보다 큰 그림을 볼 수 있는 능력이 손상된다.
- 뇌 손상의 측면에서 중요한 것은 기아의 절대적인 양뿐 아니라 무엇을 어떻게 먹는지도 포함된다. 단식 혹은 절식과 폭식의 패턴이 있는 경우, 특히 폭식 패턴에서 고당도와 고지방으로 이루어진 음식들을 먹는다면, 뇌의 신경 적응력 변화가 반드시 발생한다.
- 한번 형성된 습관을 바꾸기란 매우 어렵기 때문에 새로운 부정적 습관과 패턴을 예방하는 것은 매우 중요하다. 고른 영양을 갖춘 식사를 정기적으로 유지하는 것은 악순환의 고리 형성을 예방하는 데 매우 도움이 된다.
- 덧붙여, 폭식은 뇌에 중독과 같은 수준의 변화를 일으킨다. 음식갈망, 충동성, 섭취에 대한 욕구를 보내는 자동신호 역시 증가하여 중독 회로가 형성된다. 이러한 뇌의 2차 신경 적응력 변화는 고정되어, 변화된 섭취 습관을 이어 가기 위해 자신을 격리시킨다.

이러한 요인들이 모여 질환의 소용돌이를 일으킨다. 기아(굶주림)로 인한 뇌의 문제는 불안과 스트레스를 차례로 일으키고, 그때 먹는 문제는 단기적으로 불안을 줄여 주는 것처럼 보이지만, 장기적으로는 뇌의 문제들을 일으킨다. 그리고 이후 계속 진행과 후퇴를 반복하며 나선형으로 성장하고, 기아가 몇 년 동안 지속되면, 거기에는 극복해야 할 더 많은 문제가 생길 수밖에 없다.

가능한 한 질환 초기에 영양실조(제한식, 절식, 폭식과 제거 행동 혹은 혼재성 형태)를 개선시키는 것만이 질환의 소용돌이를 막을 수 있다.

7. 얼마 동안 지속되는가

섭식장애는 변수가 많고, 과정도 다양하고, 기간도 일정하지 않다. 연구 결과에 따르면 섭식장애의 평균 지속기간은 6~12년이라고 한다. 만약 청소년기에 섭식장애가 시작되면 대부분 성인 초기까지 문제가 지속된다. 하지만 어떤 사람들은 1년 만에 극복하고, 또 어떤 사람은 병리의 심각성을 수년 혹은 평생 질환으로 안고 살아가기도 한다. 하지만 병리가 더 복잡해지고 복합적 양상을 띠더라도, 얼마나 오랜 기간 겪었든지 간에 회복은 가능하다.

8. 예후는 어떠한가

섭식장애 과정이 각 개인마다 다르기 때문에 예후도 그러하다. 다음의 내용을 유용하게 활용할 수 있도록 기억해 두자.

- 어린 환자 또는 병력이 짧은 환자의 경우 회복 결과가 좋았다.
- 병의 초기, 3년 이내에 개입되는 치료가 가장 효과적이다. 사례의 90% 이상 회복 결과가 좋았다. 몇 가지 치료 시도에도 병이 반응하지 않는다는 것은 매우 엄격한 사고와 행동이 허물어지기 어렵다는 것을 시사한다. 그럼에도 불구하고 회복은 가능한 일이며 보다 깊은 의미로 자기를 이해하는 '외상 후 성장(post traumatic growth)' 상태에 도달하게 하면 그 개인은 더욱 가치 있는 인생을 살 수 있다.

- 입원을 통해 체중이 회복되는 것만으로 병이 극복된다고 보장할 수는 없다. 음식과 체중 그리고 정서, 사고, 지지적 관계들이 어떻게 연관되어 있는지를 이해하고 풀어 가는 것이 효과적인 치료를 위해 필수적이다.

기억할 점

1. 섭식장애에 대한 잘못된 믿음들은 도움이 되지 않고 상처를 남기고 허위적이기까지 하다. 그 오해들은 섭식장애 당사자를 향한 태도와 행동으로 드러나고 스트레스 수준을 높인다.

2. 섭식장애의 진행은 의식적으로 이루어지거나 고의적인 통제가 아니다.

3. 섭식장애의 원인은 불명확하지만 결론은 명백하다. 치료 전문가와 가족은 섭식장애 당사자가 심각하게 쇠약하고 통제 불능 상태에서 보냈던 시간을 감소시키고, 정서적, 인지적, 사회적 성숙을 얻도록 가이드하여 병의 결과를 수정할 수 있다.

 실천하기

NICE 가이드라인, B-eat, Academy of Eating Disorders(AED)와 같은 신뢰할 수 있는 자료로부터 얻은 정보로 섭식장애에 대한 당신의 잘못된 상식과 신념들을 불식시키자. 섭식장애 자녀를 돌보는 가족 및 친구들과 있는 그대로의 거짓 없는 정보를 공유하여, 관련된 모든 사람이 공유된 공동의 이해를 가지기 위해 함께 노력하라.

제3장
다양한 결과로부터
의학적 위험 알아차리기

1. 중요한 관찰

섭식장애가 있는 사람과 함께 사는 가족의 대부분은 신체적 위험과 영양 부족이 초래하는 장단기간의 결과에 대한 두려움이 있다. 이미 강조한 바와 같이 당신의 걱정을 구체적으로 설명할 수 있다면, 의사와 이야기할 때 도움이 된다. 예를 들면, 보호자인 당신이 본 일이 얼마나 자주 일어났고, 언제 일어났는지 등과 같은 메모해 둔 정보를 토대로 말하는 것이다.

사랑하는 사람이 섭식장애로 인해 맞닥뜨린 의학적 위험 앞에 신중하면서, 당황하지 않고, 의료적 관점에서는 응급 상황 여부를 구별하며 균형을 찾는 것은 매우 어렵다. 이번 장에서는 무엇을 주의해야 하는지, 그것이 의미하는 것이 무엇인지, 언제 의료진의 도움을 요청해야 하는지에 대한 전문가적 입장에서 기본적인 지침을 제시한다.

2. 체질량 지수

체질량 지수(Body Mass Index: BMI)는 의사가 섭식장애 환자뿐 아니라 모든 환자의 체중을 측정하는 척도이자 의사가 의학적 위험성을 대략적으로 추정하는 하나의 방법이다. 세계보건기구(World Health Organization: WHO)는 신경성 식욕부진증을 보이는 성인의 체중 기준은 BMI 18.5kg/m^2 이하라고 제안하였으며, BMI 16.0kg/m^2 미만은 '위험한 저체중(dangerously low body weight)' 또는 '심각한 마름(severe thinness)'이라 하였다. 학령기 아동과 후기 청소년의 경우는 성장기이기 때문에 조금 더 복잡하다. BMI는 체적(부피) 측정의 형태이며 체중(kg)을 키(m)의 제곱으로 나누어 계산한다. 온라인 BMI 계산기를 통해서도 계산이 가능하다.

BMI 외에도 다음과 같은 요인들로 섭식장애 위험을 판가름할 수 있다.

- 체중 감소 속도
- 완하제(laxatives) 사용 및 구토와 같은 행동 여부
- 기존의 의학적 문제가 있는 경우(예: 당뇨병)

3. 정기적인 체중 모니터링

신경성 식욕부진증 치료의 중요한 부분은 체중을 측정함으로써 의학적 위험성을 정기적으로 모니터링하는 것이다. 일부 환자들이 체중을 비밀로 하거나 체중 측정 전 배터리를 주머니에 넣기도 하고, 많은 양의 물을 마시는 것과 같은 방법으로 실제 체중보다 더 많이 나가는 것처럼 속일 수 있다는 것을 전문가와 가족들이 알고 있어야 한다. 프로아나(Pro-anorexia)와 같은 웹사이트에서는 이 같은 다양한 속임수에 대한 자세한 정보를 제공하고 있고, 때로는 섭식장애 당사자끼리 이러한 정보들을 공유하기도 한다. 따라서 체중이나 BMI만으로는 신체의 위험성을 측정하는 척도로 충분하지 않으며, 신체가 어떻게 기능하고 있는지에 대한 좀 더 복합적인 분석이 필요하다. 위험

성을 평가하고 건강을 모니터링하는 또 다른 중요한 방법은 다음과 같다.

- 맥박
- 혈압
- 체온
- 근력
- 체중 감소율
- 필수 영양소 결핍을 확인하기 위한 혈액검사

이 평가는 정기적으로 체중검사를 수행할 수 있는 의학 전문가가 시행한다. 체중 모니터링은 담당 의사나 실무 간호사(practice nurse)가 진료실에서 수행한다.

앞서 언급한 방법들은 모두 당사자의 동의 후 실시하며, 그들의 신체건강과 어떤 관련성이 있는지 객관적으로 설명해 줄 수 있어야 한다. 검사 결과를 통해 환자가 위험한 상태라고 판단되면 건강을 개선시키기 위해 적절한 단계에 따라 필요한 조치가 즉각적으로 취해져야 한다. 이에 대해 실제적인 치료를 수용할 수 있는 유일한 사람은 섭식장애 당사자이다.

담당 의사와 실무 간호사는 섭식장애 당사자들의 정기적인 체중 변화 기록을 보관해야 한다. 당신은 당신 스스로의 심리적 안정과 안전을 위해 자녀의 체중을 기록할 수 있다. 섭식장애 개인에 따라 체중 변화를 측정하고 기록하는 것에 긍정적일 수도 있고, 부정적일 수도 있다. 어떤 환자들은 병을 잘 이겨 내고 있든 아니든 체중 측정이 싫거나 불쾌해서 매주 몸무게를 비밀로 하기도 하며, 또 어떤 환자들은 변화된 자기 모습을 칭찬하면서 긍정적으로 평가하는 열린 자세를 보일 수도 있다. 일부 환자들과 가족들은 체중 모니터링이 도움이 된다고 말하지만 대부분의 사람은 당사자의 체중 강박 때문에 체중계가 집에 있는 것이 회복에 방해된다고 말한다. 그러므로 보호자와 섭식장애 개개인에게 적합한 체중 모니터링 시스템을 적용해야 한다.

 실천하기

담당 의사에게 연락하여 다음과 같은 사항을 보고해야 하며, 다음과 같은 증상이 나타나면 섭식장애 당사자들은 즉각 의학적 검사를 받아야 한다.

- 섭식장애 당사자들은 항상 추위를 느끼기 때문에 지속적으로 따뜻하게 해 줄 필요가 있다. 그들은 다른 사람들이 덥다고 느낄 때도 여러 겹의 옷을 껴입는다.
- 혈액순환 문제로 인하여 손과 발이 차갑고 파랗게 보일 수 있다.
- 섭식장애 당사자가 앉아 있다 빨리 일어나게 되면 어지럽고 현기증을 느낀다. 아침에 눈 주위가 붓거나 오후에 발목이 부은 것을 볼 수 있다. 이런 증상은 염분과 수분의 불균형으로 인한 것이다.
- 섭식장애 환자들은 근력이 감소하여 계단 오르기나 빗질하기 등의 팔을 들어 오래 유지하는 행동에 어려움을 겪는다.

다음과 같은 증상을 보이면 담당 의사에게 연락하거나 응급 상황을 신고해야 한다.

*표시는 염분의 불균형을 나타낸다.

- 반듯이 누우면 숨을 쉬기 어려움
- 심박수가 빨라짐
- 발작
- 점차 생기가 없어지거나 졸립고, 경련이 일어남*
- 발가락이 저리다고 호소함*
- 경련으로 인해 손이 비틀림*

다음과 같은 특정 순간에는 위험할 수 있으니 조심해야 한다.

- 일상의 패턴이 변화하고 식사가 불규칙해질 때(예: 긴 여행)
- 과도한 운동 후
- 재섭취가 시작될 때: 비타민과 미네랄 보충제를 복용하며, 하루 동안 일정한 간격으로 조금씩 정상식을 섭취해야 한다. 심한 저체중일 때에는 의사와 재섭취 계획을 상의해야 한다.

이 내용은 일반적인 지침이며, 당신의 직감도 중요하다. 나중에 문의하기 위해 당신이 염두에 두어야 할 것들을 기록해 두자.

4. 중요한 변화: 섭식장애 당사자와 이야기하기

당신이 사랑하는 사람이면서 동시에 섭식장애를 앓고 있는 당사자와 긍정적으로 의사소통하고 자기주장할 수 있는 기술이 필요하다. 다음과 같은 내용을 포함한다.

- 당신의 염려를 말로 표현하기
- 당신이 취한 행동에 대해 명확히 설명해 주기
- 도움을 제공하기

대화의 진행은 다음 글처럼 진행될 수 있다.

'나는 너를 많이 사랑하고 널 돌보고 싶어. 너의 건강과 관련해서 걱정되는 것들이 몇 가지가 있단다. 먼저, 너는 추위에 아주 민감해. 그러니까 네가 방에 히터를 켤 때면 네 방이 용광로처럼 뜨겁단다. 또 네가 무거운 문을 열 때 힘들어하는 것을 봤단다. 네가 병원 검사를 받으면 내 마음이 놓일 것 같아. 담당 의사 선생님과 진료 예약을 잡는 걸 내가 도와줘도 될까? 어떠니? 네가 원한다면, 기꺼이 나도 함께 가 줄게.'

섭식장애 당사자는 진료를 받자는 제안을 긍정적으로 여길 수도 있고 아닐 수도 있다. 또는 당신의 걱정을 최소화시키려고 하거나 병원예약을 미루려고 당신을 설득할 수도 있다. 만약 위험한 징후가 있는 경우 당신은 당신의 직관에 따라야 한다. 섭식장애 당사자의 신체적 건강이 가장 최우선이기 때문이다.

　여기서의 핵심은 침착함을 유지하면서 진심을 담아 당신의 염려를 전달하는 것이다.

5. 영국의「정신보건법」

　영국의「정신보건법(The Mental Health Act: MHA)」은 자기 자신의 건강에 대한 위험을 이해하지 못하는 사람들을 보호하기 위해 만들어졌다. 그리하여 그들의 건강에 위험이 발생하면 당사자의 의지와 상관없이 병원 입원이 가능하도록 했다. 이 책의 '상태측정 가늠자'를 사용하여 섭식장애 전문병원의 치료를 받도록 부드럽게 설득하는 것이 효과가 있을 수도 있지만, (환자와) 대립할 경우 더욱 고착화된 저항으로 이끌 수도 있다(자세한 내용은 제7장을 참조). 설득을 시도한 후에도 당사자의 몸이 극단적 상태이고 심각한 의학적 위험성에 대한 증거가 있으면,「정신보건법」을 사용하여 환자의 의지와 상관없이 입원시켜야 한다.

6. 유지 요인으로서의 굶주림

　제2장을 통해 굶주림, 즉 영양 결핍이 뇌 기능에 손상을 주고 회복을 얼마나 어렵게 만들며 심각하게 생명을 위협하는지 개략적으로 설명했다. 특히 청소년기는 뇌 기능의 중요한 변화가 일어나는 시기이다. 건강한 뇌에서 일어나는 발달적 변화는 다음과 같은 능력을 보여 준다.

- 추상적이고 반영적으로 사고함
- 색다름에 대한 충동적 반응, 인지적 보상(예: 섹스, 마약, 로큰롤)과 같은 뇌 기능의 자동적 측면을 모니터링하고 통제함
- 긍정적 정서와 부정적 정서 모두를 이해하고 정서를 조절할 수 있는 정서지능이 발달함

이 시기에 영양이 부족하면, 뇌가 미성숙한 채로 남게 된다. 오랜 기간 이어진 영양결핍은 뇌 발달을 마비시킬 수 있고 회복을 어렵게 만든다. 청소년기 이후 섭식장애가 발병한 사람도 똑같은 문제를 보인다. 사고와 감정을 조절할 수 있는 능력에 퇴행을 보인 사례는 병의 초기에 가능한 빨리 지속 가능한 방식으로 적절한 영양 상태를 복원하는 일이 중요하다는 것을 명심하자.

 알아차리기

- 섭식장애 당사자의 증상이 걱정된다면, 증상을 적어 두자(예: 언제부터 증상이 있었는지, 얼마나 오래됐는지, 얼마나 자주 나타났는지 등등).
- 담당 의사에게 편지(급할 시에는 전화)로 관련된 세부 내용을 전달하자.
- 정기적인 체중 모니터링을 하자.
- 당신의 바람과 당신의 사랑에 대해 확신을 가지게 하자.
- 걱정을 말로 전하자.
- 당신의 행동을 설명하자.
- 도움을 주자.

기억할 점

• 위험을 염두에 두고, 필요하다면 위험 관리를 위해 도움을 요청한다.

• 오래 지속되는 영양결핍은 뇌의 기능을 저해하고 회복을 방해한다.

• 오랜 시간 지속된 영양결핍은 정서와 추상적 사고 및 사회적 지능 조절에 영향을 주어 회복의 장애물을 또다시 만든다.

제4장
섭식장애 당사자 돌보기,
그 첫걸음

　당신이 섭식장애와 관련된 지속적이고 극단적인 행동들을 처음 마주하게 된다면 무섭고 혼란스러울 것이다. 당신이 사랑하는 사람의 극단적인 체중 감소를 보게 되면, 마치 그 사람이 암에 걸린 듯한 공포를 경험할지도 모른다. 유사하게, 당사자의 지속적인 구토와 폭식으로 인한 스트레스는 당신을 속상하게 만든다. 사실 이런 증상들의 비밀스러운 측면 때문에 당신은 실제로 어떤 일이 일어나고 있는지 전혀 모를 수도 있다. 섭식장애 당사자는 병적인 식습관을 숨기는 데 아주 능숙하다. 하지만 당사자의 본능은 장기간의 반복된 행위의 결과로 인해 어떤 끔찍한 일이 생겼다는 것을 안다. 이런 문제가 섭식장애라는 것을 알아차리고 인정하는 것은 당사자와 보호자뿐 아니라 심지어 의사에게도 힘들 수 있다. 어디서부터 시작할 수 있을까? 다음의 내용이 도움을 줄 것이다.

1. 시작

> 제2장에서 우리는 섭식장애를 인지하는 것이 얼마나 어려운 일인지 이야기했다. 일단 의심이 들면, 다음 단계는 섭식장애 당사자가 자신에게 문제가 있을 수도 있다는 것을 받아들이도록 격려하는 것이다. APT 단계, 알아차리기-계획 세우기-실천하기를 기억하자. 제2장의 〈표 2-1〉은 몇몇 징후를 알아차리고 지식을 쌓는 데 도움을 줄 것이다.

섭식장애 당사자를 돕는 것은 쉽지 않다. 어떤 사람들은 빈약한 제한 식단을 고수하고, 또 어떤 사람들은 먹고 싶은 충동이 그들의 결심을 무너뜨린다. 그다음 그들은 그들의 '탐닉'을 보상하기 위해 과도한 운동, 구토, 이뇨제, 하제 등 극단적인 수단을 사용하고 싶은 충동을 느낀다. 오랜 기간의 금식 또는 단조롭고 낮은 칼로리의 식단 유지는 중독과 비슷한 패턴으로 서서히 진행된다. 그러다 갑자기 입맛에 맞는 맛있는 음식을 아주 조금이라도 먹게 되면, 먹는 것을 멈출 수 없게 된다. 과잉 운동이나 변덕스러운 의례적 행동과 같은 강박적이고 충동적인 행동들이 발생할 수 있다. 당신은 한 명의 관찰자로서 너무 많이 먹거나 너무 적게 먹는 행동이 섭식장애 당사자의 삶의 질뿐 아니라 당신의 삶에도 영향을 끼치고 있다는 것을 눈치챌 것이다.

그런 모습들을 바라보는 것이 고통스러울지라도, 섭식장애 당사자에게 당신의 염려와 걱정을 효과적으로 전달하는 것이 가능하다고 느껴지기 어려울 수 있다. 섭식장애의 핵심 임상 징후 중 하나는, 잘 살고 있다는 믿음, 힘, 통제, 조절, 유일함 등과 같은 그들의 조건을 긍정적인 이점들로 인지한다는 것이다. 그래서 이 섭식장애라는 힘든 주제를 꺼내어 대화하려고 할 때 사랑하는 사람이 화를 내거나 당신에게 굴욕감을 주어, 오히려 당신이 얼어붙고 힘

[그림 4-1] 병을 가진 당사자가 아닌 원래의 당사자에게 말을 걸어 대화하려고 노력하여, 섭식장
애를 일으키는 진짜 가해자가 누구인지 살피고 명료화해 본다.

이 빠질 수 있다. 다음은 섭식장애 당사자와 대화를 준비하는 데 도움이 되는
것을 목표로 한다.

책 속 미리보기

- 제7장: 변화를 이해하기. 섭식장애 당사자가 부정적인 결과를 낼 수 있는 행동에서 벗
  어나려면 보호자가 어떻게 격려해야 하는가?
- 제9장: 삶의 핵심 측면을 먹는 것에 둠으로써, 가족과 직업 환경 모두에서 관계성에
  어려움이 생길 수 있다. 이 장은 섭식장애 당사자에 대한 일반적인 반응들과 관계 안
  에서의 힘겨움에 대해 말해 준다.
- 제10장: 이 질환으로 인해 사회적 연결과 관계성이 어떻게 손상될 수 있는가?

2. 준비 및 갈등 조절

섭식장애 당사자와 섭식장애라는 주제에 대해 이야기하기 위해 준비한 대본을 가지고 미리 연습하는 것이 실제 대화를 준비하는 데 도움이 된다. 언제, 어디서 대화를 나눌 것인지 결정하자. 당신과 섭식장애 당사자 둘만 따로 있을 수 있는 기회를 찾고, 간섭으로 인해 대화가 중단될 위험이 없는 조용한 방이나 산책하는 상황도 좋다.

준비 단계에서는 당신을 불편하게 만드는 섭식장애 당사자의 행동이나 증상들을 미리 써 두고 알아 두는 편이 좋다. 대화할 때 이러한 관찰의 내용을 당사자에게 전달하자.

섭식장애에 대한 가능한 한 많은 정보를 찾아보고 당신이 관찰한 결과를 다른 사례들과 비교해 보자. 가능하다면, 지혜롭고 현명한 친구에게 당신의 걱정을 말해 보자.

섭식장애 당사자가 자신의 생각과 행동의 충동적인 소용돌이 속에서 벗어나 당신의 말을 이해하기까지는 시간이 필요하다. 당신은 점점 더 좁아지는 식사/음식 갈망 중심의 관점에서 당사자들이 일과 여행 그리고 가족과 친구와 함께 할 미래를 위해 삶과 건강을 열망하는 것이 더 가치 있다는 것을 알도록 초점의 이동을 도와야 한다.

갈등 조절의 방해물인 음식, 칼로리, 체형 또는 체중에 대해 말하는 것이 '섭식장애식 대화'임을 인식하고 피하도록 노력해야 한다. 이것은 섭식장애 당사자의 주요 관심사이고 이러한 주제에 대해 세부적인 지식을 발전시켰으며, 대화 속에서 이러한 주제가 나오는 데 익숙할 가능성이 높다. 서로의 파트너가 되어 '춤추는' 대화 상황에서 벗어나기 위해서는 반영적이고 자기-훈련적인 태도가 요구된다. 논쟁하는 것은 대화 상황을 더 나쁘게 만들 것이므로 필요하다면 서로의 의견 차이를 인정하고 추후에 대화할 기회를 열어 두자. 당분간은 말할 때를 기다리자. 하지만 주의를 기울이면서 계획을 세우기 시작하자. 예를 들어, 만약에 섭식장애 당사자가 당신이 말했던 병리적인 먹기에 관해 사사건건 모든 부분을 반대했을 때 뭐라고 말해야 할지 생각하는 것이다.

> '나는 너를 많이 사랑하고, 나의 가장 큰 관심은 회복된 널 보는 거란다. 하지만 우리는 아직 이 부분에 서로 동의하지 않는 것 같구나. 내 생각엔…… 지금은 그만하고 나중에 다시 이야기하는 게 좋겠어. 나는 지금 샤워하러 가거나 개를 산책시키러 갈게. 아니면 친구 집에 갔다 올게.'

표 4-1	계획 세우기: 주제를 끌어낼 대본

- 의심스럽다면, 당신의 지속적인 사랑과 돌봄으로 안심시키면서 부드럽게 질문하고 (Ask), 침착하게(Calmly), 당신의 걱정을 말로 표현하고(Talk), 관찰한 내용을 말하자(ACT).
- 섭식장애 당사자들은 흔하게 그들에게 문제가 있음을 부정한다는 것을 기억하자.
- 소극적이지 말자. 증상을 무시하거나 놓치지 말고 그 사람을 포기하지 말자.
- 그들에게 문제가 있다는 것을 당신이 믿고 있음을 알게 해 주자. 그들 스스로 문제를 인정하고 마주하기 위해서는 오랜 시간이 걸릴 수 있다.
- 조심스럽게 특별한 순간을 선택하자. 식사시간이 아닌 편안한 분위기가 가장 좋다.
- 호통칠 필요가 없다. 항상 모든 논쟁에서 이길 필요도 없다.
- 특히 치료의 초기 단계에서는 후퇴를 준비하자.

3. 섬세한 계획

먼저 상호작용 '대본'을 계획해 보자. 언제, 어디서, 누구와 함께하는지 이미지화해 보자. 당신의 걱정에 대해서 무엇을 어떻게 말하고 싶은지 신중하게 떠올려 보면서 당사자의 반응을 상상해 보자. 모든 것이 그렇듯, 연습은 매우 귀중하다. 다른 가족 구성원이나 친구 또는 거울 앞에서 미리 연습해 보자. 멀리서 날 바라보는 시점으로 스스로의 위치를 세우자.

> '내가 알아차렸었단다……. 나는 ……을 걱정하고 있단다. …… 그것에 대해 말해 줄 수 있겠니? 네가 어떻게 느끼고 있는지…….'

때로는 섭식장애를 섭식장애 속삭임 혹은 섭식장애 가해자(anorexic minx or anorexic bully)로 생각해 본다면, 사랑하는 사람으로부터 섭식장애와 그것에 지배받는 행동을 분리하도록 도와주자. 섭식장애 당사자가 변화에 대해 혼란스러워하며, 마치 '괜찮은 쪽'과 '병적인 쪽'으로 나뉜 것처럼 말하고 행동한다면 침착하게 연민의 마음을 가져 보자.

〈표 4-2〉에 제시되어 있는 대화의 물꼬를 트는 유용한 문구들을 사용하면 보다 편안하게 말할 수 있다. 이 책 전반에 걸쳐 더 다양한 표현이 소개될 것이다.

표 4-2   유용한 문구 사용하기

- 혼란한 감정을 정상화한다.
  '마치 네가 그렇게 느끼는 것처럼 들리지만……, 네가 원하는 부분은 바로……'(변화에 대한 양가감정, 제7장 참조)

- 당신이 보았던 사실들을 차분하고 따뜻하게 설명하고 도움을 준다.
  '내가 보기에 너는 ……라고 생각하는 것 같아. 내 생각에 너는 ……라고 느끼는 것 같아. 나는 ……을 알아차렸단다. 내가 너를 어떻게 도와주면 될까?'

- 대답을 신중하게 듣는다.
  '너의 생각이 ……인 것 같은데, 내가 잘 이해하고 있니?'(반영적 듣기와 확인을 사용하여 신뢰 쌓기, 제8장 참조)

- 섭식장애 당사자에게 당신이 걱정하는 것이 무엇인지 말로 표현한다.
  '의사선생님이 너의 BMI가 너무 낮아서, 운동을 좀 줄이는 것이 더 좋을 것 같다고 말했어. 그러기 위해서 어떻게 해야 한다고 생각하니?'(동기 부여에 유용한 '상태측정 가늠자' 사용하기)

- 판단하지 않고 듣는다.
  '모든 사람이 각자 다른 관점을 가지고 있어. 내 생각과 다르지만, 네가 다르게 느낀다는 것을 인정할게.'

- 당신의 감정반응을 조절하고, 침착하게 동정심을 유지한다.

- 당신과 다른 사람들이 당사자를 어떻게 도와줄 수 있는지 물어본다.
  '혹시 내가 도와줄 수 있는 게 있을까?'

- 지속적인 확신과 함께 진심 어린 지원, 사랑, 친절, 존중은 큰 차이를 만들 수 있다. 낮은 자존감으로 인해 아무도 자신을 돌봐 주지 않을 거라는 믿음은 매우 파괴적이다.

- 가능한 한 자주 긍정적인 생각과 의견을 표현한다.
  '……해서 고마워. ……했을 때 좋았어.'

- 비판적이지 않은 어조로 부정적인 섭식장애 행동들에 대해 표현한다. 긍정적인 말들 사이에 사용하면 당신이 섭식장애 행동들을 싫어한다는 것을 보여 주지만, 여전히 그 사람을 사랑하고 있다는 것도 보여 준다.

  '나는 너를 사랑해. 하지만 네가 ……할 때 속상해. 네가 ……하는 게 싫단다. 나는 너를 많이 사랑하고 너에게 일어난 일로 너의 생활에 변화가 커서 걱정된단다.'

  '나는 네가 너의 병과 싸우려고 애써 줘서 너무 고마워. 병이 심해졌을 때 이겨 내고 다시 건강한 식사를 하는 것이 얼마나 어려운지 알아. 나는 너를 정말 사랑하고 네가 섭식장애를 이겨 내기 위해 얼마나 열심히 노력하는지 안단다.'

  이 전략은 어려운 부분을 두 가지 긍정적인 부분 사이에 끼워 넣는 전략이다. 상황에 맞게 당신의 언어를 사용하라.

- 인내심을 가지자. 변화는 어렵고 시간이 걸린다.

4. 시도하기

 시도할 준비가 되었는가? 무슨 일이 일어나길 기대하는가? 무엇을 배웠는가? 놀랄 만한 것이 있는가?

5. 이번에 실패하면

'그와 연락이 닿지 않아요. 그는 모든 것을 부인해요.'

'아이는 제가 과잉보호를 하고 있으며 그런 문제들에 대해 그저 추측하고 있는 것뿐이라고 말하면서 화만 냈어요.'

'제 아이는 지금 시험공부만 잘하면 된다고 했고, 괜찮대요.'

'어찌 된 일인지 우리는 결국 나에 대한 이야기로 끝맺었어요. 그게 핵심이 아니었는데 말이죠!'

처음 시도에, 어쩌면 앞으로도 많은 경우, 섭식장애 당사자는 화를 내거나 비웃고, 무시하듯 밀쳐 낼 것이다.

그런 고비가 있다 해도 결코 포기하지 말자. 계속 지켜보면서 다른 기회를 기다리자. 이 과정에서 섭식장애 당사자에게 당신이 필요하지만 아직 그것을 깨닫는 단계가 아니라는 사실을 기억해야 한다.

6. 국가적인 지지 얻기

초기 단계는 매우 어렵다. 당신은 길을 잃은 기분이 들거나 외롭고 혼란스러울 수 있다. 섭식장애 당사자가 도움을 원하고 도움에 동의하는 단계까지 이르지 못할 수도 있지만, 그동안 당신은 보다 많은 것을 알아차리고 준비할 수 있다.

 행동하고 시도하기

담당 의사에게 당신과 가족들이 관찰한 내용을 설명할 수 있어야 한다. 그동안 관찰한 상황의 구체적 내용과 행동의 빈도를 기록해 두는 것이 유용하다.

섭식장애로 진단받는 일은 비교적 적고, 섭식장애 전문의가 아니라면 의사도 잘 알지 못하는 영역일 수 있다. 책에서 섭식장애에 대해 설명하고 있어도, 실제 가정환경에서 경험하고 있는 어려움과 고통에 대해서는 잘 알지 못할 수 있다. 그럼에도 불구하고 당신은 당신의 거주 지역 내에 도움을 요청하고 어디에서 무엇을 지원받을 수 있는지 찾아볼 수 있다.

- 비밀 유지에 대한 염려: 전문가들은 자세한 개인 정보를 알려 줄 수 없지만 당신의 문제를 들으면 문제에 대한 전반적인 설명을 해 줄 수 있다. 섭식장애 당사자와 함께 병원에 가지 않더라도, 담당 의사를 찾아가 보는 것은 회복의 첫걸음이다.

• 당신이 자주 좌절하게 된다면, 반드시 외부의 도움을 구해야 한다. 영국이라면, Beat (telephone helpline for carers in UK)를 사용할 수 있는데 섭식장애 자녀를 돌본 경험이 있었던 성인 자원봉사자들이 운영하는 상담전화라인이다. 당신이 처한 어려움에 공감할 수 있는 사람과 이야기를 나눌 수 있고, 관련 정보를 안내하거나 가까운 자조 모임 전화번호를 제공받을 수도 있다.

기억할 점

1. 어떤 것이 섭식장애인지 알아차려야 한다. 증상에 주목하자.
2. 섭식장애 당사자가 자신에게 문제가 있다는 것을 인정하게 하는 것이 핵심이지만, 결코 쉽지 않다는 것을 기억하자.
3. 당신 자신이 주제를 꺼내기 위해 준비하자. 정보를 모으고, 연구하고, 가능하다면 다른 사람과 이야기해 보자. 때와 장소를 정하자.
4. 당신이 말하고 싶은 것을 머릿속으로 떠올리고 대본을 써 보자. 대화를 리허설해 보자.
5. 시도하고, 또 시도하자. 처음에는 당신의 염려가 철저히 무시당하더라도 포기하지 말자.
6. 당신이 배우고 습득한 것들을 다시 한번 떠올려 보자.
7. 가족/친구, 전화 상담, 자조 모임, 전문가 등에게 도움을 구하자. 당신 혼자 견딜 필요가 없다.

제5장
가까운 타인들의 돌봄 유형

가까운 사람들은 섭식장애 증상이 당사자의 사회적·정서적·신체적 건강에 부정적인 영향을 미치는 근원임을 매우 쉽게 알아차린다. 섭식장애 당사자의 삶에서 이런 부정적인 영향을 보는 것은 다른 감정들 외에도 두려움, 분노, 좌절, 혼란의 감정을 불러일으킬 수 있다.

이러한 고강도의 스트레스에 가족구성원 각자의 반응방식은 고유하다. 하지만 우리의 경험에 따르면 많은 보호자가 보여 주는 일반적인 반응유형이 있다. 그러한 반응들을 우리는 동물에 비유해 묘사하였고, 이는 섭식장애 증상에 대한 자연스럽고, 전형적인 반응을 은유하고 있다. 그 반응들은 걱정과 두려움이 큰 보호자들의 본능적 반응이다. 하지만 아무리 좋은 의도라고 해도 반응 중 일부는 회복에 도움이 되기보다는 해로운 영향을 끼칠 수 있음을 기억하자.

이 장에서는 섭식장애 증상에 대한 보호자들의 일반적 반응으로 나타날 수 있는 행동적·정서적 반응을 둘씩 묶어 동물 비유로 묘사한다. 당신의 모습도 그 안에서 발견할 것이다. 동물 묘사 속에서 당신의 모습을 인식하면서 섭식장애 당사자와의 신뢰와 연결감 향상에 도움이 되기를 바란다.

책 속 미리보기

• 제9장에서 각 경향을 보다 생산적이고 유용하게 사용할 수 있는 방법을 설명할 것이다.

1. '정서적으로' 어떻게 반응해야 할까

1) 타조

몇몇 가족 구성원은 섭식장애 행동에 직면할 때 찾아오는 스트레스와 분노를 다루기 힘들어, 문제에 대해 생각하거나 이야기하는 것을 모래에 머리를 파묻은 '타조'처럼 회피하려고 한다. 섭식장애 당사자의 행동이 야기하는 영향을 무시하고 부인하려 애쓰면서 그것이 가족에게 어떤 영향을 미칠지 알고 있

[그림 5-1] '타조 유형'의 보호자들은 너무 바빠 자녀에게 힘이 되어 주기가 불가능하다. 이 유형의 단점은 섭식장애 당사자가 고립감을 느끼고, 외롭다고 느낀다는 것이다.

을 수도 있고, 모르고 있을 수도 있다. 그들은 가능한 한 집에서 당사자와 떨어져 있으려고 하고, 섭식장애 당사자와 관련된 어려운 상황과 그들의 행동에 직면하기보다 일, TV 시청, 그 외의 집중할 수 있는 다른 활동을 찾고자 한다. 또한 섭식장애 행동과 증상을 무시하고 병의 심각성을 악화시키기도 한다.

　때때로 보호자는 병에 대해 강렬하고 여과 없는 직접적인 감정적 반응에 휩싸여 섭식장애에 대한 잘못된 해석이 생겨 혼란스러워질 수 있다. 일반적으로 나타나는 잘못된 신념 중 하나는, 자녀가 섭식장애를 앓게 되면 부모로써 실패했다고 믿는 것이다. 높은 수준의 자기비난은 '해파리 반응'을 일으킨다.

　또는 보호자가 완벽주의적인 양육기술과 기대를 가지고 자녀의 삶과 행복을 전적으로 책임지려고 할 수 있다. 이런 식으로 민감하고, 종종 눈물을 글썽이는 해파리 반응은 탈진과 절망으로 인한 것이기도 하다. 보호자로서 희망이 없다고 느끼고 이러한 반응을 보일 때 보호자 자신의 건강이 흔들린다. 우울과 상황의 악화를 막기 위해서는 안정과 조언 그리고 지지가 필요하다.

[그림 5-2] 섭식장애 당사자는 보호자로부터 강렬한 '해파리 정서 반응'을 이끌어 낸다. 이 유형의 단점은 감정적인 반응이 급가속된다는 데에 있다.

2) 세인트 버나드

우리는 당신의 정서적 반응에 대해 세인트 버나드를 모델로 삼아 보기를 추천한다. 세인트 버나드는 위험 상황에서도 침착하고 차분함을 유지하는 동물 중 하나이며, 위기 상황에서도 공황상태에 빠지거나 소리를 지르지 않는다. 차분하고, 조직화되어 있으며, 동료애와 따뜻함 그리고 보살핌을 제공한다. 무력하게 길을 잃은 이들에게 행복과 안전을 주기 위해 헌신한다. 침착하고, 따뜻하며, 보살핌을 주는 세인트 버나드를 당신의 모델로 삼아 보자.

2. '행동적으로' 어떻게 반응해야 할까

1) 캥거루

'캥거루 돌봄' 반응은 섭식장애 당사자의 부서질 것 같은 몸과 마음의 상태를 완벽하게 보호하기 위해 당신의 주머니 안에 담고 있는 것처럼 드러난다. 캥거루는 삶의 모든 측면을 맡음으로써 섭식장애 당사자를 지원하고 보호하기 위해 가능한 한 모든 것을 해낸다. 캥거루는 섭식장애 당사자가 섭식장애로 인한 위험에 시달릴 때든 아니든 상관없이 모든 요구를 수용할 것이고, 당사자의 양손에 장갑을 씌운 듯 조심히 다루어서 혹시 모를 일과 스트레스를 피하게 한다.

- 폭식 행동이 나타날 때, 캥거루는 부족한 음식을 대체하기 위해 훨씬 더 많은 양의 음식을 살 수 있다.
- 식욕 부진을 보일 때, 캥거루는 환자가 요구하는 식욕을 자극할 수 있는 특별 음식을 구하러 아주 멀리까지 운전하여 찾으러 나간다.

- 캥거루는 가족의 식사와는 다른 섭식장애 당사자만을 위한 특별한 식사
  를 준비한다.
- 캥거루는 섭식장애 당사자의 운동 일정에 맞추는 것을 우선시하여 나머
  지 가족의 일정을 재조정한다.

당사자의 책임을 모두 대신해 주는 이 유형의 단점은, 당사자 자신이 자기
삶에 도전하여 대처하고 숙달하는 방법에 대해 배우지 못한 채, 유아라는 역
할에 갇혀 버리게 된다는 것이다.

[그림 5-3] '캥거루 유형'의 양육은 과보호 경향을 보인다. 부모는 섭식장애 당사자를 계속해서
안전한 장소에 머물러 있도록 하고, 모든 어려움으로부터 무조건 보호하려고 한다.
때로 이는 당사자를 모든 위험으로부터 보호하려는 보호자 자신의 불안 때문일 수
있다. 이 유형의 단점은 당사자가 실제 현실에 대해 배울 수 없다는 점이다.

2) 코뿔소

보호자는 간단한 해결방법인 '영양가 있는 적절한 양의 음식을 섭취하는 것'에 대한 섭식장애 당사자의 끊임없는 비논리적 태도에 스트레스를 받고 지쳐 '코뿔소 반응'을 보인다. 음식이 사라지고, 화장실은 계속 사용 중이고, 싱크대나 변기가 막히고, 가족들의 식사가 계속 중단이 되면 보호자인 당신의 화가 점점 극에 다다른다. 괴팍해진 당신은 세부적인 것에 초점을 맞추고 당사자가 그 상황에 대한 당신의 분석을 이해하기 바란다. 코뿔소는 당사자가 변화하도록 논쟁함으로써 당사자를 설득하고 납득시키려 명령한다. 그것은 섭식장애적 행동과 신념을 부수기 위해 돌격하여 논리적으로 맞서 변화시키려는 것이다.

이런 상태가 되어 섭식장애 당사자가 복종하면, 조력 없이 자기 스스로 할 수 있다는 자기 믿음에 대한 확신을 발달시키지 못하게 되는 단점이 있다. 아니면 십중팔구 섭식장애 당사자는 자기 보호에만 모든 에너지를 쓰거나 섭식장애적 논리로 맞서며 왜곡된 섭식장애 사고를 반복하면서 병 속으로 더 깊이 숨을 가능성이 높다.

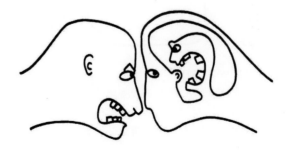

[그림 5-4] 섭식장애 행동은 '코뿔소 반응'을 쉽게 끌어낼 수 있다. 주제에 대해 논리적으로 논쟁하면서 서로 얼굴을 붉혀 가며 으르렁거린다. 이 반응은 섭식장애 가해자(anorexic bully)에게 발언권을 주고 더 강력한 갈등을 부추기는 면이 있다.

3) 테리어

테리어 반응은 섭식장애 당사자가 음식을 먹어야 한다는 사실을 상기시키려는 보호자의 반응을, 주인의 발목에 대고 요란하게 짖어 대는 테리어에 빗대어 은유적으로 표현한 것이다. 당신의 행동과 연결되는가? 당사자가 당신의 반응을 비판적인 '소음'으로 여기거나 머리에 맴도는 음식 생각들 중 일부로 치부해 버리고 만다는 생각이 드는가?

당사자에게 말하기보다 그들의 말을 '듣는 데' 시간을 보내는 것이 환산할 수 없을 정도로 더 가치 있다.

4) 섭식장애 순교자: 맞춰 주고 허용해 주기

아픈 사람을 향한 무조건적인 돌봄 반응은 그들을 버릇없게 만들 수 있고, 자신을 특별하게 대해 줄 거라 믿게 한다. 섭식장애 당사자가 스트레스를 받지 않게 하고, 평화로운 상태를 유지하도록 해 주는 것은, 병리의 규칙을 당사자가 받아들여도 된다는 암묵적 인정이기도 하다. 그것은 마트, 주방 그리고 식당에서의 음식 관련 행동을 바꾸는 것, 또는 가족 삶의 영역을 침범하는 보상적 제거 행동들까지 포함한다. 이렇게 하는 것들이 당연하다는 식의 반응은 나쁜 부작용을 일으켜 섭식장애 습관이 더 깊게 뿌리내리게 한다.

[그림 5-5] 맞춰 주고 허용해 주기. 가족들은 섭식장애 당사자를 화나게 하고 싶지 않아 한다. 불
안하고, 죄책감을 느끼고, 걱정되지만, 당사자의 불안감을 부추기는 것이 두려워 그
들의 규칙과 요청, 부탁을 들어준다. 예를 들면, '해당 상표의 바로 그' 시리얼을 사기
위해 운전하고, 당사자의 운동 시간을 방해하지 않기 위해 방에 앉아 기다리고, 아침
7시부터 밤 11시까지 주방을 맘껏 사용할 수 있게 허락하는 식이다.

5) 섭식장애의 번식지

섭식장애 당사자는 SNS 속 사람들과 체중과 체형의 중요성을 지나치게 강
조하는 가치관을 공유할 수 있다. 그들은 특히 이것을 미디어, 학교나 직장에
서의 또래집단, 헬스 전문가/무용 레슨 코치 등 가족 밖에서도 경험한다. 하
지만 종종 그들의 가족 중 섭식장애를 앓았던 사람이 있어서 영향받은 것일
수도 있다. 섭식장애 당사자는 대화의 주제를 항상 음식, 체중, 체형, 신체상
과 관련된 것으로 바꾸려고 한다. 거기에 휘말리는 대화는 병 자체에 발언권

을 주는 것으로 관련된 신념과 습관들을 더욱 강화하고 경직된 사고로 굳어
지게 한다.

[그림 5-6] 섭식장애에 대한 태도를 공유한다. 마름을 찬양하고 다이어트를 과대평가하는 몸매
이야기와 같은 기준들은 이미 우리의 SNS를 장악하고 있다.

6) 돌고래

각 돌봄 유형은 섭식장애 당사자를 돕기 위한 협동적이고 통합적인 접근의 한 부분으로 적용될 때 확실한 강점을 제공할 수 있다.

우리는 당신이 동물 은유 중 코뿔소나 캥거루가 아닌, 당사자가 조금씩 안전한 곳으로 가게끔 유도하는 돌고래 모델을 제안한다. [그림 5-7]에서 바다 위에 구명조끼를 입은 사람이 섭식장애 당사자이다. 그들은 섭식장애가 마치 생명을 구하는 벨트라도 된 듯 스트레스와 위험으로 가득한 세상에서 자신을 위한 그 벨트를 꽉 잡고 놓지 않으려 한다. 돌고래는 때때로 앞으로 헤엄쳐 나가, 섭식장애 당사자가 어려운 길을 지나갈 수 있도록 길잡이가 되어 지도해 주고, 때로는 옆에서 함께 헤엄치며 격려와 지지를 보내 주기도 한다. 섭식장애 당사자들이 긍정적인 진전을 보여 줄 때에도 그들은 뒤에서 조용히 헤엄치고 있다.

지금까지 이 책을 읽어 오면서 당신은 섭식장애 당사자를 돌보기 위한 노력에 도움이 되지 않는 몇몇 특징이 무엇인지 알아챌 수 있었는가?

섭식장애 당사자들을 변화시키기 위해 가장 먼저 할 수 있는 일은 당신의 행동을 살펴보고, 필요하다면 의식적으로 바꾸는 것이다. 이것이 뜻하는 바는 타조, 코뿔소, 해파리, 캥거루와 같이 도움이 되지 않는 자동적 반응으로부터 한 걸음 뒤로 물러나는 것이다.

서문에서 언급했듯, 이는 '하나를 위한 셋(three for one)' 시스템이다. 도움이 되지 않는 소통의 패턴을 부수고, 변화가 얼마나 어려운 것인지를 경험을 통해 배워, 당신이 변화될 준비가 되었다는 것을 실제로 보여 주어야 한다는 것이다. 알아차리기-계획 세우기-실천하기(Awareness-Planning-Try it: APT)의 선순환을 경험하자.

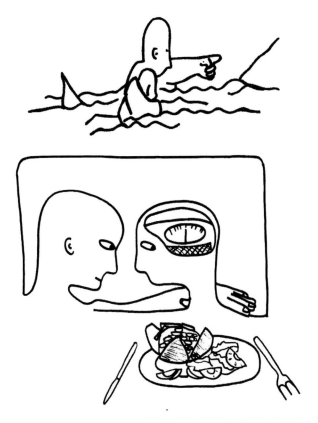

[그림 5-7] '돌고래 유형'의 훈육과 돌봄은 당사자가 다이빙이나 비행을 덜 두려워하면서 할 수 있게 하는 협력적인 접근이다.

알아차리기: 다른 가족 구성원은 어떤 돌봄 유형을 가질까

가족 구성원들이 서로 다른 돌봄 유형을 가지고 있는 것이 일반적이다. 섭식장애 그 자체로 인해 가족이 분열되기보다 섭식장애 당사자의 요구, 습관, 행동에 대해 그것을 받아 주는 '온화한' 사람과 '엄격한' 사람으로 인해 갈라지는 것이 더 흔하며, 그 갈라짐으로부터 섭식장애는 번성한다.

[그림 5-8] 갈라짐과 지배. 가족 구성원들이 서로 갈등한다(예: 아빠는 엄마가 지나치게 허용적이라 하고, 혹은 그 반대일 수도 있다). 가족 간의 다툼으로 너무 많은 에너지가 소모되고, 결국 섭식장애가 이기는 꼴이 된다(이러한 분열은 치료 팀과 가족 간에도 생길 수 있다!).

 공동 작업과 협력을 위한 계획 세우기

이러한 분열을 치유하는 일관성 있는 팀 대응의 중요성은 아무리 강조해도 지나치지 않다. 그것을 시작할 수 있는 한 가지 방법은 가족 밖에 있는 가까운 누군가가 더 냉정하고 차분하게 도와주는 것이다[이 과제를 해결하기 위한 지침은 부모에게 주어졌을지라도 다른 가족 구성원들(형제자매)도 포함시키는 게 맞다].

우선 존중하는 마음과 여유를 가지고, 방해받지 않으면서 의사소통할 시간대를 정하자. 식사를 하거나 커피를 마시러 나가는 건 어떨까?

두 장의 종이를 준비하자. 당신들이 부모라면, 하나는 엄마가, 또 하나는 아빠가 가진다. 그리고 그 도화지 위에 [그림 5-9]처럼 0에서 5까지 등급 표시가 있는 직선 4개를 그린다. 위의 2개의 선은 정서적 반응성(emotional reactivity), 나머지 2개는 돌봄 행동들(parenting behaviours)을 의미한다. 선의 각 끝 지점에는 비유한 동물이 있다.

종이 위에는 질문들이 있다. 질문을 보면서, 당신은 어디에 표시되는지, 파트너는 어디에 표시할 수 있는지 가늠해서 체크한다. 왜 그렇게 표시하였는지 차분히 생각해 보고 말해 보자. 표시한 그 지점이 실제의 그 사람을 얼마만큼 설명해 주는가? 충분히 비슷한가? 이야기를 나눈 후 변화가 있어 표시한 것을 수정하고 싶은가?

각자가 비슷하고 단합된 입장을 가질 수 있도록 서로 도울 수 있는 방법을 모색해 보자. '가장 효율적인 지점(sweet spot)'은 많은 행동에서 0의 주변이겠지만, 섭식장애 당사자의 먹기에 대해 확고한 입장을 취하는 것에 모두가 동의해야 할 수도 있다. 한 번에 하나씩 목표를 설정하는 현명한 접근은 따뜻하고 침착하게 이루어질 필요가 있다.

책 속 미리보기

이후의 몇 장을 더 읽고 어떤 기술이 필요한지, 일관된 돌봄 방식의 효율적인 지점이 어디에 있는지 결정해야 할 것이다.

- 제9장: 일관적이고 지지적인 돌봄 방식을 개발하기 위한 보다 구체적인 정보를 얻기
- 제10장: 형제, 자매 및 파트너와의 관계에서 발생하는 어려움에 대해 각별히 다루어야 할 것들
- 제11장: 감정들은 어떻게 다루어야 하는가

이어지는 장들은 섭식장애에서 빠져나오지 못하게 하는 습관들인 심각한 제한(제12장), 폭식(제13장), 그 외의 '안전 및 보상' 행동들(제14장)을 다룬다. 그 내용을 숙지하고 나면, 이제 당신의 변화를 실천으로 옮길 수 있는 준비를 마친 것이다.

정서 반응성 등급

당신은 어느 정도 해파리에 가까운가?		당신은 어느 정도 타조에 가까운가?

5	4	3	2	1	0	1	2	3	4	5

당신의 파트너는 어느 정도 해파리에 가까운가?	• 갈라짐과 지배를 멈추는 것이 얼마만 큼 중요하다고 생각하는가? • 당신의 파트너와 동등한 위치에 있는 것에 대해 얼마만큼 자신 있는가? • 당신의 파트너 옆으로 얼마나 가까이 이동할 수 있는가? • 당신의 파트너는 당신 옆으로 얼마나 가까이 이동할 수 있는가? • 당신의 파트너 가까이로 가고자 하는 것을 방해하는 장애물은 무엇인가? • 가까이 가기 위해 당신에게 필요한 도 움은 무엇인가? • 당신의 파트너 가까이로 가기 위해 당 신이 희생해야 할 것은 무엇인가?	당신의 파트너는 어느 정도 타조에 가까운가?

돌봄 행동 등급

당신은 어느 정도 캥거루에 가까운가?		당신은 어느 정도 코뿔소에 가까운가?

5	4	3	2	1	0	1	2	3	4	5

| 당신의 파트너는 어느 정도 캥거루에 가까운가? | • 갈라짐과 지배를 멈추는 것이 얼마만큼 중요하다고 생각하는가?
• 당신의 파트너와 동등한 위치에 있는 것에 대해 얼마만큼 자신 있는가?
• 당신의 파트너 옆으로 얼마나 가까이 이동할 수 있는가?
• 당신의 파트너는 당신 옆으로 얼마나 가까이 이동할 수 있는가?
• 당신의 파트너 가까이로 가고자 하는 것을 방해하는 장애물은 무엇인가?
• 가까이 가기 위해 당신에게 필요한 도움은 무엇인가?
• 당신의 파트너 가까이로 가기 위해 당신이 희생해야 할 것은 무엇인가? | 당신의 파트너는 어느 정도 코뿔소에 가까운가? |

[그림 5-9] 이 가늠자는 분열되고 교착 상태에 머물러 있는 관계를 어떻게 하면 보다 생산적이고 협력적인 동반자적 관계 구조로 만들어 갈 수 있는지 보여 준다.

당신, 다른 가족 구성원 혹은 치료 팀의 태도나 행동을 떠올리면 어떤 동물 비유와 연결되는지 생각해 보자.

- 캥거루인가? 과보호, 지나치게 부응하면서 과한 지배
- 코뿔소인가? 화내고 강압적인, 변화시키기 위해 저돌적으로 서두름
- 테리어인가? 비판적인 잔소리
- 순교자인가? 지나치게 맞춰 주고 허용함
- 돌고래인가? 안내하고, 코칭하고, 격려하고, 섬세함

다음 중 당신의 감정을 묘사한 것은 무엇인가?

- 타조인가? 현실도피와 회피를 선호함
- 해파리인가? 지나치게 감정적이고 과도하게 예민함
- 세인트 버나드인가? 조용하고, 진심으로 따뜻하게 보살핌

마침내, 당신은 더 큰 그림을 떠올려 볼 수 있게 되었다. 영양에 대해 섭식장애 당사자의 생각을 계속 자극하는 것은 무엇일까?

다른 사람을 바꾸는 것은 매우 어렵다는 것을 기억하자. 오히려 당신 자신을 바꾸는 것이 좀 더 쉬울 수 있다. 한 팀이 된다는 것, 그것이 핵심이다.

제6장
스트레스와 중압감 속에서 회복탄력성을 기르는 것

1. 스트레스: 보호자가 취약한 이유

일상생활에서 어느 정도의 스트레스는 도전이지만, 그 문제를 해결하게 되면 열정과 성취감을 안겨 준다. 그러나 감당할 수 없는 스트레스는 큰 부담으로 인해 중압감으로 변한다. 섭식장애를 가지고 산다는 것은 거대한 어려움이다. 더불어 섭식장애를 앓고 있는 사랑하는 가족을 지키기 위해 애쓰는 각가정의 보호자들 그리고 훈련된 전문가로 구성된 치료 팀 모두에게조차 병을 앓고 있는 사랑하는 사람을 지원하기 위해 고군분투한다는 것이 정말 쉽지 않다.

어려운 점들 중 하나는 섭식장애 당사자의 문제가 복합적이고, 복잡하기까지 하고, 주거 공간을 함께 공유하는 가족의 삶 모든 부분에 영향을 미친다는 것이다.

섭식장애의 독성은 모든 보호자의 회복탄력성에 큰 위협이 될 수 있다. 일단 대처할 수 있는 자원들이 고갈되고 나면 가족 혹은 가족 내 치료팀은 우울해지거나 과도하게 불안해져서 문제를 외면하게 되고, 그 상태가 당사자와 그들의 돌봄 방식에 영향을 미친다. 섭식장애 당사자를 보호하고 도우려는 것과 보호하기 위해 끌어들여야 하는 그 사이의 긴장과 도움에 대한 잦은 거부는(능동적이기도 하고 수동적이기도 한) 견디기 힘든 고통이다.

하지만 기존에 가지고 있던 기술을 바탕으로 적절한 시기에 올바른 정보를 얻는다면, 새로운 반응 기술을 습득하여 대처 능력과 회복탄력성을 향상시킬 수 있다. 이는 가족이나 친구 등 당사자와 밀접한 관계에 있는 모든 사람에게 적용된다. 관계의 친밀함과 그 안에서 함께 보내는 시간에 대한 경험은 돌봄 자원의 고갈 정도를 가늠할 수 있는 중요한 요소가 된다. 그러나 섭식장애를 치료하는 전문가 팀 내에서도 치료진 번아웃, 숙련된 전문가 섭외의 어려움과 직원의 연속성 문제가 자주 일어난다. 가족 장면에서는 당사자의 가족이 지치고 고립될 수 있으며, 임상적 수준의 우울이나 불안을 호소하기도 한다.

이러한 문제에 대한 자세한 정보들을 더 깊이 소개한다.

1) 도움받기를 싫어함

섭식장애 및 그로 인한 결과들에 대한 당신과 당사자 사이의 매우 큰 견해 차이로 인해 많은 마찰이 생긴다. 신경성 식욕부진증(거식증)의 경우, 보호자의 입장에서는 당사자가 아프고 신체적으로 위험해 보이지만 실제 섭식장애 당사자는 자기 체중과 신체 상태가 매우 만족스럽다고 믿고 있으며, 현재 어떤 문제도 없다고 본다. 신경성 폭식증으로 고통받는 사람 또한 자기 행동이 낳은 의학적 결과들에 대해 회의적이다. 오히려 이들은 제거 행동이 없는 삶은 상상할 수조차 없다고 말한다. 이런 이유로 인해 섭식장애 당사자들이 의학적 도움을 받도록 설득하는 것이 어렵고, 회복을 위한 지침을 따르도록 유도하는 것은 더더욱 어렵다. 이는 보호자들에게는 큰 절망을 안겨 주고, 치료 전문가에게도 좌절감을 안긴다. 제7장에서는 변화의 가능성을 폭넓게 다룬다.

2) 접촉 시간

섭식장애 당사자의 회복을 위해 최선을 다하기로 결심한 가족들은 모든 노력을 아끼지 않는다. 하지만 불행하게도 이러한 초인적인 노력은 오히려 역효과를 낳고, 예상치 못한 순간에 폭발하거나 미묘한 방식으로 당사자를 향한 분노가 드러나 피로와 긴장을 증가시키기도 한다. 많은 보호자가 우리에게 이야기했던 것은, 아픈 가족을 오랫동안 돌보기 위해서는 보호자의 임무로부터 한 걸음 물러나, 일정 시간을 독립적으로 있으면서, 자기를 돌아보는 시간을 갖는 것이 중요하다는 사실이었다.

스스로를 돌보는 것은 섭식장애를 다루는 핵심 기술이며, 당신을 차분하고 연민을 가진 상태로 유지할 수 있도록 해 준다. 스스로를 위로하고 보살피며 충전해 주지 못한다면, 회복으로 가는 여정은 불가능할지 모른다. 그것은 보호자 자신의 삶에 대한 웰빙이며, 섭식장애 당사자에게도 '현명한 자기 관리'에 대한 모델이 된다.

3) 역할 중압감: 가족과 기타 보호자 사이의 일관성을 강화하기

때로는 섭식장애와 관련한 의견 차이와 역할과 책임에 대한 전략 갈등이 가족(심지어 치료 팀 안에서도)에게 갈등 및 고통을 안겨 주고, 병에 대한 일관성 없는 반응을 일으킨다. 일관성은 회복의 핵심 기술이므로 이것에 특별히 집중해야 한다. 남편, 형제자매, 조부모, 그 외의 가족들은 섭식장애 당사자의 수동적인 또는 공격적인 저항에 자신들의 헌신이 무시당한다고 느끼고, 화가 날 수 있다.

병이 당신의 삶을 완전히 점령하지 못하게 해야 한다. 다른 가족 구성원들과 생활하기 위한 시간과 에너지를 비축해야 한다. 이 책에서 강조하는 것처

[그림 6-1] 섭식장애는 갈라지게 하고 지배하는 게임 전술을 사용한다. 그래서 각 가족 구성원 개인이 서로 반대되는 태도를 취하도록 만든다. (예를 들면, 아빠가 엄마는 너무 무르다고 비판하거나 혹은 그 반대다.) 이렇게 가족 간 충돌로 많은 에너지가 빠져나가는 동안 섭식장애는 그 하루를 승리하게 된다.

럼 당신 자신을 위한 시간을 갖자. 삶의 여러 측면에 영향을 미치는 섭식장애는 정말 쉽지 않다. 하지만 당신이 얼마나 지쳤는지 말해야 하고, 도움을 요청하고, 역할을 위임할 수 있어야 한다. 당신이 굳이 하지 않아도 되거나 공유할 수 있는 역할을 찾는 것도 중요하고, 삶을 단순화해야 할 필요도 있다.

 해 보기!

해야 할 집안일 목록을 작성하라. 모두가 함께하는 시간을 계획하고, 모두에게 도움받고 싶다고 말하라. '도와주는 사람들 팀'을 만드는 것에 대해 말해 보라. 각자 어떤 일을 맡을지 이야기를 나누는 게 좋다. '매주 청소기를 돌리는 일을 맡아 볼래요? 저녁 식사 후 설거지를 도와주겠어요? 아니면 화장실 청소는 어떤가요?' 다들 싫어하는 일을 피하기 위해 보다 선호하는 일을 선택하겠다는 제안이 넘칠 수도 있다. 하지만 그렇지 않다면 목록에 있는 과제를 맡길 수 있어야 한다. 그리고 결정한 사항들은 다음에 다시 검토할 수 있다고 말하라. 일주일 후 날짜를 정해서 다시 검토하면 된다.

알아차리기-계획 세우기-실천하기(APT) 과정은 당사자를 위해 필요한 추가 지원을 제공하려는 모든 노력이 다른 가족 구성원 모두, 특히 주 보호자에게 끼칠 영향이 어떤지를 가늠할 때에도 도움이 된다. 당신의 상황에 맞게 이 책의 아이디어를 적용해 보라.

가족 내 섭식장애 환자를 돌보는 주 보호자(부모, 형제, 동거인) 대부분이 청소, 쇼핑, 요리, 설거지 등의 집안일을 맡고 있다. 가족이 한 팀이라고 보면, 가족 내 구성원이 어떤 집안일을 맡든, 주 보호자의 부담을 조금 더 덜어 주어야 한다.

- 첫 단계: 가족 안에서 당신이 어떻게, 무엇을 느끼는지 알아차리자. 청소, 요리, 쇼핑 등이라는 집안일에 얼마나 많은 에너지가 소모되는지 이야기해 보자.
- 다음 단계: 계획을 세우고 실천해 보자. 변화가 필요한가? 변화를 원하는가? 곰곰이 생각해 보고, 검토해 보자. 새로운 모든 노력과 더 늘어난 도움을 칭찬하고 기억해 주자.

4) 병리와 연관된 문제들

식사가 분명히 많은 문제를 일으킨 중요한 초점이자 원인임에도 불구하고 우울이나 불안, 폭발적인 분노, 강박행동과 자동화된 의식적 행위, 과도한 운동, 구토, 사회적 고립과 같은 증상들은 가족의 삶을 침범하고 다루기도 매우 어렵다. 이에 대해 가족들이 협력하여 관리에 대한 아이디어와 전략을 공유하고 탐구하는 시간을 갖는 것은 중요하다. 이 책의 제12~14장에서는 문제를 해결하고 도전적인 행동에 대처하는 다양한 접근을 다룬다.

[그림 6-2] 운동이 섭식장애 당사자에게는 먹기와 관련된 불안을 감소시키기 위한 '안전 행동'이다. 그 행동은 부분적으로는 성공적이지만, 불안이 다시 치고 올라오면, 운동 강도는 점점 더 세진다.

5) 병에 대한 신념들

제2장을 통해 우리는 섭식장애에 대한 일반적인 가정과 오해들을 소개하였다. 잘못된 믿음은 해로울 수 있고, 감정적인 반응을 일으켜 침착함, 연민, 일관성을 잃게 만들고, 개개인의 상호작용에 도움이 되지 않는 방식이 생겨나게 부추긴다.

어떤 상황에 대한 당신의 생각을 바꾸면 우울하거나 스트레스를 받는 정도를 줄일 수 있다. 이것이 섭식장애 회복에 있어 성공적인 치료 방식의 하나인 인지행동치료(Cognitive Behavioural Therapy: CBT)의 핵심이다. 다음 예시를 검토해 보자.

당신은 잠을 잘 자지 못했습니다. 휴일에 축제가 열리고 있고 밖에서는 사람들의 웃음소리, 말소리가 들리고 그들은 흥겹게 춤을 추고 있습니다. 만약 당신이 밖에 있는 사람들이 사려 깊지 못하고 무례하며 의도적으로 당신을 화나게 한다는 생각에 사로잡힌 채 그대로 있는다면, 당신은 점점 더 화가 나면서 뒤척일 것입니다. 한편, 만약 당신이 다른 관점을 가지려고 노력한다면, 다른 사람들의 의도가 기본적으로 선의 편인지 아닌지 자문해 보세요. 그들은 사회적 연결의 즐거움을 즐기고 있고, 재미와 행복을 추구하고 있지요……. 당신도 이런 즐거움을 즐겼던 때에 집중하도록 노력하세요. 당신은 이제 소음에 대한 여러분의 감정이 분노에서 기쁨과 자비로 변할 수 있다는 것을 알게 될지도 모릅니다. 각성된 느낌과 흥분 또한 가라앉고 긴장을 풀 수 있습니다. 당신의 행동은 지쳐 피곤하고 안절부절못하며 누워 있는 상태에서 평화로운 잠으로 변화할 수 있는 상태로 변할 것입니다.

섭식장애 당사자를 돌보는 보호자의 맥락에서는 그들의 병이 고의적이며, 이기적이고, 주목을 끌려는 행동으로 오해할 수 있다. 당사자는 가족들을 논쟁하게 하고, 긴장과 스트레스를 주며, 더 많은 주의와 돌봄을 요구하므로 당신은 그들을 원망하기 시작할 수 있다. 당사자들은 엄격하고, 완고하며, 무례하고, 예측불가하고, 이후에 나타날 수 있는 결과들을 생각하지 않고, 당신의 충고를 아무렇지 않게 거스른다.

하지만 당신이 병의 본질에 대해 지식을 쌓아 강화되고 견고해질수록 당신의 생각은 바뀔 것이다. 병을 공부하면, 섭식장애 당사자가 의학적으로 위험할 때 그들의 행동이 고의가 아니었음을 알게 되고, 당사자를 향한 당신의 행동이 변한다. 공감대를 형성하고 이해심을 보여 주며, 당사자들과 좋은 관계가 시작될 것이다.

6) 상호적 대인관계

제5장에서 동물 비유를 통해 문제가 있는 관계를 식별하는 데 도움을 주었고, 제9장에서는 이러한 본능적인 반응이 당사자에게 어떠한 영향을 미치는지 설명한다.

섭식장애의 회복에 도움이 되는 전략들은, 급성 질환에 효과가 있는, 정서적 토대가 없이도 개입 가능한 전략과는 다르다. 예를 들어, 섭식장애 당사자의 식습관에 반대하고, 지배하고 변화만 강요한다면 그 방법은 효과적이지 않다. 실제로 그러한 개입은 상황을 더욱 악화시킬 뿐이다. 섭식장애를 극복하려는 사람을 도와주기 위해서는 당사자의 관점을 이해하려고 노력하고, 그의 이야기를 경청하는 것이 필수적이다. 당사자가 어떻게 또는 왜 그렇게 생각했고 행동했는지를 전부 이해할 수는 없을지라도, 지금 혹은 그때 그 순간을 당사자가 어떻게 느꼈을지 이해하려 노력할 수는 있다.

감정적인 톤은 종종 '가족 내 구성원' 간 내부에서 정서적인 동요와 충돌을 겪게 한다. 부모, 형제자매, 조부모, 배우자, 자녀, 룸메이트, 친한 친구들이 각자의 생활을 유지하면서 동시에 섭식장애 당사자를 지원하고 있기 때문에 회복에 도움이 되는 정확한 정보와 도움이 적을 수 있다. 불행하게도 극단적인 반응으로 묘사된 캥거루 유형, 코뿔소 유형, 해파리 유형 또는 타조 유형은 비록 자연스러운 반응이기는 하나 당사자의 강력한 반항이나 퇴행으로 이어질 수 있고 섭식장애 행동을 더 고착화시킬 수 있다. 섭식장애 때문에 일어나는 현상임을 인정하면서도, 따뜻한 관계 안에서 진심 어린 가이드의 균형점을 찾는 것은 매우 어렵다.

격하고 강한 감정에 의해 사라질 수 없는 일관성이 필요하다는 것을 기억하자. 당신의 머리에서 공통의 C인 차분함(Calm), 일관됨(Consistent), 연민(Compassionate)을 끝없이 되뇌자.

- 코뿔소 같은 '변화를 위한 강압과 요구'를 경계하자.
- 캥거루의 '주머니'로 섭식장애 당사자에 대해 차단된 보호막을 제공하지 않도록 경계하자.
- 해파리처럼 당신의 감정적 반응들이 나타나지 않도록 경계하자.
- 필요하다고 생각되는 것을 끊임없이 잔소리하는 테리어처럼 무조건 서두르는 것을 경계하자.
- 모래에 머리를 박은 타조 같이 증상들을 무시한 채, 당사자가 저절로 섭식장애 증상에서 벗어나기를 바라는 것 또한 경계하자.
- 가족의 평화를 위해 너무 열심히 노력하는 것을 경계하고, 섭식장애 증상에 맞추어 당신 전체의 삶을 완전히 바꾸려는 태도를 조심하자.
- 섭식장애 당사자와 함께, 폭풍우 치는 바다를 항해하는 난파 직전의 배를 돕는, 장시간 동안 변함없이 헤엄치면서 바로 옆에서 도와주는 돌고래처럼 그를 올바른 방향으로 안내하도록 노력해 보자.
- 섭식장애라는 냉동 폐기물 안에 빠져 버린 당사자에게 따뜻함과 보살핌을 주기 위해 침착하게 추적하고 보호하는 세인트 버나드 구조견이 당신 자신이라고 생각하자.

7) 충족되지 않은 욕구

(1) 보호자 자신의 욕구를 돌보기

각 가족 구성원은 섭식장애의 힘에 쉽게 압도당한다. 가족은 섭식장애에 대처하기 위해 내부로 집중하면 할수록 점점 더 고립될 수 있다.

많은 보호자가 자신을 재충전하기 위한 시간을 가질 자격이 없다고 느낀다. 섭식장애 증상들은 장기간에 걸쳐 하루에도 몇 번씩 주의를 기울여야 하고, 쉬거나 나아지는 일 없이 가정생활 모든 면에 영향을 끼친다. 따라서 스트레스 관련 번아웃에 관한 문제를 방지하기 위해서 보호자 스스로 자신을 돌보는 시간을 가지고 자신들의 생존 전략을 계획해야만 효과적이면서도 지속적으로 당사자를 돌볼 수 있다.

　가정 내에서 당사자를 구체적으로 어떻게 도울 것인지 논의하는 것 외에도, 매주 즐거운 활동을 계획하는 계획표를 만드는 것 또한 중요하다. 친구를 만나고, 취미를 즐기고, 개인적으로 성취감을 주는 일들을 실천하는 긍정적인 경험들의 비축을 통해 현재 경험하고 있는 고통을 반드시 분산시켜야 한다.

- 당신이 좋아하는 것들을 목록으로 작성하자. 시간을 내어 목록 중 일부를 실천하자. 이것은 2개의 물건을 1개의 가격으로 사는 것과 같은 의미를 가진다. 당신의 자동화된 방어적 반사 반응들(해파리, 타조)을 멈추게 할 뿐 아니라 감정적으로 지혜로운 태도의 모델(돌고래)로 되어 가는 모습을 보여 줌으로써, 섭식장애 당사자에게도 중요한 메시지를 전달하는 효과가 생긴다. 당신을 위한 휴식은 당사자에게도 추가적인 이점이 있다. 그는 짧은 시간 동안 혼자 대처하는 법을 배울 수 있고, 미래에 대한 자신감 세우기를 느리지만 하게 된다.
- 보호자가 자신의 감정을 차단하기 위해 술을 마시거나, 친구를 만나지 않고 스스로를 고립하여, 외부 활동을 멈추는 등의 행동은 악순환의 고리에 빠지게 만든다. 이런 행동들은 불안과 압박감을 느낄 때 쉽게 들어오므로 주의해야 한다.

　섭식장애 당사자를 보살펴야 한다는 압박감은 아주 비싼 통행료일 수 있다. 일부 보호자들은 잘 훈련된 치료자의 도움을 받거나 우울증에 필요한 약물 처방에 대해 담당 의사에게 조언을 구할 수 있다. '모즐리 가족치료'는 섭식장애 당사자와 1명 이상의 가족 구성원이 함께 참여하는 형태로 진행하여 포럼과 같은 대화의 장을 만들어 결과적으로 주보호자뿐 아니라 모든 가족구성원의 돌봄 압력을 낮추는 효과를 얻는다.

섭식장애 당사자와 짧은 산책, 게임, 재미있는 DVD 보기, 영화관이나 쇼핑하러 가기, 짧은 야외여행과 같은 특별한 시간을 가져 보자. 그 시간은 섭식장애라는 주제와 관련된 시간이 아니기 때문에 새로운 관계적 측면이 생겨 회복 자원을 성장시킬 수 있고 긍정 정서를 키울 수 있다. 이 과정은 또 다른 C이다. 당신과 가족 모두를 소중히(Cherish) 여길 수 있는 시간이다.

변화는 하루아침에 일어나지 않는다. 당신이 관여하는 정도(직접 대면하는 시간과 관여 강도)를 천천히 점진적으로 줄여 가는 식으로 목표를 설정해야 한다. 알아차리기, 즉 자각하고, 계획을 세우고, 실천하는 APT 형식을 사용하자. 어떻게 진행되고 있는지, 무엇이 긍정적인 차이를 만들어 내는지, 어떤 것이 효과가 있고 어떤 것이 효과가 없는지 정기적으로 검토해 봐야 한다.

진행 과정을 검토하고 피드백을 주는 것은 당사자들이 일정 수준의 독립성을 되찾는 데 있어 중요한 부분이다. 영양 문제나 혼자 시간을 보내는 것과 같은 개인적인 책임지기를 위한 아주 작은 변화일지라도 당사자가 무언가 성취했다면 그것에 대해 칭찬해 주어야 한다. 긍정적 태도를 끝까지 유지하는 것은 잊어버리기 쉽다. 도달하기 매우 어려운 목표라면, 섭식장애 당사자의 노력 및 시도에 대해 칭찬해 줄 필요가 있다. 필요에 따라 더 집중적인 치료가 필요할 수 있으므로 진행 상황에 대한 검토와 조정은 반드시 전문가와 함께해야 한다.

(2) 나머지 가족 구성원 돌보기

어떤 가족 구성원은 섭식장애 당사자에게 집중하고 있는 가족의 상황 때문에 다른 가족 구성원과 충분한 시간을 보내기 어려워 소외감을 느낄 수 있다. 보호자의 스트레스가 다른 가족 구성원과의 관계를 망칠 수도 있고, 당신이 신경질적이고 참을성이 없어 보인다는 이야기를 들을 수도 있다.

당사자의 형제자매는 옳든 그르든 섭식장애에 대한 자신만의 생각을 발전시켰을 수도 있고, 당사자의 비이성적 분노에 대한 자신만의 보복을 함으로

써 도움이 되지 않는 의사소통 방식을 가지고 있을 수도 있다. 종종 그들은 당사자를 도울 수 없는 그들 자신을 스스로 비난하기도 하고, 무시당하고 거부된 그들의 욕구에 대해 화를 낼 수도 있다. 가족이기 때문에 섭식장애 행동을 수용해야 한다는 의무감에 분개하거나 자신이 중요한 목표를 이루어 낸 것에 대해 죄책감에 시달릴 수도 있다(어떤 자녀는 자신이 섭식장애 당사자의 성취 차이에 어떠한 비교도 당하지 않기 위해 고의적으로 자신의 발전을 과소평가하기도 한다. 또 어떤 자녀는 가능한 한 이른 나이에 독립하여 서로 간의 왕래를 피하기도 한다).

이런 주제로 나머지 자녀에게 문제가 발생하였다면, 놓치지 않고 이 문제를 다루는 것이 중요하다. 자녀들은 자신이 부모님을 기다려야 한다는 것을 이해할 수 있지만, 그것이 그들의 소외를 간과해도 된다는 것은 아니다. 가능하다면 다른 가족 구성원을 도입하여 도움을 청하자. 형제자매는 당사자의 야외 활동에 중요한 역할을 해 줄 수 있다. 예를 들어, 함께 영화관에 가고, 산책을 하고, 수영장에 갈 수 있고, 조용한 카페에서 음료를 마시는 등의 다른 활동을 함께하며 사회와의 연결을 발달시키는 데 있어 기본 토대가 되는 핵심 역할을 수행할 수 있다.

가정 내 모든 사람이 집안일을 하게 되면 '팀워크'가 생겨 함께 대화할 기회가 만들어진다. 예를 들어, 설거지하기, 방 청소, 집안일에 대해 의논하기, 쇼핑 돕기, 쇼핑 목록 만들기와 같은 것들을 하면서 말이다.

때로는 관계 유지 자체가 버거울 수 있다. 형제자매와의 관계, 그 외의 다른 사람들과의 관계에서도 서로 간에 '이해하는' 것이 쉽지 않다는 것 또한 수용해야 한다.

8) 낙인

정신의학적 질환을 겪고 있는 많은 당사자와 보호자는 사회로부터의 낙인을 느낀다. 질환은 공감되기 어렵고, 사람들이 질환에 대해 이해하지 못하는 것에 두려움을 느낀다. 앞서 말했듯, 섭식장애가 부모에 의해 생길 수도 있다는 보호자인 당신의 믿음이 (당신과) 타인과의 상호작용에 영향을 줄 수 있다. 수치심, 원망 및 비난은 참아 내기 어렵고, 고립감이 따라온다. 당신의 친구 및 타인이 정신건강과 관련된 오명을 믿고 당신을 비난할 것이라는 가정 때문에 타인과의 만남을 피하는 것은, 병이 정말 부모의 잘못일지도 모른다는 생각을 더욱 견고하게 할 것이다.

대부분의 친구는 문제를 알게 되면 기꺼이 도와주려고 한다. 하지만 보호자인 당신이 어려움에 대해 전혀 언급하지 않는다면, 당신에게 도움과 지지를 줄 수 있는 사람들을 거절하는 것과 같다. 차 한잔하면서 친구와 수다를 떨거나 친구를 위해 당신이 직접 요리를 하는 등의 가치 있는 '타임아웃(time-out)' 시간은 당신을 쉴 수 있게 할 것이다.

2. 기억할 점

모든 사례에 적용 가능한 마술적인 치료 레시피는 없다. 회복에는 시간이 걸리고, 보호자인 당신은 가이드 혹은 코치로서 당사자의 회복 여정을 안내하고 지도해야 한다.

보호자들(비전문가와 전문가 모두)은 서로 존중하며 함께 일하기 위해 열린 자세를 가져야 한다. 왜냐하면 섭식장애는 보통 보호자들 사이에 강한 의견 차이를 만들기 때문이다. 보호자를 갈라놓고 지배하는 것은 '섭식장애 속삭임(minx)'이 제일 좋아하는 방식이다. 사랑하는 자녀는 섭식장애 속삭임의 의지대로 움직일 것이다. 따라서 일관적으로 접근하는 것이 중요하다. 그렇지 않으면 섭식장애의 병리적 속삭임이 당신의 가정을 송두리째 뺏기 위해 최선을 다할 것이다.

지금으로부터 약 100년 전, 많은 신경성 식욕부진증 환자를 돌보았던 프랑스 Guy's 병원, 의사 베나볼의 표현은 현재까지도 회자된다.

> 어떤 환자도 치료받지 못한 채로 있어서는 안 되며, 어떤 환자도 죽지 않도록 해야 합니다. 의사(보호자)들은 패배를 인정해서는 안 되며 절대 이성을 잃어서도 안 됩니다……. 당신에게 짜증 나고 화나고 귀찮은 수많은 일이 있을지라도 말입니다.[1]

　서구 사회의 일반적 미덕은 아니지만, 인내와 평정심은 이 병을 치료하는 데 핵심 기술이다. 베나볼이 말했던 '짜증 나고 화나고 귀찮은 수많은 일(opportunities for annoyance)' 앞에서 인내심과 평정심을 유지하는 것은 매우 어렵다. 하지만 친구, 가족, 자조 모임이나 영적 도움 모두 중요한 지지가 될 수 있다. 심리적 원칙들을 뒷받침할 수 있는 과학을 이해하는 것 또한 섭식장애가 더 악화되지 않는 환경 조성에 토대가 될 수 있다.

> 느리더라도 확실하게, 차분하고 일관되게 함께 노력한다면 긍정적인 결과가 올 것입니다. 비록 하룻밤 사이에 일어나지는 않더라도 말입니다.

---

1) Venables, J.F. Guy's Hospital Report 80, 213-222. 1-1-1930.

실천하기

- 가족 모두를 소중히 여길 시간을 반드시 가져야 한다. 즐거운 활동을 계획할 수 있는지 생각해 보자. 일상적인 것들이 가진 즐거움을 극대화하고, 당신 주변의 아름다움을 즐기자. 예를 들어, 식탁 위에 놓을 꽃을 고르고, 사고 싶으면 사라. 황홀한 일몰을 보거나 햇빛을 받으며 짧은 산책을 할 수도 있다.
- 가능한 한 가족 이외의 많은 사람과 관계를 유지하자. 당신의 사회적 관계를 소중히 여기자. 다른 사람들과 소통하라.
- 섭식장애 당사자의 치료 동기가 '다시 불붙도록', 그들의 '좋은 측면'을 격려하자.

 기억할 점

1. 적극적으로 전략을 계획하는 것은 보호자로서 필요한 역할을 숙달하고 효과적인 돌봄을 강화하기 위해 매우 중요하다.
2. '1개의 값으로 2개를 사는 것'과 같다는 뜻은 보호자 역할을 하는 당신의 중압감을 줄이는 것뿐만 아니라 스스로 어려움을 해결해 나가는 당신의 모습을 통해 당사자에게 좋은 모델이 되자는 것이다.
3. 공동의 철자 C들을 기억하자! 침착함(Calmness), 자비(Compassion), 일관성(Consistency), 소중함(Cherishing), 소통(Communication), 연결감(Connections)

제**7**장

변화 이해하기

1. 소개

어떤 행동이든 '오늘은 이렇게 해도 내일은 완전히 달라질 거예요.'와 같이 스위치를 켜고 끄듯 간단하게 전환되지 않는다. 일반적으로 그 사이에는 상황, 환경, 다른 사람들의 요구, 우리가 인식하는 변화에 대한 장단점, 우리가 변화에 성공할 것이라고 확신하는지 여부에 따라 많은 단계가 존재한다. 사람들은 변화를 강요받으면 잘 반응하지 않지만, 변화가 타인과의 관계를 더 좋게 변화시키는 데 도움이 된다고 하면 기꺼이 하려는 경향이 있다.

행동을 변화시키는 방법을 설명하는 몇 가지 심리학적 모델이 있다. 이번 장에서는 특히 삶에 중요하게 영향을 주는 선택과 관련된 변화에 대한 이론을 설명한다. 중독적이고 충동적인 행동들은 자동 뇌 과정에서 근본적인 문제를 모호하게 가려 버리면서 적응적이 되었고 예외들로 굳어졌기 때문에 변화하는 데 특히 더 까다롭다.

2. 변화의 단계

고착된 행동을 변화시킨다는 것은 복잡한 과정이다. 변화로 가는 한 가지 방법은 단계를 나누고 각 단계마다 무엇이 남아 있는지 확인하고 다음 단계로 이동하려면 무엇을 해야 하는지 생각하는 것이다. 심리학에서 주로 사용되었던 변화의 모델은 5단계로 이루어진다.

① 1단계: 고려 전 단계(Precontemplation)
변화에 대한 어떤 생각에도 저항하고 변화의 필요성이 없다고 보는 단계로, 주변 가족이나 친구의 걱정에도 거의 반응이 없다. '나는 문제없어!'라고 생각하는 것이다. 이 상태의 당사자는 어떤 비용 투자 없이 안전한 보상을 제공해 주는 것이 바로 섭식장애라고 믿는 한 가지 마음만으로 꽉 차 있다.

② 2단계: 고려 단계(Contemplation)
섭식장애 당사자는 변화의 필요성에 대한 '두 가지 생각' 사이에 존재하며, 이 단계에서 변화를 시작하면서 생기는 장단점과 변화에 충분한 자신감이 있는지 없는지에 대해 계속 저울질한다. 이 단계의 당사자는 섭식장애로 인해 발생하는 비용과 문제를 인식하고 있지만, 섭식장애가 주는 보상과 변화의 장애물 또한 느낀다. 두 마음 사이에서 요동치는 당사자는 혼동과 고통을 느낀다.

③ 3단계: 준비 단계(Preparation)
모든 어려움을 깨닫고 변화를 고려하기 시작한다. 당사자는 자신의 문제 행동을 바꾸기 위한 최소한의 시도를 선택하는 과정으로 나아간다. 이 상태의 당사자는 갈등의 해결책으로 섭식장애에서 멀어지는 것을 선호한다. 섭식장

애로 남아 있을 때의 비용이 그것으로 인해 얻는 이익보다 큰 것처럼 보인다.

④ 4단계: 행동 단계(Action)

진정한 변화의 시작 단계이다. 이 상태의 당사자는 도움을 받거나 변화를 위한 몇 가지 단계를 실천한다. 하지만 신체적으로나 정신적으로 억제해 놓은 것들이 다시 들고 일어나기도 하여 진전에 난항을 겪는다.

⑤ 5단계: 유지 단계(Maintenance of change)

섭식장애 당사자 자신에게 긍정적인 것으로 여겨졌던, 오래되고 고착된 행동들을 촉발시키는 도전들에 직접적으로 맞서면서 많은 좌절과 후퇴가 있을 수 있다. 이 단계에서 당사자는 이전의 노력, 진전들을 통합시킨다. 하지만 섭식장애가 없는 세계와 새롭게 연결되는 데에는 시간과 노력이 들고, 발전 및 강화가 필요하다.

섭식장애 당사자는 유지 단계까지 다다르기 전 각 단계 속에서 여러 번 전진과 후퇴를 반복할 수 있다. 다시 되돌아간다고 해도 좌절하지 말자. 그것은 질병의 패턴이며 회복 과정의 일부이다. 매번 좌절하고 다시 시작할 때마다 새로운 것을 배우게 될 것이다. 이 책에서 설명하고 있는 전략과 기술들을 계속 사용해 보자. 당신의 돌봄 역할을 유지하기 위해 필요한 자원들을 적극적으로 이 책에서 찾아보자.

[그림 7-1] 회복의 단계. 고려 전 단계에서 섭식장애 당사자는 황금 새장만 보느라 나갈 길을 찾지 못한다. 고려 단계에서는 변화의 가능성을 본다. 준비 단계에서는 섭식장애 행동에서 벗어날 가능성을 붙잡기 시작한다. 행동 단계에서는 새장에서 나가는 과정을 연구한다. 유지와 회복 단계에서는 새장이 당사자의 등 뒤에 남겨진다.

3. 변화를 향해 나아가는 방법

이제 당신은 변화의 기본적인 단계를 알았다. 이제부터는 섭식장애 당사자가 앞으로 나아갈 수 있도록 적절한 시기, 방법, 자원을 어떤 방법으로 제공하는지가 중요하다. 여기에는 두 가지 원칙이 있다. 당사자의 상태가 다음의 경우에 해당된다면, 변화할 준비가 된 것이다.

- 변화가 자신에게 중요하다고 여긴다. 예를 들어, 변화의 긍정적인 이득이 변화의 부정적인 측면보다 더 크다고 말한다.
- 당사자는 자신이 변화할 수 있다고 확신한다.

이번 장에서는 개별치료 안에서 변화를 향해 움직이려는 당사자를 도울 방법을 설명한다. 이 내용은 가족 내에서 당신과 당사자 간의 상호작용 변화에 대한 아이디어를 줄 것이다.

고려 전 단계의 당사자에게는 변화의 중요성에 대해 생각할 수 있도록 도와주어야 한다. 섭식장애 당사자에게 섭식장애가 과거와 현재의 삶에 대한 전반적인 신념과 가치와 어떻게 일맥상통하는지 생각해 보도록 요청하여 자각과 자기반성을 일으켜야 한다. 세세한 점에 집착했던 섭식장애 증상들을 조금 떨어져서 바라보도록 도와주면, 당사자가 자신의 삶을 보다 큰 그림으로 볼 수 있게 될 것이다.

- 당신이 그것을 대신 해 줄 수 없다. 이유와 근거에 대해 강하게 설명하려 든다면, 그들은 더 깊은 곳으로 숨어 버릴 것이다. 당사자 내면에 있는 섭식장애적이지 않은 부분이 목소리를 내야 한다.
- 보호자들이 이 단계에서 연결을 유지하고, 소통의 채널을 개방하는 데

있어 세인트 버나드처럼 침착하고 일관적인 자세를 유지할수록 변화를 고려하는 데 있어 더욱 성공적인 진전이 있을 가능성이 높다.

• 만약 진전이 이루어지지 않아 좌절감에 압도된다면, 보호자는 '잠시 멈춤(time-out)'을 해야 한다. 섭식장애에 대해 계속해서 이야기하기보다는 산책을 하거나 주제를 바꿔 이야기하면서 시간을 갖자. 그리고 적절한 기회를 보아 가며 당사자와 다시 대화를 시도하자.

고려 단계에서 우리는 섭식장애의 부정적인 측면들을 명확히 보기 위해 노력해야 한다. 또한 섭식장애 당사자가 긍정적으로 인식하고 있는 섭식장애의 측면들이 자기 삶과 가족들의 삶에 부정적인 영향을 끼치고 있다는 것을 깨닫는 것이 중요하다.

• 이 단계에서는 변화할 수 있다는 자신감을 진심으로 북돋아 주는 것이 중요하다. 그것은 섭식장애 당사자의 생각과 신념에 대한 존중을 보여 줌으로써 생긴다. 그 후 당사자 스스로 방해물들을 무시하고 긍정적인 방향으로 나아가는 데 도움을 주는 믿음에 집중하면서 변화에 관한 그들의 믿음을 형성해 간다. 동시에 우리는 섭식장애 당사자를 존중하고 그들 스스로 선택할 권리를 강조해 준다.

• 이 단계에서 당사자들의 혼란은 긍정적인 정서 및 가치에 관한 생각과 연결되고, 비판단적 연민의 태도를 가진 적극적 경청의 시간이 많아지면서 조금씩 정돈되어 간다. 섭식장애 당사자의 사고와 감정을 인식하되, 변화하지 않겠다는 그들의 사고, 감정, 신념에 가능한 한 '적은 주의'를 기울여야 한다. 동시에 그들의 긍정적인 행동을 알아차리고 격려해 주는 것이 중요하다. 고려 전 단계와 고려 단계에서는 알아차림, 즉 자각이 생긴다.

일단 변화에 대한 의지가 있다면, '계획 세우기 및 실천하기' 단계로 나아갈 수 있다. 섭식장애 당사자의 섭취와 식단의 긍정적인 변화를 위해 새로운 목표를 달성할 수 있도록 작은 행동 실험을 계획해 보자.

- 섭식장애 당사자가 준비 단계에 들어서면, 그들이 세운 긍정적인 목표가 섬세하게 시각화되도록 돕자. 성취에 대해 주의 깊게 초점화하면서 실질적인 계획 세우기에 대해 대화하고, 변화가 어떻게 관리되어야 할 것인지 의논하자. 우리가 선택할 수 있는 많은 목표 중 하나는 더 유연해지고 갑작스런 변화에 적응하는 법을 배우는 것이다.

일단 당사자가 행동하기 시작했다면, APT 사이의 상호 학습 순환은 완성한 셈이다. 새로운 도전을 완수했다면, 무엇을 성취했는지에 대해 고찰하고 회상해 볼 타이밍이다.

4. 변화의 사이클이 고착화되는 방식

섭식장애는 그것을 지속하려는 경향이 있어 치료가 까다롭다. 비유하자면 섭식장애가 시간에 따라 변화하는 모습은 눈덩이 하나가 언덕을 굴러 내려가는 모습과 비슷하다. 증상은 마치 눈덩이처럼 더 커지고 심각해지며 병리적인 이상 섭식 습관을 형성한다. 섭식장애는 여러 층의 불안과 증상들로 자리 잡히고 합리화되며, 당사자에게 일종의 기능을 제공한다. 우리는 모즐리 병원에서 치료 프로그램에 참가하는 섭식장애 환자들에게 '그들의 친구인 거식증에게' 편지 쓰기를 시도해 보았다. 그들은 자신의 병이 자신을 안전하다고 느끼게 했고, 특별하게 느끼게 했다는 내용을 썼다. 이는 감정을 숨기고 억누를 수 있었지만, 타인에게 신호를 보내는 데에 서툴렀다는 것을 의미하는 것으로, 무언가 잘못되었다는 것을 섭식장애라는 간접적인 방법으로 보여 주었다는 것을 고백하는 것이다.

영양이 결핍된 뇌는 얼어붙은 황무지와 같다. 굶주림 상태의 뇌는 다양함을 수용하기보다는 경직되고, 엄격하며, 지나치게 분석적이고, 세부적인 것에만 집착하는 경향이 두드러진다. 섭식장애의 외골수적 초점은 강박행동과 의식적인 의례들을 번성하게 한다. 이런 전략은 섭식장애 당사자 자신에 대한 고통스러운 주제 또는 타인과 세상 안에서의 스트레스 문제 혹은 연결에 대한 주제를 생각하고 다루는 것을 회피하게 돕는다. 이것은 실제로 병의 강력한 유지 요인이다.

가족과 보호자들은 섭식장애 당사자의 변화 과정을 돕는 데 중요한 역할을 한다. 섭식장애 당사자를 '고치려 하는' 조급함에 빠지지 않고, 한발 물러서서 당사자 스스로 책임감을 가지고 회복을 위해 자기 기술을 발전시킬 수 있도록 허용하고 믿어 주어야 한다. 이 전략은 필수적이지만 보호자들에게 매우 어렵게 느껴진다. 왜냐하면 이 과정에는 환자가 실수하고, 어려움을 피해 뒤로 물러서려 하거나 은폐하는 모습을 힘없이 바라보는 것도 포함하기 때문이다. 당사자의 변화 의지가 비틀거릴 때, 당신은 고려 전 단계의 캥거루처럼 과도하게 보호하려고 달려들지 않을 수 있는가? 코뿔소처럼 논리적으로 언쟁하려는 유혹을 다시 받지는 않는가?

변화의 사이클을 통과하고 있는 당신의 진행 상황을 보라. 처음 몇 가지 시도가 성공적이지 않았다고 하더라도 포기하지 말아야 한다. 침착하게 당신에게 더 많은 시간을 허락해 주자.

1) 변화에 대해 소통하기

당신이 어떻게 지지하는가에 따라 큰 차이가 만들어진다. [그림 7-2]에서는 상호작용의 다양한 유형에 대해 묘사하고 있다.

[그림 7-2] 상호작용 유형. 섭식장애는 극단적인 상호작용 모델을 촉발할 수 있다. 맨 위 그림은 회피/무시로 이때의 당사자는 섭식장애 속삭임을 들으며 혼자 남을 위험이 있다. 맨 아래 그림은 충돌/갈등으로 이때는 당사자의 섭식장애가 아닌 측면을 우리가 잃어버릴 위험이 있다. 올바른 위치를 찾는 것, 즉 당사자 안의 섭식장애가 아닌 측면과 이야기할 수 있는 바로 그 지점을 찾는 것은 어려운 균형이다. 소통에 관한 더 많은 정보는 제8장에서 다룬다.

(1) 회피/무시 유형

당신은 섭식장애 당사자와 회복을 위한 변화에 대해 대화해 볼 의향이나 의지가 없을 수 있다. 당신의 부드러운 압력에도 당사자가 결국 그 문제에 화를 내는 것을 보는 게 견디기 어려워서 결국 섭식장애와 관련된 어려움에 대해 말하기를 점점 더 회피하는 타조 유형에 빠질 수 있다. 또는 당신 스스로 섭식장애의 경험이 있어, 먹는 것에 대해 심적 장애를 가지고 있기 때문에 결과적으로, 의도치 않게 마치 캥거루처럼 당사자의 행동에 지나치게 협조하고 동조하면서 병에 공모할 수도 있다. 또 다르게는, 모든 상황이 당신과 당사자의 감정을 너무 강하게 자극하는 것이어서 둘 다 해파리처럼 목격자가 되기도 한다. 이 모든 감정은 당사자의 변화를 다루는 데 엇갈린 견해를 갖게 할 것이고, 장기간 지속된 증상들이 더 복잡한 섭식장애로 당사자를 가차 없이 몰아갈 수 있으니 조심해야 한다.

(2) 충돌 유형

그림의 제일 아래쪽 묘사와 같이, 아주 간단한 해결책인 것처럼 '그냥 해! 그냥 먹어!'라고 소리치면 당사자들이 가능한 한 빨리 변화할 것이라고 믿을 수도 있다. 당사자의 변화를 만들어 내기 위한 의지와 추진력을 가진 보호자들의 문제는 당사자와 정면충돌한다는 것이다. 하지만 이것은 당사자들을 섭식장애에 더 깊이 갇히게 만든다(코뿔소 반응).

(3) 골디락스 유형

이상적인 위치는 중간 그림이다. 너무 뜨겁지 않고 푹신한 의자, 적절한 크기의 침대를 찾은 금발 머리 소녀 골디락스(Goldilocks)[1]를 생각해 보자! 기꺼이 시간을 내어 듣고, 당사자들의 관점에서 보려고 노력하고, 그들의 속도에 맞추려고 노력하면서 당신은 섭식장애 당사자의 변화를 위해 단호하고 끈

---

1) 골디락스(Goldilocks)는 영국의 전래동화 '골디락스와 곰 세 마리(goldilocks and the three bears)'에 등장하는 소녀의 이름에서 유래한 용어로, 일반적으로 너무 뜨겁지도, 너무 차갑지도 않은, 적정수준을 잘 찾아 경험하고, 최적화된 상태를 의미하는 용어이다.

질긴 시도를 할 수 있다. 거칠게 밀어붙이기보다 돌고래처럼 변화의 방향으로 부드럽게 안내하고 동기를 부여함으로써 당사자에게 도움을 줄 수 있다.

함께 일하라. 영국 섭식장애 자선단체인 Beat가 주는 격언은 '당신 혼자서도 할 수 있지만, 혼자서는 다 할 수 없다.'라는 교훈적인 진실을 전달하고 있다.

5. '상태측정 가늠자'를 사용해야 하는 이유

'상태측정 가늠자'는 변화를 위한 준비가 얼마나 되어 있는지 아는 데 유용하며 당신이 '골디락스' 위치를 선택할 수 있도록 도와준다. 당신이 문제 해결과 해결 방법에 초점을 맞춘 질문을 할 수 있게 도와 변화의 문을 열게 한다. 단계적 측면에서 생각하는 것이 도움이 될지라도, 변화를 차원적 측면에서 생각하는 것도 도움이 되기 때문에 '상태측정 가늠자'는 중요하다.

변화하고자 하는 준비상태를 측정함										
변화에 큰 관심 없음								변화를 열망함		
0	1	2	3	4	5	6	7	8	9	10

이 도구의 또 다른 장점은 다음과 같다.

진행 과정을 확인할 수 있는 실질적인 방법이다. '네가 정말로 나아가고 있다는 것을 보여 주고 있어. 훌륭해! 2주 전에는 2점을 표시했었는데, 오늘은 4점에 표시했네! 4점을 유지하거나 더 높아지게 하려면 내가 무엇을 도와줄 수 있을까?'라고 질문할 수 있다.

실용적인 도구인 이 가늠자는 당사자와 당신 간에 종종 나타날 수 있는 대립적인 접근을 피할 수 있게 돕고, 이 수치를 중심으로 이야기하면 좀 더 부

> **상태측정 가늠자는 협업작업에 매우 유용한 도구이다. 이 도구는 섭식장애 당사자뿐 아니라 당사자를 공동으로 돌보는 보호자와 함께 사용할 수 있다.**
>
> 당신은 섭식장애 당사자의 상태에 몇 점을 줄 것인가? 당신의 배우자 혹은 친구에게 추측을 해 보라고 하자. 그 후 각자 그 점수를 준 이유를 말해 보자. 당신이 준 점수의 근거가 된 예를 떠올려 보고 구체적으로 설명해 보자. 주관적 판단이나 당사자의 말에 너무 흔들리지 말자. 당신이 목격하고 일어난 일들에 대해 조금 더 생각해 보자. 만약 당신이 이 점수에 동의할 수 없고 또 확신이 없다면, 시간이 지난 후 다시 대화할 계획을 세우자.

드러운 분위기를 연출할 수 있다.

가늠자는 섭식장애의 모든 행동, 증상에 적용 가능하다(제12장, 제13장, 제14장 참조).

이것은 형식적으로 보이지만, 대화를 구조화할 수 있도록 도와준다. 비논리적인 생각에 맞서 논리적인 언쟁에 빠지려 하거나, 자기 논리(캥거루, 코뿔소, 해파리, 타조 반응의 덫)에 빠져 감정이 과하게 부풀어 오르지 않게 한다.

만약 보호자 자신의 행동이 '순교자' 같은 유형임을 인정한다면, 상태측정 가늠자는 긍정적인 변화를 얻을 수 있는 행동을 상기하게끔 도울 것이다.

모든 사람이 각기 다른 점수를 주고 그 이유에 대해 이야기하지 않는다면 가늠자 자체가 고통의 원인이 될 수 있다. 가늠자 사용의 주된 장점은 명확하게 보인다는 점이다. 예를 들어, '나는 아직 네가 변화할 준비가 되지 않은 것처럼 보인단다.'에서 '아직'이란 표현을 주목하자. 이는 낙관적으로 '할 수 있다'는 마음가짐을 가지게 하는 뉘앙스로 이해된다. 그러므로 '아직' '지금' '현재 관점에서' '최근에'와 같은 수식어를 사용하여 극단적이고 단정적인 진술을 완화해야 한다. 이런 수식어들은 지금이 꼭 아니어도 시간이 흐른 뒤 당사자의 변화 가능성을 열어 준다.

'변화할지 말지를 결정하는 것이 전적으로 당신에게 달렸다는 것을 난 이해해요. 하지만 이 병은 가족과 당신 친구, 일, 동료와의 관계뿐 아니라 당신의 미래에도 영향을 주고 있어요. 그래서 나는 여기에 표시했어요.'

6. 변화를 말하기

사람은 공식적으로 말한 것을 지켜내는 방식으로 행동하려는 경향이 있다. 이를 근거로 우리는 계획을 세울 때 대본을 만들고(scripting), 시각화하고(visualizing), 말하고자 하는(vocalising) 구조를 제안한다.

상태측정 가늠자는 '변화를 위한 대화'를 촉진하면서 아이디어를 탐구하는

표 7-1   상태측정 가늠자를 이용한 변화를 위한 작은 조치들

- 섭식장애 당사자에게 가늠자를 보여 주며 숫자를 체크해 달라고 해 보자.
- 변화에 대한 전반적인 준비에 대해 대화하자. 변화가 그들에게 얼마나 중요한지, 긍정적인 변화를 향해 갈 수 있는 그들의 능력을 얼마만큼 자신할 수 있는지 등을 이야기한다.
- '나는 너 자신에게 이 점수를 준 이유가 궁금해. 어떤 이유로 그 점수를 준 거니?'라고 물으면서 대화를 시작해 보자.
- 어떤 이야기든지 주의 깊게 듣자. 당사자에게 당신이 몇 점을 줄 것 같은지 물어보자. 그리고 그 이유에 대해 물어보자. 당사자의 대답에 귀 기울여 신중히 들어 보자.
- 그다음, 당신이 측정한 점수와 그 이유에 대해서 구체적으로 당신이 관찰한 것들을 중심으로 말해 보자. 왜 그렇게 생각했는지 말해 주자. 변화에 대한 새로운 계획이 세워질 수 있다.
- 기억하자. 대화를 잘 유도하여 당신이 말하기보다는 당사자가 자신의 변화에 대해 이야기하도록 가이드하자. 변화에 대한 작은 단서라도 경청하고 요약해서 다시 당사자에게 말해 보자. 이야기의 반복과 반영이 당사자에게 천천히 깊게 새겨질 것이다.
- 명심하자. 섭식장애 당사자 스스로 변화의 필요성과 의미를 말했을 때 변화는 더 커질 수 있다.

길을 열어 주고 어떻게 변화하고 싶은지를 이해하면서 알게 된 심리를 보여 준다. 누군가가 변화를 만들 가능성에 관해 당신과 이야기했다면, 그들은 그 이야기에 따라 행동할 가능성이 더 높아진다.

섭식장애 당사자의 끊임없는 불평 중 하나는 아무도 자신의 이야기에 주의를 기울이지 않는다는 것이다. 실제로 우리는 종종 '섭식장애 이야기(eating disorder talk)'에서 강박적인 측면을 무시하곤 한다. 예를 들어, 조리법, 마트에 가기까지의 과정, 자세한 식료품 묘사 등은 명백하게 도움이 되지 않는다.

하지만 동시에 당사자 안의 섭식장애가 아닌 측면의 목소리를 듣고 대화하는 것이 중요하다. 그러므로 건강한 주제 속에 섞여 있는 건강하지 않은 먹기 방식과 음식과 관련한 부분들을 알아차려야 한다. 주의 깊게 듣기는(listening carefully) 당사자로부터 더 건강한 행동으로 변화할 수 있는 가능성을 끌어낼 수 있으므로 보호자들이 익혀야 할 매우 중요한 기술이다.

> 섭식장애 당사자: 저에게 5점을 줬어요. 왜냐하면 제 소망 중 하나가 가정을 꾸리는 건데, 지금 이 몸무게로는 그게 불가능하거든요.
>
> 보호자: 섭식장애를 계속해서 가지고 있다면 가정을 꾸리고 싶어 하는 너의 미래에 어떤 결과로 나타날지 느껴지니까 걱정이 큰 거구나.

섭식장애 당사자의 대답은 개인적으로 경험했든 아니든 걱정과 염려, 두려움을 명확하게 드러낸다. 당신이 들었던 당사자의 말을 차분히 반영해 보자. 대화는 더욱 높은 점수로 향하기 위해 꼭 필요하다.

'더 높은 점수를 얻기 위해서 너에게 어떤 일이 일어나야 한다고 생각하니?'

이 연습이 끝나갈 때 즈음, 긍정적으로 변화하기 위한 약속의 요소들을 당사자로부터 들을 수 있을지 모른다. 하지만 곧바로 하지 못하더라도 시간을 두고 차분하게 다시 시도해 보자.

다음과 같이 말해 보자. '의사 선생님과 치료사 선생님은 너의 건강 상태를 위험하다고 보고 있단다……. 다시 한번 가늠자로 체크해 보면 어떨까? 너 자신에게 몇 점을 줄 수 있겠니?' 〈표 7-1〉을 따라 다시 작은 단계를 따라 나아가 보자.

7. 그다음 단계

'네가 10점에 가까워지기 위해서 내가 무엇을, 어떻게 도와줄 수 있을까?'

이 문장은 당사자가 변화를 향한 도움과 지원에 대해 긍정적으로 여기게 하는 지지를 준다. 이는 당사자에게 혼자서 투쟁하는 것이 아님을 알게 할 수 있다. 비록 곧바로는 당사자가 부드러운 도움의 손길을 거절할 수 있지만, 마음 속으로는 이 문장을 기억할 것이다. 변화의 가능성을 위해 소통의 모든 수단을 열어 두려는 것이다.

이 연습은 환영할 수 없는 다양한 섭식장애 증상이 현존하고 있는 가운데 여러 차례 반복할 수 있다.

요약하면, 상태측정 가늠자 훈련의 목표는 섭식장애 당사자의 현재와 미래의 삶에서 섭식장애가 어떻게 영향을 미치는지를 반영하고 객관화하여 그들의 혼란스러운 감정을 이해하는 것이다. 당사자에게 지각된 긍정적 측면들과 부정적 측면들은 무의식적이고 접근이 어렵다. 고착화되려는 섭식장애의 힘을 이해하기 위해서라도 당사자의 이야기를 진지하게 듣는 것은 매우 중요하다. 집중해서 들으면서 언제, 어디서 틈이 열리는지, 그 틈새로부터 얻어지는 정보가 회복을 제공할 수 있는 기회로 어떻게 이어지는지 그 순간을 간파

해야 한다.

하지만 기억하라. 가늠자의 숫자는 올라가기도 내려가기도 하고, 전진과 후퇴를 통해 변화의 다양한 단계를 거치며 이는 흔한 일이다.

8. 변화를 원하는 보호자

캥거루, 코뿔소, 테리어, 타조, 해파리 유형의 보호자가 자신의 행동이 회복에 도움이 되지 않는다는 것을 인식하면, 섭식장애 당사자에게뿐 아니라, 삶에 영향을 미치는 자신의 태도를 가늠자를 통해 평가해 보는 것이 보호자 자신에게 도움이 됨을 깨닫는다. 당신의 배우자 또는 친구와 함께 성찰해야 할 몇 개의 질문이 있다. 당신은 섭식장애 당사자의 변화에 어느 정도의 관심을 가지는가? 가능한 빨리 당사자가 변화하는 것이 당신에게 얼마만큼 중요

섭식장애 당사자의 변화에 당신은 어느 정도의 관심을 가지는가?

변화에 큰 관심 없음   변화를 열망함

0   1   2   3   4   5   6   7   8   9   10

섭식장애 당사자의 변화는 당신에게 얼마만큼 중요한가?

중요하지 않음   매우 중요함

0   1   2   3   4   5   6   7   8   9   10

섭식장애 당사자가 변하도록 도울 수 있다고 얼마만큼 확신하는가?

자신 없음   매우 자신 있음

0   1   2   3   4   5   6   7   8   9   10

한가? 당사자의 변화를 도울 수 있다고 얼마만큼 확신하는가? 서로의 점수를
체크해 보고 얼마나 정확한지, 어떻게 수정해 갈지 서로 확인해 보자.

기억할 점

1. 다른 장애를 가진 환자와는 다르게 섭식장애 당사자는 자신에게 문제가 있다는 것
   을 인식하지 못하고서는 바꾸고 싶어 하지 않는다.
2. 변화에 대한 준비와 기대 목표를 맞춘다면 좌절과 갈등은 줄어들 수 있다.
3. 당사자에게 자신의 변화와 바꿀 수 있는 일에 대한 걱정을 이야기하도록 격려받는
   기회가 주어진다면 변화가 일어날 확률은 증가한다.
4. 낙관적이고 확고한 자세를 유지하는 것이 중요하다. 변화만을 지나치게 밀어붙여
   서는 안 된다.
5. 보호자 모두가 따뜻하고 차분하게 연민을 가질수록 섭식장애 당사자는 변화를 시
   작하고 유지하는 데 더 강한 자신감을 얻을 수 있다.

**다시 한번 '모든 실수는 보물이다.'라는 문장이 긍정적인 노력과 변화를 격려하는 데
도움이 됨을 기억하자. 우리 모두는 실수하고, 그 실수로부터 배우면서 그다음에는 더
잘할 수 있다.**

[그림 7–3] 흑백 사고를 갖는 것은 높고 극단적인 기준과 관련이 있다. 하지만 우리는 흑과 백 사이의 회색에서 많은 것을 배운다. 모든 실수는 보물이 될 수 있다.

제8장

의사소통

이번 장에서는 의사소통[1]이라는 주제를 다룬다. 전반부에서는 의사소통의 과정에 대한 개요를 다루며 이 분야에 대해 자신감이 부족한 사람들을 위한 간결한 아이디어를 소개한다. 후반부에서는 서로 다른 '의사소통의 기술'이라는 주제로 보호자들을 위한 내용을 중점적으로 다룬다. 소개된 기술(skill)은 장기적으로는 회복과 건강을 향한 것이며, 단기적으로는 가정의 일상, 분위기 및 관계 향상을 목표로 한다. 각각의 기술을 배우기 위해서는 시간을 내어 연습해 보는 인내가 필요하다. 한 번에 모든 것을 다 할 수는 없음을 기억하자.

1. 의사소통이 일어나는 방법

일상 속 대부분의 대화는 실질적인 요구들로 이루어진 교환이다. 예를 들면, '오늘 밤에 집에 집에 차 마시러 돌아오실 거예요?' 혹은 '내 파란색 티셔츠 어디 있니?'와 같이 말이다. 목소리 톤, 내용과 맥락, 몸짓은 기존의 관계

---

1) 역자 주: 이 책에서는 이 용어의 의미를 의도를 가진 소통에 두었다.

유지에 긍정적 또는 부정적으로 영향을 미치지만, 대부분의 대화는 관계를 발전시키기 위해 구조적으로 특별하게 계획된 것이 아니다. 단어는 기능적으로, 그리고 아마 주의를 크게 기울이지 않고 선택된다. 하지만 말하는 사람의 단어 선택과 톤, 맥락, 몸짓이 추가되는 상호작용의 결과는 듣는 사람이 어떤 식으로 받아들이느냐에 따라서 결정된다. 특히 섭식장애로 어려움을 겪고 있는 사람과 의사소통을 할 때에는 가장 무해한 발언조차도 화음을 깨뜨려 예기치 않은 반응을 일으킬 수 있다는 것을 기억해야 한다.

섭식장애 당사자에게서 흔히 볼 수 있는 것으로, 감정이 고조되고 사고가 너무 제한적이고 다양성이 부족해지면 의사소통 과정이 잘못된 방향으로 가

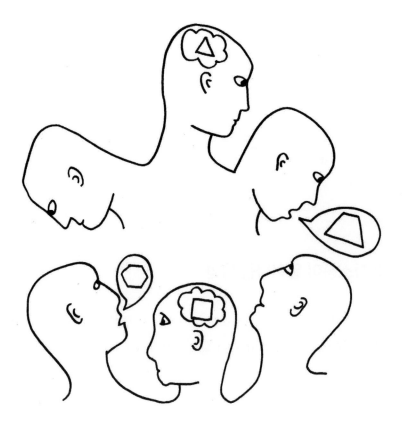

[그림 8-1] 소통은 어떻게 이루어지는가? 한 사람의 생각은 종종 다르게 해석된다.

기 쉽다. 이런 상황이 생겼다면, 돌발적인 불화를 점검하고 가능한 한 빨리 복구하는 데 시간을 할애하고 당사자를 돌보는 것이 더 중요하다. 언제나 그랬듯 모든 실수는 보물이다. 인간은 모두 실수를 한다. 그리고 그것으로부터 무언가를 배울 수 있다.

2. 의사소통의 초보자를 위한 출발 포인트

가족 중 섭식장애를 앓고 있는 사람이 있는 경우, 가족 내 의사소통은 혼란스럽다. 섭식장애 당사자의 자신감은 바닥까지 내려갔기 때문에 종종 대화는 탈선하며, 의미가 왜곡된다. 섭식장애 당사자는 보호자가 흥미를 가졌던 지점에서는 비판을, 보호자가 애정과 관심을 드러낸 지점에서는 침입과 간섭으로 가정할 수 있다. 반영적 경청을 많이 사용하는 코칭 대화는 이런 동문서답을 피할 수 있게 돕는다.

1) 자신감 세우기

섭식장애 당사자는 매우 자신감이 낮아서 보호자의 코칭은 당사자의 자존감 재건을 돕고 자존감을 키우는 과정이 자신의 삶에 중요하다는 믿음을 키울 수 있다. 이 과정은 당사자가 스스로의 능력과 기술로 과거와 현재에 성공적으로 완성한 과제에 대한 긍정적 측면에 주목하게 하는 것이다. 점진적으로, 관계 안에서 따뜻함과 온기를 강화하기 위해 작은 기회라도 잡고, '모델링'하거나 실례를 보여 줌으로써, 당사자가 자신을 보다 좋게 생각할 수 있도록 지원할 수 있다. 그렇게 함으로써, 당신은 섭식장애 당사자가 병을 이기는 데 필요한 정서지능과 효과적인 자기 돌봄 능력을 발달시키도록 도울 수 있다.

물론 모든 대화를 깊이 있고 의미 있게 만드는 것이 가능하진 않다. 하지만 섭식장애를 치료하면서 건강과 웰빙에 부정적 영향을 주고 있는 병리적 섭식 행동들을 변화시키기 위한 동기를 적극적으로 강화하는 기회들을 찾는 것이 보호자에게 특히 중요하다. 이것은 일회성 행사가 아니며, 멀고 긴 길이지만, 지속적인 격려는 치료 전 과정을 통해 일어나야 한다.

2) 따뜻함 키우기

의사소통 유형은 건강한 사회적 관계망을 만들고 확장시키는 데 있어 매우 중요하다. 이 시스템이 켜지기 위해서는 비판하고 싶은 마음과 과민 반응을 억제하면서 높은 강도의 따뜻함, 확고함, 침착함이 요구된다. 섭식장애라는 '질 나쁜 친구(bully)'는 당사자에게 극심한 좌절을 안기며, 격분하게 만들기 때문에 회복 과정은 힘든 과제 해결의 연속이라 할 수 있다. 당신은 섭식장애 당사자가 비판이나 평가에 대한 '슈퍼 감지자(super feeler)'임을 꼭 기억해야 한다. 당사자 자신에 대해 어떻게 느끼고 있는가에 대한, 당신과 당사자 사이의 주의 깊은 소통이 끊기는 일은 불리한 결과를 가져와, 끝내는 분노 폭발로 이어진다. 당신의 목소리는 매우 중요하다. 부드러운 톤(tone)을 사용하는 것은 매우 도움이 된다.

당신의 얼굴 표정 역시 차이를 만들어 낸다. 눈썹을 치켜 올리고 의자에 앉아 당신이 그에게 개방적이고 호기심이 많음을 보여 주자. 눈썹을 높일 때와 눈썹을 낮출 때 얼굴 표정이 어떻게 다르게 해석되는지 보여 주는 유튜브 영상을 보는 것도 도움이 된다. 'Talking Eyebrows–Michael McIntyre's Comedy Roadshow'를 참고하자.

여기에 치유적인 대화를 가능하게 하는 몇 가지 팁이 있다.

- 목소리(톤과 크기): 딱딱하지 않게, 부드럽게, 사려 깊게
- 자세: 동등하게, 가이드 하듯이

- 태도: 협력적이고, 이끌어 내듯이
- 제스처: 힘을 약간 빼고 편안하게
- 눈 맞춤: 조절하면서 변화 있게
- 눈썹: 내리기보다는 약간 올린 상태로
- 몸의 거리: 나란히 옆에서, 같은 수준에서
- 표현: 흥미를 가지며
- 책망하는 것은 느리고 천천히, 기쁨을 표현하는 것은 미소와 포옹으로 머뭇거리지 않기

3) 용기를 북돋울 수 있는 유용한 어구 생각하기

섭식장애 당사자가 이뤄 낸 좋은 것들에 대해 말해 주고, 가능한 한 용기를 북돋울 수 있는 유용한 어구를 사용하면서 그들을 칭찬해 보자.

대화 과정에 집중하게 돕는 당신만의 '유용한 문장(useful sentense)'을 개발하는 것도 도움이 된다. 처음에는 어색하게 느껴질 수 있으니 친구와 함께 또는 혼자 거울 앞에서 연습해 볼 것을 권장한다. 그러면 필요로 할 때 점점 더 쉽게 선택하여 사용할 수 있을 것이다.

'……해서 고마워.'

'네가 ……한 것을 알고 있었어.'

'네가 ……했을 때 난 정말 좋았단다.' (행동 반영: 이름 붙여 주기. 나를 도와 깨끗하게 청소해 주어서, 네 방을 깨끗이 정리 정돈해 주어서, 세탁실로 세탁물을 가져와 줘서, 쓰레기통을 비워 주어서 등등 그것들이 아무리 작다고 하더라도 당신이 칭찬해 줄 수 있는 것들을 찾아보자!)

'네가 정말 열심히 노력하고 있다는 것을 알아.'

'……이 너에게 얼마나 힘든지 알고 있단다. (행동 반영: 이름 붙여 주기. 식사 혹

은 간식을 끝낸다는 것이, 식사 후에 곧장 화장실로 가는 것을 미루고 있는 것이, 폭식 후에 뒷정리한다는 것이) 그리고 네가 열심히 노력해 주어서 정말 고마워.'

사랑과 관심을 보여 주는 몸짓으로 소통하려는 특별한 시도도 해 보자. 이는 섭식장애의 영향 아래 있는 당사자를 여전히 가치 있게 보고 있다는 것을 보여 주기 위해서이다. 당사자가 당신의 칭찬에 늘 긍정적인 반응으로 답하진 않을지라도 말이다. 특히 치료 초반의 당사자는 부정적인 자기상을 심어 준 '섭식장애 속삭임(minx)'의 부정적인 목소리에 의해 당신의 칭찬을 '모순'이라고 지적할 수 있다. 하지만 인내하자. 시간이 흐르면 당사자는 당신의 칭찬을 수용하고 내면화하는 데 분명히 더 익숙해져 갈 것이다.

4) 가족의 역할

가족 안에서 우리 모두는 효과적인 의사소통에 대한 규칙들을 쉽게 어긴다. 서로 끼어들고, 문제를 실제로 논의하지 않고도 다른 가족 구성원의 반응이 무엇인지 알 수 있다고 미리 추측하고 판단한다. 우리는 너무 바쁜 삶을 살고 있어서 종종 서로의 말을 진정으로 듣기 위해 시간이나 수고를 들이지 않는다. 우리는 우리가 마음을 읽을 수 있거나 가장 잘 안다고 가정한다.

가족 중 누군가 섭식장애로 힘들어한다면 효과적인 의사소통의 규칙을 따라야 한다. 섭식장애를 끊임없이 반복하고 있는 당사자들은 듣지 않는다. 그러나 당신은 올바른 듣기 방법을 사용해서 옳은 것들을 들을 필요가 있다.

섭식장애가 가져오는 많은 어려움에 대처하기 위해 가족은 위원회와 같은 기능을 필요로 한다. 식사 시간을 피해 차분한 분위기 안에서 서로에게 말할 수 있는 정기적인 시간을 계획하는 것이 도움이 된다. 간섭으로부터 자유로울 수 있는 서로 합의된 시간과 장소에서 방해받지 않고 대화할 수 있어야 한다. 예를 들면, 함께 여가를 보내면서 쉴 때, 일요일 아침 신문을 읽거나 버스

정류장까지 같이 걷거나 반려견과 함께 산책하는 시간 등등 비공식적인 시간을 활용해 보자.

　대화에 서로 기여할 수 있는 최대의 시간을 협의하고 서로 동의하라. 가족의 막내를 시간 측정 벨을 누르는 사람으로 임명해 보자. '말을 끝낼 시간이 다 되었다'를 알리는 작은 종을 울리는 역할이다.

표 8-1　효과적인 의사소통을 위한 기본 원칙

1. 한 번에 한 사람씩 말한다.
2. 변화에 대해 말할 수 있는 기회를 당사자에게 준다. 섭식장애 없는 삶에 관해 가능한 한 많이 이야기하도록 격려하면서 좀 더 큰 그림을 보도록 돕는다. 예를 들어, '네가 우리 여행 때 함께 보았던……을 기억하는 것이 놀랍고 흥미롭구나.' '……에 관해 더 많이 들을 수 있었으면 좋겠어.'
3. 가능하다면, 특히 대화가 전환될 때, 당사자가 말하는 대부분의 시간을 섭식장애와 관련된 주제에서 벗어나도록 해 보자. 가족 구성원 각각이 말하는 시간을 모두 동등하게 정하는 것이 이상적이다. 섭식장애 당사자 자신이 긍정적인 변화에 관한 이야기를 할 때 긍정적인 변화가 일어날 확률이 더 높다.
4. 섭식장애 규칙들에 관해 말하려는 섭식장애 목소리(eating disorder voice)가 말할 수 있는 기회를 제한해야 한다. 예를 들어, '일전에 우리가 얘기했듯이, 섭식장애 속삭임이 섭식장애에 관해서 말할 시간을 주는 것은 도움이 되지 않는 것 같아. 주제를 바꿔 보면 어떻겠니? 우리가 할머니 댁에 가게 된다면 무엇을 할지, 우리가 보고 싶은 텔레비전 프로그램은 무엇인지, 네가 권투 중계를 보고 싶어 하겠지만 말이야. 삼촌이 올 때 강아지를 데리고 마중 나갈까?'와 같이 말할 수 있다.
5. 목표는 연단에 올라 표준 대본을 가지고 발표하는 것이 아니라 각자가 말한 진짜로 이해한 것들을 실제로 하는 것이다.
6. 편안한 분위기 속 침착하고, 연민을 가지며, 따뜻하고, 공손한 태도로 함께하자.
7. 긍정적인 면에 초점을 맞추자. 예를 들어, 컵에 물이 반이 차 있을 때 반이 비었다고 보는 것보다는 반이나 차 있다고 보는 것과 같은 원리이다. 그들의 성공과 성취가 아주 작을지라도 말해 주어 알게 하고, 격려하며, 긍정적인 칭찬을 하자.

5) 듣기

서로의 말을 듣게 되면 상대방의 생각과 느낌을 이해하는 것이 더 쉬워진다. 하지만 그것은 생각보다 어렵고 기술과 연습이 필요하다. 만약 우리가 듣고 있다면, 발화자에게 집중하고 있다는 비언어적 징표들(non-verbal signs)을 보여 줄 필요가 있다. 눈 맞춤, 끄덕임, 고개 흔들기, 눈썹은 약간 올리고, 약한 미소를 지으며, '집중하고 있음을 반영하는 소리', 예를 들면 '음······ 음······ 아······ 아······' 등이 있다. 듣고 있다는 것을 증명하는 좋은 방법은 발화자의 말을 요약하거나 우리가 들었던 것이 발화자가 말하려는 의미와 맞는지 다시 확인하는 것이다.

- 요약과 정리는 녹음된 소리를 다시 들려주는 것처럼 발화자의 말을 단순 반복으로 되들려주는 것을 넘어 자신의 느낌을 실어 되돌려주는 것이 좋다.
- 당신이 생각한 바와 발화자가 의미하는 바가 무엇이라고 생각하는지를 요약하여 되돌려주는 것은 내용을 보다 명료하게 하는 유용한 방법이다.
- 단어 및 개념에 대한 의미와 이해는 듣는 사람의 배경, 경험, 주로 쓰는 어휘, 주의력 또는 피로 상태에 따라 색다르게 사용될 수 있다. 사람은 모두 각자의 말하기 방식이 있어서, 띄어 말하기 혹은 쓰기를 종종 다르게 해석하여 오해가 일어나기도 한다.
- 만약 당신이 잘못 이해했다고 해서 그것이 큰 잘못은 아니다. 어떤 면에서는 발화자가 더 많은 세부 사항을 추가하면서 자신의 생각을 더 명료하게 보도록 반복해서 유도할 수 있기 때문에 의미를 잘못 이해하는 것이 서로에게 도움이 되기도 한다.

듣기가 중요한 이유는 이해하기 위해 노력하고자 하는 에너지와 이해하고

자 하는 시간이 필요하다는 마음과 태도를 보여 줄 수 있기 때문이다. 이를
통해 발화자가 말했던 것을 회상할 수 있게 하는 기회가 되기도 한다. 우리는
종종 우리가 말할 때까지 스스로 생각하고 있는 바를 잘 모른다. 들은 것에
대해 명료하게 이해하기 위해, 당사자가 자신의 생각을 알아챌 수 있게 허락
하고 그것을 말할 수 있게 하자. 행동의 변화는 변화하고자 하는 생각을 말로
표현했을 때 더 따라가기 쉽다. 당신은 섭식장애 당사자가 가능한 한 많이 자
기의 변화에 대해 말하도록 허락하고 유도해야 한다.

6) 오해: 실수와 보물

여기서 우리는 섭식장애 당사자를 돌보는 보호자들을 연구하면서 얻은 '모
든 실수는 보물이다'가 가진 또 다른 중요한 진실을 말하고자 한다. 당사자의
핵심 취약점 중 하나는 실수하는 것을 지나치게 두려워한다는 점이다. 그 염
려는 예측 가능하고 오류가 없는 섭식장애의 새장 속에 당사자를 가둔다. 만
약 당신이 보호자로서 실수한 것을 인정하는 것을 두려워하지 않으면서 그
실수로부터 무엇을 배웠는지를 생각할 수 있는 게 무엇인지 보여 준다면, 새
로운 깨달음으로 회복을 위한 접근 방식에 변화를 줄 만큼 융통성이 있다는
것을 보여 줄 수 있다면, 그 과정 자체로 삶의 중요한 변화 기술을 당사자에
게 전수하는 것이다.

7) 정서를 보여 주기

정서적인 톤이 부드럽고, 따뜻하고, 수용적으로 여겨지면 변화가 촉진된
다. 당신은 당사자가 가진 섭식장애 부분을 향해 화를 낼 수도 있다. 하지만
당사자는 단순한 섭식장애 증상 그 이상이라는 것을 기억하자! 섭식장애 당
사자가 지금 이 순간(에도) 섭식장애에 깊이 파묻혀 있다 할지라도 여전히 섭

식장애가 아닌 부분을 가지고 있는 사람임을 잊어선 안 된다. 병과 분리된 '한 사람'이자 당신이 사랑하는 사람임을 다시 한번 기억하고 더 큰 그림에 초점을 맞추자. 섭식장애 당사자에게 가능한 한 많은 사랑과 보살핌, 격려 그리고 따뜻함을 보여 주자.

3. 의사소통 기술 1: 동기 부여 면담

동기 부여 면담은 변화를 원치 않는 중독환자(알코올/약물/도박/게임)를 효과적으로 치료하기 위해 발전되어 왔고 이러한 접근이 유용하다는 근거가 있다(Miller & Rollnick, 1991, 2002; Rollnick, Mason, & Butler, 1999). 다음에 소개된 '하지 말아야 할 것과 해야 할 것'의 목록은 모즐리 병원의 섭식장애 동기 부여 면담 기준으로, 수많은 치료 회기 내 상호작용을 토대로 만들어졌다.

1) 하지 말아야 할 것

하지 말아야 할 것은 다음과 같다.

- 논쟁하는, 논리에 근거하여 설득하려 하거나 강의하는 것
- 권위주의자 또는 전문가 역할을 맡으려 하는 것
- 명령하고, 지적하고, 경고하고, 겁주는 것
- 더 많이 말하는 것
- 도덕적 진술로 비판하고, 설교하거나 판단하는 것
- 연속하여 (세 가지) 질문하는 것
- 섭식장애 당사자에게 '너의 문제다'라고 말하는 것
- 해결책이나 특정 행동방침을 처방하려고 하는 것

2) 해야 할 것

해야 할 것은 다음과 같다.

- 섭식장애 당사자 스스로 논점을 제시하게 하는 것(변화를 위해 양면성에 관해 이야기하고 희망적으로 해결할 수 있는 기회를 제공해야 함)
- 사랑하는 사람의 관심사에 집중하는 것
- 섭식장애 당사자가 자신의 미래 행동을 결정할 선택과 책임이 있음을 강조하는 것
- 섭식장애 당사자의 상황 인식을 탐색하고 반영해 주는 것
- '너'로 시작하는 문구로 당신이 들었던 것을 무엇으로 생각하는지 반영해 주는 것('너는 …… 느끼는구나.' '너는 …… 생각하는구나.')
- 주기적으로 요약해 주는 것
- 가능한 한 따뜻하게 사랑을 주고 공손하게 대하는 것
- 적대감, 비판, 비난을 주의하는 것

듣기를 통한 동기 부여 면담 접근은 이전에 사용해 온 역할과 많이 다른 것처럼 보일 수 있다. 어쩌면 당신의 혀를 움직이지 못하도록 물고 있어야 할 수도 있다. 즉각적인 전문 지식과 지혜를 제공하지 않아야 하기 때문에 좌절과 답답함이 따르며, 도움을 주려고 하는 당신의 본능을 억제해야 한다. 보호자는 당사자 스스로 실험할 수 있는 플랫폼을 가질 수 있게 허락할 필요가 있고, 당사자가 생각하고 있는 것을 표현할 수 있게 허용해야 한다. 섭식장애 당사자가 이렇게 할 수 있는 가장 좋은 방법은 아이디어의 성찰적 실험대를 허용하는 외부 청중을 가정해 보는 것이다.

'적은 것이 더 많다(LESS is more)'는 동기 부여 면담의 핵심 정신이고, 적음(LESS)이 핵심이다.

- L: 듣기(Listen)
- E: 동정하지 않고 공감하기(Empathy not Sympathy)
- S: 섭식장애 아닌 부분의 삶을 공유하기(Share non-eating disorder parts of life)
- S: 지지하기, 자신감 키우기(Support: increase confidence)

3) 적은 것이 더 많다

(1) 듣기

듣기는 다른 사람의 견해와 감정을 존중하는 것이다. 음식과 체형에 초점을 가진 섭식장애 당사자와 함께 이야기 이면에 숨겨진 깊은 의미를 건드리기 위해 노력해야 한다. 음식과 체형에 관한 이야기는 자기에 대한 감정적 고통이나 부정적인 신념에 대한 은유다. 섭식장애를 앓고 있는 사람들은 자기 자신에게 회복할 수 없는 흠이 있거나 자신이 가치가 없다는 강한 믿음을 가지고 있다.

다음은 음식과 체형에 대한 신념, 생각과 말이다.

- 내 자신이 밉다. 누구도 날 사랑할 만큼 예쁘지 않으니까.
- 난 사랑받을 만한 가치가 없어.
- 감정을 보여 주는 것은 틀린 일이야.
- 사람들은 내가 무슨 말을 하든 바보 같다고 생각할 거야.
- 난 충분치 않아.
- 나는 달라. 나는 이상해. 나는 괴짜야.
- 난 지금 여기에 있는 사람 같지 않아.
- 인생은 위협적이야.
- 내가 원하는 것을 말하는 것은 틀린 거야. 내가 사람들을 기쁘게 해야 해.

- 사람들은 모두 나보다 나아.
- 다른 사람들은 나보다 운이 좋아.
- 난 강해야 하고 용감해야만 해.
- 두려움에 떠는 것과 우는 것은 약해 빠진 거야.
- 난 완벽해야만 해.
- 내가 한 짓에 대해 죄책감을 느껴야만 해.
- 난 실수하면 안 되고 도움을 요청해서도 안 돼. 그건 실패야.
- 기분이 좋은 건 잘못된 거야.
- 난 다른 사람을 믿지 않아.

섭식장애 당사자와 음식, 체중, 체형에 관한 대화에 빠지지 말고 오히려 "당신이 화가 난 것 같이 들려요."라고 말해 보자. 보호자들은 세부적으로 파고들려는 당사자의 태도로부터 물러설 수 있다는 것을 직접 보여 줄 필요가 있다. 당사자가 음식, 체중, 체형에 관한 대화에 당신을 끌어들이려고 유혹할 때마다 멈추고, 뒤로 물러나 보자. "네가 나에게 말하는 내용은 섭식장애에 대한 관심사로 들린단다. 네가 겁에 질린 것 같이 보여."

정말로 듣고 있다는 것을 보여 주기 위해 대화를 지휘, 통제하려고 시도할 때마다 당신이 보여 주는(나타내는) 질문 쏟아내기를 피하려고 노력하자. 당신은 하나둘 질문을 하고, 당사자가 더 많은 것을 말하도록 격려해 주자. 말하는 의미에 대한 정확성을 확인하거나 요약을 해 줌으로써 당사자가 말하고자 하는 것을 보다 명료화하도록 격려하는 것이 더 낫다.

(2) E: 공감하기

공감하기란 상대방의 입장에서 사물을 보고 상대방의 정서적 반응을 이해하기 위해 노력하는 것을 의미한다. 동정은 당사자가 수동적이며 무력한 희생자임을 암시한다. 섭식장애는 당사자가 보다 적극적인 역할을 할 때 비로소 회복으로 전진한다. 그때란 당사자 자신의 용기와 체력으로 충동적인 문제들을 견디고 실천할 때를 말한다.

우리는 C의 안건을 따라가 보아야 한다. 그중에서 공감과 비슷한 개념인 연민(compassion)에 관해 이야기하는 것이 더 중요하다고 생각한다. 당사자만이 언제 그리고 어떻게 변화할 것인지를 결정할 수 있다고 말했다. 어떤 부모는 자녀의 고통을 자신들이 인내하는 것을 매우 힘들어하여 다음과 같은 말로 자녀의 고통을 의도치 않게 무효화한다. "그런 말은 쓰레기 같아! 네가 얼마나 영리하고 예쁜데, 네가 무가치하다는 것은 말도 안 돼!" 이 아이러니한 문장은 당사자와 당사자의 생각과 느낌이 보호자에 의해 어떻게 무시되고 거절되는가를 보여 준다.

섭식장애를 마음의 병으로 보고 당사자의 감정, 경험, 인식을 검증하기 위해 노력하는 것이 중요하다. 섭식장애 사고에 논리적으로 논쟁하기보다는, 더 풍부한 정서지능 안에서 코칭해 보자. 섭식장애 당사자가 회복 과정에서 힘겨움과 고통을 느끼고 있지만 그것을 극복할 수 있는 용기가 필요하다는 것을 인지하도록 격려하자. 피하거나 뒤로 물러서는 것보다는 고통과 함께 머무르면서 지속적으로 당신이 당사자와 연결되어 있다는 것을 경험하게 한다면 변화하고자 하는 목표에 도달할 수 있을 것이다.

(3) S: 공유와 지지

따뜻하고 애정 어린 지지는 회복의 핵심이다. 하지만 당사자가 가까운 주변인들을 향해 적대감과 거부감을 강렬하게 표출할 때에는 공유와 지지를 보내기 어려울 때도 있다(당사자가 세상에 대해 불행한 감정을 투사한다는 것을 보호자가 알고 있는 것이 도움이 된다. 설령 보호자인 당신이 과녁이 되더라도 말이다).

당사자의 내면에 있는 섭식장애와 관련되지 않은 행동과 활동들을 공유하자. 예를 들어, 직소 퍼즐 같은 취미 활동은 어떨까? 아마도 행복한 추억 사진 한 장이 만들어질 수 있을 것이다. 태피스트리, 그림, 낱말 맞히기 퍼즐, 보드

게임을 함께해 보자. 독서 모임 혹은 시 낭송회에 참여하는 것은 어떨까? 윷놀이처럼 함께할 수 있는 놀이도 좋다. 부모와 형제자매, 친한 친구들과 함께할 때 그 시간만큼은 모두 평등하고, 놀이 안에서는 모두 핵심적인 역할을 할 수 있다.

4) 동기 부여 면담의 지시적 요소

LESS(듣기/공감하기/공유하기/지지하기)의 LESS로 구현된 원칙 외에도, 동기 부여 면담은 당사자가 현재의 상황(당사자가 자신의 정체성을 형성하는)과 자신의 더 깊은 이상, 가치 그리고 욕망 사이에서 질문을 만들어 내게 함으로써 변화를 위한 더 큰 준비태세로 나아갈 수 있도록 돕는 전략을 사용한다. 제7장은 이 측면에 집중하고 있다.

4. 의사소통 기술 2: 대화의 함정을 방해하기

서로를 안심시켜 주려는 대화의 함정은 너무 많다. 안심시켜 주려는 함정이 의미하는 것은 무엇일까? 체형에 관한 질문에 대답하는 일은 흔하다. "나는 이걸 먹어도 살찌지 않을 거예요. 그렇죠?" "먹는 것을 멈출 수는 없겠죠?" "이 만두에 기름을 넣지 않았죠? 그렇죠?"

섭식장애 당사자는 높은 수준의 불안이 있기 때문에 보호자들로부터 안심받기 원한다. 하지만 끊임없이 안심을 줄 때 생기는 문제들은 다음과 같다. 첫째, 불안으로부터의 안심은 일시적일 뿐이다. 자기의심과 불안은 곧 다시 격노로 이어진다. 둘째, 당사자는 자신이 두려움과 의심을 극복할 수 있고, 의존적인 관계성에 빠져 있다는 것을 배우지 않았다. 그래서 불안을 줄이기 위해 타인에게 의존하며, 생각을 확인하려고 한다. 이러한 시나리오 속 보호자는 점점 더 캥거루처럼 변해 가고 섭식장애 증상들은 더 번성한다.

음식 혹은 체중 및 체형 그리고 부정적 시각들에 대한 자세한 내용들로 장기적인 논쟁을 하는 것은 당사자의 사고타당성을 옹호하는 역할을 하기 때문에 (도움보다는) 오히려 해가 된다. 이럴 때에는 옆으로 잠시 물러나자. 다음은 음식과 체중에 관한 이야기에서 물러날 수 있게 돕는 기술이다.

- 이렇게 들어보니까 너의 섭식장애적인 불안이 더 강해진 것 같아.
- 네가 겁먹은 것 같구나.
- 그건 섭식장애가 너에게 속삭이는 것 같은데?
- 용기를 가지렴. 이것도 지나갈 거야.
- 지침서에 내가 널 안심시켜 주더라도 공포는 커진다고 나와 있었어.
- 음식과 체중에 관한 대화에 내가 동참하면, 너를 섭식장애 속으로 더 깊게 끌고 들어가는 걸 거야.
- 너와 음식이나 칼로리에 대한 대화는 하고 싶지 않아. 주제를 다른 것으로 바꿔 보는 게 어떨까?
- 지난 번 서로 얘기했듯이 '섭식장애' 목소리와 말하는 것은 해로울 수 있단다.
- 음식, 체중, 체형에 관한 너의 얘기는 5분 동안 들을게. 오늘은 거기까지만 하자꾸나.
- 변화를 만들어 가는 것에 대해 혼란스러워하는 것처럼 들리는구나.

5. 의사소통 기술 3: 마음을 위한 물리 치료

 실천하기

더 큰 그림을 그리는 사고방식을 형성하기 위해 '활력이 되는' 게임과 활동들은 정신을 위한 물리치료로서 섭식장애에 관한 염려에서 벗어난 사고력을 집중시키는 데 도움이 된다. 예를 들어, '글이 말하고 싶은 것은(What the Papers Say)' 활동은 신문과 잡지의 글들에 대해 대화해 가면서 핵심을 추출하는 것이다. 혹은 카드나 보드게임도 좋다. 긍정적인 방향 속에서 도표나 이미지를 곁들인 토론도 좋다.

핵심 문구 뽑아내기, 문장으로 시각화하기와 같은 기술 습득은 더 큰 그림을 보기 위해 한 발 뒤로 물러내기에 도움이 된다. 어떤 은유들로 고안해 보자. 이런 과정을 즐겁고, 가벼운 게임으로 만들어 보자.

적응 능력은 뇌 기능의 또 다른 측면이다. 가족 안에서 그리고 당사자의 삶 안에서 비섭식장애 활동(non-eating disorder activities)을 통해 '계획된 유연성(planned flexibility)'을 접하게 된 정체성은 변화를 수용할 수 있다. 당신이 겪은 가족 상황 안에서 같은 것을 다르게 경험할 기회를 가지려면 환경을 어떻게 변화시키면 될까? 치료에서 우리는 사람들에게 주사위를 던지거나 봉인된 봉투를 여는 것과 같은 우연에 반응하는 것으로 스스로 도전할 수 있다고 본다(이런 방법을 가족 게임의 형태로 시도해 볼 수 있다).

음식과 관련이 없는 삶의 영역에서 유연성을 먼저 접하는 것이 낫다. 예를 들면, 다른 시간대에 다른 경로로 출근하거나, 스카프 혹은 모자를 써 보거나, 다른 스타일로 옷을 입어 보거나, 다른 TV 채널을 보는 등의 도전을 통해서 점진적으로 유연해져 보자. 그 후 음식 영역에서 시도해 보자.

- 딸은 아침 식사로 딸기만 먹는 대신에 '사이먼이 말한다(Simon says)'라는 게임을 하면서 그날 아침 엄마가 먹었던 음식을 추가해서 먹어 보기로 했다.
- 같은 장소, 같은 시간, 똑같은 간식을 먹는 딸은 가족이 어디에 있든, 그곳에서 주어진 1시간 동안 먹을 수 있는 간식을 찾아보기로 했다.
- 같은 종류의 간식만 먹는 아들은 일곱 가지의 다른 옵션이 들어 있는 봉투들을, 하루에 하나씩 뽑아, 봉투 속 목록에 따라 간식을 먹어 보기로 했다.

6. 의사소통 기술 4: 분위기

가족 회복을 촉진할 수 있는 가장 중요한 요소 중 하나는 따뜻한 분위기를 조성하는 것이다. 섭식장애 당사자와 가족 전체에게 영향을 준 병리적인 섭식 행동에 대한 부정적인 의견들은 당사자를 향해 직접 말하기보다는 "나는 이렇게 생각해, 나는 이렇게 느끼고 있어."라는 말로 시작하면서 침착하고, 부드럽게 전달해야 한다.

제5장에서 살펴보았듯, 특히 부모, 그 외의 많은 보호자가 그들 스스로 비난하며, 당사자를 잘 돌보지 못한다고 자책한다. 불행히도 섭식장애에 관한 과거의 책들도 부모의 이런 자기비난을 장려했다. 하지만 부모의 죄책감은 회복에 도움이 되지 않을뿐더러 오류가 있다. 게다가 그러한 생각과 감정은 불안과 우울을 유발할 수 있기 때문에 위험하다.

다음에 소개되어 있는 감정들은 종종 회복에 도움이 되지 않는 정서들을 불러일으킨다.

- 수치심과 낙인: 신경성 식욕부진증의 증상은 매우 뚜렷하고 모든 사람이

볼 수 있다. 그 증상들은 부모 역할의 핵심, 당신의 아이를 돌본다는 부분을 강타한다. 어떤 타인들이 당사자의 부모를, 당신은 거식증을 앓고 있는 자녀를 양육할 능력이 없고, 부모로서 한심하다고 판단한다면 부모는 죄책감을 느끼고, 수치심을 느낄 수밖에 없다. 밖에서 바라보는 사람들은 섭식장애 당사자의 존재를 자녀 양육에 실패했다는 증거로 여기기 쉽다. 하지만 그것은 잘못된 개념이며 고쳐져야만 한다. 부모는 촉발 요인도 아니고 해명해야 할 필요도 없다. 우리는 부모들에게 이 책을 읽으면서 섭식장애에 대한 비판적 관찰자가 될 수 있도록 더 많이 배우라고 제안한다.

- 화: 보호자들은 섭식장애가 지나가는 감기처럼 치료하기 쉽다고 생각했다가 당사자의 회복 속도가 점점 느려지고, 빠르게 좋아지지 않는 것에 대해서 화가 나고 좌절할지 모른다. 당사자의 회복을 위해 최선을 다하고 노력했던 보호자의 부분들에 대해 분노, 적대감, 거부 의사를 빈번하고 극단적으로 드러내는 당사자에 대한 역반응(counter-reaction) 역시 정상이다. 증상에 이끌려 논쟁하거나 치열해지는 대립에 참여하지 말고 침착하게 있자. 필요하다면, 그 자리를 피해도 좋다.

- 두려움: 보호자들은 섭식장애로 인한 신체적 결과들을 두려워한다. 섭식장애 당사자의 몸이 부담을 견딜 수 있을까? 그들은 자해와 약물 과다복용 등의 다른 방식으로 자기에게 해로운 일을 할지 모른다. 당신은 당사자의 안전이 염려될 것이다. 이에 당신은 섭식장애 당사자의 의학적 위험 수치를 정확하게 평가해야 한다. 그 후 침착하고 확실하게 주치의 혹은 의료 전문가에게 도움을 요청해야 하며, 가장 안전하게 대처할 수 있는 방법을 물어보아야 한다.

- 상실: 섭식장애 당사자의 미래에 대한 기대를 재조정할 필요가 있다. 보호자는 삶의 불행, 박탈감 그리고 병이 가족 전체에게 미쳤던 영향을 떠올리며 비참해한다. 그럴 때마다 정말 힘들 것이다. 그러나 매일매일 당

신과 당사자 간의 관계성을 다시 세우고 강화해야 한다. 아무리 작은 변화라 할지라도 당사자에게 일어나는 변화를 긍정적으로 바라보고, 회복의 진행 상황을 재평가하며, 정기적으로 점검해야 한다.

7. 의사소통 기술 5: 정서지능

보호자로서 당신은 당사자에게 돌봄과 안전을 제공하고자 하지만 부정적인 감정들이 뒤섞여 있는 까닭에 당신의 사랑을 온전히 보여 주는 것이 쉽지 않다. 당신이 느끼는 분노, 비참함, 절망, 슬픔, 정서적 고통과 생각을 거치지 않은 자동적인 반응들, 추측과 직감으로 이루어진 집약된 정서의 표출은 긍정적인 변화를 만들어 가는 데 해롭다. 이러한 반응들이 잘못된 것만은 아니지만 이 강렬하고도 원초적인 감정과 씨름하는 당신을 당사자가 보는 것은 당사자의 회복에 도움이 되지 않는다. 자신이 불확실하고 미숙하다고 느끼고 정서적으로 취약한 수준을 가진 섭식장애 당사자에게 이러한 원시적인 감정들은 독이 될 수 있다.

이에 보호자들은 감정을 반영하고 소화하며, 원초적인 반응들로부터 거리두기를 할 수 있는 '정서지능'을 모델링할 필요가 있다. 전문적인 용어로는 이것을 '지도 감독(supervision)'이라 한다. 보다 많은 경험치를 가진 멘토가 당신을 지지하며 그 상황으로부터 조금 떨어져 볼 수 있도록 도와주는 것이다. 그 상황으로부터 뒤로 조금 물러나, 앞으로 예상되는 일들을 타인(들)과 토론하는 시간을 가지는 것이 보호자들에게는 꼭 필요하다.

실천하기

- 섭식장애와 관련된 모든 강한 감정적 반응을 해결하고자 하고 이해하려 노력하는 것이 중요하다. 가능하다면 언제든지, 당신 자신을 위해서 친구, 친척 또 다른 보호 자와 함께 '지도 감독(supervision)'과 같은 방식을 만들어 보자. 주변의 가까운 사 람들과 연대하여 자조 모임(self-help group) 네트워크를 시작해 보는 것도 좋다. 당신의 감정과 신념, 태도, 욕구에 대해 탐색할 수 있게, 믿을 만하고 지혜로운 타인 들과 시간을 보내 보자. 문제뿐 아니라 기쁨도 공유하면 친구들은 자기들의 어려운 시기에도 이렇게 똑같이 공유할 수 있다고 믿게 되어 연결감을 지속하고 싶어 할 것이다. 또 다른 방법은 글로 적는 것인데, 이는 당신의 감정을 보다 풍부하고 온전 하게 탐색하는 과정이다. 당신의 생각과 글은 나중에 다른 사람들에게 공유될 수도 있고 그렇지 않을 수도 있다. '기록한다'는 것은 어떤 사건, 생각, 감정 그리고 반응 들을 저장하는 좋은 방법이며, 회상을 통해 변화를 살펴볼 때에도 유용하다.
- 우리는 섭식장애로 위험에 처한 당사자를 모즐리 병원에 입원시켰던 보호자들과 많은 이야기를 나누었다. 우리는 그들에게 '섭식장애와 함께 산다는 것'에 관한 글 을 요청했고 그 글을 공유하면서 그들을 이해할 수 있었다. 그 글 속의 삶이 현실적 인 판단에 기반을 두고 있는지 아닌지에 대한 평가를 받으면, 이후 어떻게 행동할 지에 대한 결정을 내릴 수 있다. 변화를 위한 기록을 적는 시간은 당신이 왜, 어떻 게, 어떤 식으로 감정이 일어나는지 이해하는 데 도움이 될 것이다. 일단 당신이 논 쟁의 모든 측면을 바라볼 수 있는 연민을 가진 목격자로서 생각할 수 있게 되면, 당 신이 나아갈 길을 더 잘 볼 수 있다.
- 혼자하든 친구와 함께하든 실제로 연습하자. 예를 들어, 섭식장애 당사자의 감정 폭발에 대해 감정적으로 현명하지 않은 방식으로 반응하게 되는 어려운 상황에 대 비할 수 있도록 몇 개의 문장 연습이 도움이 된다. 이 문장들을 친구 혹은 가족에게 사용해 보자. 그래야 그들이 당신을 언제 어떻게 도와야 하는지, 당신을 어떤 식으 로 뒤로 물러나게 해야 할지, 그 사태를 어떻게 진정시켜야 하는지도 알게 된다.

> −지금은…… 그 문제에 대해 이야기하기에 좋은 시간은 아닌 것 같구나. 우리 둘 다 진정된 후에 그것에 대해 이야기하는 게 어떨까?
>
> −우리 모두 각자 생각하고 있는 것을 말했어. 지금 나는 ……하려고 해.

> ─지금 난 내 감정을 명확하게 생각하기에는 너무 긴장한 것 같아. 나중에 돌아와서 얘기해 보는 게 어떠니?

8. 의사소통 기술 6: 규칙을 만들고 경계를 정하기

섭식장애 당사자의 강력한 영향력 때문에 보호자는 순교자가 되고 싶은 유혹에 빠질 수 있다. 그 때문에 기존의 가족 규칙이 혼란스러워졌다면 다시 세울 필요가 있다. 질병의 요구에 대처하기 위해서, 기존과는 다른 새로운, 적용 가능한 규칙들을 세우고 합의해야 한다. 예를 들면, 다른 가족 구성원이 아침 식사를 못할 정도로 음식을 다 먹어서는 안 된다는 약속, 주방을 점령하지 않고 식구 중 누군가 주방을 사용하고 싶을 땐 자유롭게 사용할 수 있다는 약속, 저녁 식사로 무엇을 먹어야 할지 어떻게 조리할지에 대해 지시하지 않다는 약속 등이 있다.

섭식장애 당사자가 심각하게 아플 때에는 제한을 어떻게 설정해야 할까? 혹은 그들의 폭식과 제거 행위가 너무 불쾌하여 당사자와의 대면을 피하고 싶을 때는 어떻게 해야 할까?

어떠한 질환이라도 그 병이 오래 지속되면 가족 규칙들은 종종 변한다. 섭식장애의 경우 수개월 혹은 수년 동안 지속 될 수 있기 때문에 당신이 오랫동안 고수할 수 있는 규칙을 세울 필요가 있다. 모든 가족 구성원에게는 경계가 필요하다. 당사자의 어떤 종류의 행동을 받아들일지, 받아들일지 말지 알아야 한다. 경계는 명확하고 지속 가능해야 한다. 무엇을 받아들이고 무엇을 받아들이지 않을지를 섭식장애 당사자를 포함한 가족 전체가 모두 함께 동의해야 경계의 진정한 효력이 발생한다. C들을 생각하기 바란다.

- 당신의 기대에 대해 확고하고 일관적(Consistent)이어야 한다.
- 규칙과 기대에 관해 대화할 때, 서로에 대한 존중과 침착함(Calm)을 유지하자.
- 어떠한 진전이라도 소중히(Cherish) 여기며 칭찬하자.
- 규칙이 깨졌을 때, 섭식장애 문제를 이겨내는 게 얼마나 힘든지 알고 있음을 당사자에게 상기시키고 조금 더 노력한다면 다음에는 어려움을 꼭 이길 수 있다고 확신하는 당신의 연민(Compassion)을 보여 주자.
- 당신이 싫어하는 건 병리적 행동일 뿐, 당사자는 여전히 당신이 사랑하는 사람이고, 여전히 소중하다(Charity)는 것을 기억하자!

1) 조절의 균형

섭식장애를 가진 사람들의 또 다른 문제는 자기 정체성과 자기 가치에 대해 매우 낮게 평가하고 있다는 점이다. 당사자 내면의 한쪽은 부서지기 쉬운 어린아이 같고, 다른 한쪽은 가혹하고 매우 강하다. 따라서 섭식장애가 아닌 정체성이 나타나도록, 섭식장애의 가해자 측면이 한발 뒤로 물러서는 것과 가해자 측면에게 괴롭힘을 당하는 것 사이에서 균형을 잡아야 하는 줄타기는 당연히 어렵다. 만약 당신이 지나치게 지배적이고 독단적인 방식으로 소통하는 경우, 당사자의 자기 성장은 막히고, 당사자에게서 섭식장애로 드러나는 가해자의 지배력은 더욱더 강해질 뿐이다. 당신이 섭식장애 당사자의 진실한 자아의식을 키우려면, 당신은 당사자의 진정한 자아와 대화할 때 전문가인 척 하지 않는 포용적인 입장으로 물러날 필요가 있다. 그러나 당신이 당사자 내면의 섭식장애 가해자에 의해 지배되고 조종당한다고 느낀다면, 차분하고 굳건하게 확고한 접근법을 유지해야 한다.

이렇게 하는 것은 매우 어려운 일이며 당신은 쉽게 줄타기에서 떨어질 수도 있다. 전문가 역시 이 점을 어렵게 여긴다. 그래서 따뜻함이 항상 요구된다. 그러면 그 어려움이 조금은 편안해진다. 이러한 사정을 다 알고 판단할 수 있는 지혜를 키워 가 보자.

2) 개별적인 문제와 해결

기억할 점

1. 당신의 고유한 상황 안에서 가능한 한 적절한 제한과 경계를 생각하자. 섭식장애 당사자를 보호하기 위해 필요한 적절한 제한과 경계는 무엇일까? 제한과 경계를 어떻게 설정해야 할까? 남편 혹은 당사자 돌봄에 협력자가 있다면 서로 이 설정에 전적으로 동의해야 한다. 시간이 지남에 따라 이러한 규칙들을 지키기 위해 서로에게 어떤 도움이 필요한지 생각해 볼 필요가 있다. 섭식장애로부터 일어날 수 있는 어려움과 깨달음, 당신의 모든 느낌에 대해 대화할 시간을 가지자. 그 후에라야 공동으로 합의한 방식에 동의할 수 있게 될 것이다.

보호자가 1명일 때
비슷한 경험을 가진 사람들과 대화하자. 혹은 지지적인 주치의, 간호사, 가까운 친구에게 털어놓아 보자. 특히 모든 것을 혼자 짊어져야 하는 보호자에게는 이 방식이 더 도움 될 수 있다.

2. 가족마다 각기 다른 규칙이 있다. 가족의 다양한 측면을 생각하면서 하루하루 통용되는 규칙들이 그동안 병에 의해 어떻게 영향을 받았는지 생각해 보자. 예를 들어, 누가 요리했고, 누가 빨래를 했는지, 화장실에 대해 누가 우선권을 요구했는지 등등 당신의 권위로 세울 수 있는 범위 내에서 규칙들을 발전시켜 보자. 당사자와 타인들(친구들과 친척들)에게 왜 이 규칙들이 필요한지 설명할 수 있는가? 논리적으로 주장할 정도까지는 아니더라도 규칙이 필요한 분명한 이유가 있어야 한다.

실천하기

    당신과 다른 가족 구성원을 위한 시간은 따로 두고, 당사자가 가족으로부터 어떤 도움과 지원을 필요로 하고 원하는지 말할 수 있는 시간을 주자. 모든 사람이 준비할 수 있는 시간을 가지도록 회의 일정을 계획하고 다루어야 할 문제에 대해 생각해 보자.
    회의의 규칙은 다음과 같다.

- 감정이 태풍처럼 변해 대화가 탈선되지 않도록 가족의 친구를 '심판(referee)'으로 초대하자.
- 모든 사람이 말할 수 있는 기회를 차례대로 갖는다. 이렇게 하기 위해서 '의장(chairperson)'을 지목하고, 약속하고, 심판관 역할을 주자.
- 한 사람이 말할 수 있는 시간의 길이를 정하자. 10분을 넘지 않게 한다. 참여자 중 가장 나이 어린 구성원에게 '제한 시간 10분이 완료되었음을 알려 주는 알람 역할(time keeper)' 임무를 주자.
- 누군가의 방해가 있을 때 모든 사람이 말할 차례가 있다는 것을 침착하게 상기시키자.
- 단계적 접근 방식을 사용하도록 격려하자. 1단계로 당신의 감정, 신념, 태도에 대해 말하고, 2단계로 타인으로부터 당신이 필요로 하는 것이 무엇인지 말한다. 예를 들면, 부모는 섭식장애가 있는 딸의 건강이 의료 위험 수치에 다다를지 모른다는 걱정과 불안이 크다. 이때 '난 너의 건강이 너무 나빠질까 봐 두렵단다. 일주일 단위로 의료진에 의한 체중 측정과 의학적 위험에 대한 정기적인 평가를 받고 있다는 것을 내가 알아야 한단다.'라고 표현하는 것이다.

3) 의견 불일치

    집단 내 '의견 불일치' 대신 '독단적인 대화'를 생각해 보자. 모든 집단 내 의사소통은 모든 종류의 사안에 대해 일정량의 토론, 논쟁, 갈등을 포함한다. 하지만 섭식장애 당사자를 지지하기 위해서는 대화가 적대감과 오해로 탈선하는 것을 피하는 것이 더 중요하다. 파괴적이거나 적대적인 비판으로부터 자유로우면서 대화를 이어갈 수 있게 하는 따뜻하고 안전한 분위기를 세우는 것이 핵심이며, 동시에 평화를 유지하는 데 급급하여 지나치게 유연해지지 않도록 한다. 섭식장애 행동을 허용하거나 수락하는 덫에 빠지거나, 섭식장애 행동에 의해 통치당하는 함정에 빠지는 것은 회복 전진을 지연시킬 뿐이다. 다음을 유념하자.

- 열띤 언쟁이 항상 재앙이 되는 것이 아니다. 침착함을 유지하고자 노력하고, 당신이 느끼고 있는 바를 반복해서 알려 주는 것이 중요하다. 그 후에 그 주제를 벗어나자.
- 논쟁이 점점 파괴적이고 서로에게 상처를 주는 쪽으로 흘러간다면, 그 상황을 깨닫고 가능한 한 빨리 대화를 끝내고자 노력한다. 진정이 되었을 때 다시 그 주제로 되돌아가면 된다.
- 만약 당신의 반응이 별 도움이 되지 않았다고 생각한다면, 부분적으로 책임을 지자. 예를 들어, "생각해 보니 내가 미안해……."라고 말한다. 우리 자신의 실수를 인정함으로써, 누구든지 틀릴 수 있다는 중요한 메시지를 전할 수 있다. 다시 강조하지만 모든 실수는 보물이다.
- 잠시 휴식한다(time out)! 만약 당신의 노력에도 불구하고, 감정이 높이 솟구쳤을 때, 회의를 중단할 수 있다. 모든 사람이 침착해지면 다시 시작할 수 있다. 약 15분 정도의 휴식을 가질 수도 있고 다음 날 다시 시작할 수도 있다. 시간은 상호 간 협의하여 동의를 구한다.

4) 의료 처치 규준

섭식장애에 있어 가정의 규칙이 중요한 것처럼 '의료 처치 규준' 역시 똑같이 중요하고, 섭식장애 당사자의 건강 상태에 적용될 수 있다. 당사자와의 솔직한 대화는 당사자 자신의 심각한 상태를 더 악화시키지 않으려하는 치료 동기로 작용할 수 있다. 만약 의학적으로 고위험 상태이거나 재발의 징후가 강한 경우에는 집을 떠나 대학 생활을 하는 것을 추천하지 않으며, 운전 역시 추천하지 않는다.

5) 새로운 규칙들을 적용하기

섭식장애 당사자는 새로운 규칙이 자신을 통제하고 정서적으로 협박한다고 비판하며 모든 규칙에 반발하려고만 한다. 이러한 상황에서 침착하고, 분명하게 당신의 생각과 감정의 이유를 진술하여 논쟁을 피하는 것이 현명하다. 당신은 이러한 상황을 여러 번 반복해야 할 수도 있다. 섭식장애 당사자에게 이전에 함께 계획하고 논의한 것들을 상기시키고 당신이 원하는 것을 차분하게 반복하자.

섭식장애 당사자와 하나씩 확인해 가면서 긍정적인 문장으로 말하고, 새로운 행동을 취하는 방법을 코치할 필요가 있다.

> '나는 네가 다른 사람의 욕구를 등한시하거나, 무시하는 사람이 아니란 걸 알고 있단다. 나는 네가……'

9. 의사소통 기술 7: 도움이 되지 않는 생각을 재구성하기

보다 효과적인 보호자가 되기 위해서는 생각과 가설들에 대해 철학적이고 사려 깊은 태도를 가져야 한다. 특히 당신의 생각, 즉 섭식장애를 향한 분노와 좌절감은 종종 당사자와 다른 가족 구성원들의 불쾌한 감정과 반응을 이끌어 낸다.

잘못 이해된 개념이 연민과 긍정적 관점으로 재구성되면, 절망과 파멸 대신에 온기와 치유의 분위기를 만들 수 있다. 섭식장애를 향한 분노와 좌절을 드러내는 것은 당사자와의 관계를 악화시키고 당신이 보유하고 있는 에너지를 고갈시킨다. 결국 섭식장애 당사자는 자신과 당신 사이의 불편한 소통에 대해 책임감과 죄책감을 느낄 것이다. 당신이 그것을 깨뜨리지 않는 한 그 순환은 계속될 것이다.

생각을 재구성하는 것은 생각보다 쉽지 않다. 가능하다면 치료 전문가 혹은 친한 친구와 대화하면서 재구성을 위한 진행을 검토하는 게 도움이 된다. 당신이 겪고 있는 당신만의 상황 속 문제 영역을 가능한 한 생각하고 말하며 개념화하려고 한다면, 그것들이 가진 함정을 파악하게 되고 피할 수 있게 될 것이다.

〈표 8-2〉의 예는 섭식장애 당사자를 가능한 한 효과적으로 돕기 위해 당신의 생각, 걱정, 의견을 어떻게 재구성할 것인지를 나타낸다.

표 8-2 도움이 되지 않는 생각을 재구성하기

신랄한 평가들	보다 더 도움이 되는 평가들
당사자의 행동과 인격에 대한 비판적인 견해	이해하기 힘든 행동에 반응할 때에는 '크랩 샌드위치(crab sandwich)'를 떠올리자. 당사자가 현재 진행 중인 섭식 행동에 점령당하기 전 행복했던 날들을 떠올려 보자. 그리고 현재 상황을 중간에 두고, 당사자가 당신의 지지로 더 행복할 수 있고, 좋았을 때로 다시 되돌아갈 수 있다고 말해 주자. 여기에 추가할 또 다른 반응은 무엇이 있을까?
그녀가 모두를 소외시켰기 때문에 친구를 갖지 못하는 거야.	그녀의 병을 감당할 친구들이 없어서 결국 친구 모두를 잃게 된 거야.
그녀가 욕을 했어요. 그녀의 언어는 소름 끼치고, 심지어 그녀는 나에게도 욕을 했어요.	강한 언어 표현은 어떤 측면에서 그녀를 도울 수 있어. 아마도 "난 내 삶에 화가 났어."라고 말하고 싶었던 게 아닐까? 그녀의 감정을 그렇게 표현한 것 같아.

그 아이는 더 이상 진실을 말하지 않아요.	이 병이 그 아이가 솔직하게 말할 수 없도록 만든 것 같아.
그 아이는 사사건건 싸움을 걸어요. 아주 이기적이야.	이 병이 그 아이의 생각 전체를 지배한 것 같아. 그 아이의 삶 전체를 가져가 버린 것 같아.
적대감	
내 생각에 그 아이에게 뭔가 잘못된 일이 벌어지고 있는 것 같아요. 예전의 그 아이는 아주 밝았고 친절했었는데 지금은 화가 나 있는 것 같고, 불쾌하고, 악의적이기까지 해요.	그 아이가 아주 많이 화가 나 있고 두려워하고 불안정해. 섭식장애는 그 아이의 좋은 부분들을 다 몰아낸 것 같아.
그 아이는 나에게 상처 주기 위해서 그 행동을 하는 거야.	그 병이 나를 너무 많이 아프게 해.
그 아이는 어려움을 즐기고 있는 것 같아. 그 아이는 가족을 다 망치고 있어.	그 병이 그 아이를 더 까다롭게 만드는 것 같아. 병이 가족 전체에게 큰 영향을 주고 있어.
그 아이는 우리가 얼마나 화가 났는지를 알아야만 해. 그 아이는 우리를 미워해.	난 이 병에 화가 나. 그러나 이 병은 그 아이의 감정에 대한 것이지 내 것이 아니야. 나는 가능한 한 침착하고 따뜻하게 있어야 해.
감정적인 과잉 개입	
그 아이를 돌보기 위해 내 삶 전체를 투자해야만 해. 나는 매일 아이 곁에 24시간 내내 붙어 있어야만 해.	집안 분위기를 가능한 한 온기 있고 조용하게 만들 필요가 있어. 나는 나 자신과 나머지 식구를 보살피기 위한 시간을 가질 필요가 있어. 그렇게 하지 않으면 우리 모두는 진이 다 빠지게 될 거고 억울할 거야.
음식이 딸을 두려움에 떨게 해요. 남편을 조용히 있게 하는 게 힘들어요. 딸에게 아주 적은 양의 음식이라도 먹으라고 주장할 수 없어요.	함께 살아가기 위해서 서로가 충족시켜야 할 규칙들이 있어. 우리는 살기 위해서 먹어야만 해. 만약 딸이 스스로 충족해야 할 영양분으로 자신을 돌보지 않는다면, 우리가 그 역할을 대신 해야 해.
나는 가능한 한 그 아이의 삶이 쉬워지도록 노력하고 있어요. 그 아이는 깨지기 쉽고, 감정적이거든요. 만약 뭔가 잘못되거나, 예상하지 못했던 것이 생기면 그 아이는 대처할 수 없을 거예요. 그래서 제가 그 아이 옆에 붙어 있어야 해요.	우리는 그 아이가 보다 융통성을 가지고, 적응할 수 있게 도와야만 해요. 그 아이가 대처 기술을 익히기 위해서는 조금 다른 접근법과 원칙을 사용할 필요가 있어요.

그는 청결에 대해 지나치게 완벽하려 해요. 나는 그에게 주방을 단독으로 사용할 수 있게 해서 그의 의례가 잘 끝날 수 있게 했어요.	섭식장애 당사자가 강박과 결탁하지 않고 강박이 사라져 갈 수 있게 하는 게 중요해요. 주방은 공동의 공간이기에 독점하지 않아야 해요.
사건들의 드라마화	
그 아이가 그동안 무엇을 겪었는지를 지켜보면서 나 역시 그런 고통을 느끼고 아팠어요. 그래서 난 늘 울고 싶은 마음뿐이었어요.	그 아이가 겪어 온 것 모두를 지켜보아야 했기에 마음이 아픕니다. 하지만 나는 그 아이를 위해서 강해져야 하고, 그 아이의 회복을 돕기 위해 침착하게 지내려고 노력합니다.

10. 의사소통 기술 8: 변화와 진전에 대해 대화하기

섭식장애 당사자들은 소위 '행동'이 드물다. '고려 전 단계'에서 '고려 단계'로 이행하기 위해서는 많은 양의 인내와 노력과 에너지가 필요하다는 것을 의미하며, 문제 행동을 이해해야만 긍정적인 변화로 나아갈 의지를 가지게 된다. 따라서 그들을 설득하거나 코뿔소처럼 정면으로 맞서 논리적인 설득을 시도하기보다는 섭식장애 행동 자체가 양극화적임을 알고, 복합적이면서 강렬한 그 감정을 이해해 보려고 노력하는 것이 더 중요하다(코뿔소를 기억해 보자!).

변화와 진전에 관한 대화의 시작에 다음과 같은 문장을 사용해 보면 어떨까? 가능한 한 긍정적으로, 결과보다는 과정에 초점을 두자.

'얘야, 네가 노력하는 게 얼마나 어려운지 보고 있어. 네가 그것을 해내려고 애쓰는 모습이 정말 대견하구나……'

'아들아, 다음 단계로 나아가는 것이 결코 쉽지 않지?'

'딸아, 우리가 정한 목표를 지나치게 낙관적으로 보고 있었는지도 몰라. 하지만 만약 모든 실수와 실패가 보물이라는 것을 기억한다면, 우리는 그동안 무엇을 배웠을까?'

실천하기

개별적으로 겪는 어려움을 다루기 위해 당신만의 유용한 문장을 떠올리고 발전시켜
보자.

- **고통으로 힘든 사람일지라도 늘 자신의 삶 속에 선택권이 있음을, 당신은 그 선택을
 존중할 것임을 강조하자(타인의 선택을 완전하게 이해하지 못할지라도 말이다).**

- **제한된 선택권을 주자.**

  - '너에게 달려 있단다. 만약 네가 영화관에 갈 거라면 다녀와서 가족과 함께
    저녁 식사를 하거나 아니면 가기 전에 간식을 먹는 거야. 다른 대안은 영
    화관을 가지 않고 평소대로 간식을 먹는 것이고. 결정은 네가 할 수 있고
    이건 선택하고 타협해 가는 과정이란다.'
  - '네가 이것도 할 수 있고 저것도 할 수 있다고 말하는 것처럼, 운동 전후 또
    는 평소 먹는 시간에 먹을 수 있단다. 모든 인간은 먹어야 한단다. 먹는다
    는 점은 선택하는 게 아니란다.'

- **단어 사용은 적게 효율적으로 하는 것이 중요하다.**

  섭식장애에 대한 혼란스러운 감정을 반영할 때 흔히 사용하는 '그러나'보다는 '그리
  고'가 더 낫다. '그러나'라는 표현이 비판적으로 들릴 수 있기 때문이다.

  - '당신이 말하는 부분은…… (섭식장애와 함께하는 삶) **그리고** 당신이 원하
    는 부분은…… (섭식장애가 아닌 더 큰 삶)'
  - '한편으로는…… (섭식장애와 함께하는 삶) **그리고** 다른 한편으로는……'
  - '지금 이 순간 네가 섭식장애에 초점을 둘 때…… 느껴질 거야. **그리고** 좀
    더 큰 그림으로 너의 삶을 바라볼 때……'
  - '지금을 확대해서 보면, 너는…… **그리고** 보다 넓은 삶의 관점을 가지고자
    한다면……'

- **지금, 아직, 지금 이 순간**이라는 단어를 사용하면 현실적인 가능성을 느끼고 변화해 보려는 생각을 이어갈 수 있게 한다. 이런 작은 단어들로, 극단적인 상황에 놓인 사람들이 다시 돌아올 수 있다.

  - '너는 그것을 시작할 준비가 되었다고 생각하지 않는구나······ **아직은 말이야.**'
  - '**지금 이 순간** 너는 ······이 너무 어렵다고 느끼고 있구나!'

- **열린 태도로 도움을 주려고 하고 당신의 존중을 보여 주자.** 조언을 하거나 직접적인 해결 방법을 주지 말자.

  - '나는 네가 ······에 대해 나와 대화하는 시간을 가졌으면 좋겠어. 언제가 좋겠니? 지금이 그렇게 할 수 있는 좋은 시간이니?'
  - '난 널 돕고 싶어. 내게 널 도울 수 있는 것이 무엇인지 말해 주렴.'

- **낙관적인 톤을 유지하자.**

  - '내일은 새로운 날이 될 거야. 지금 잘 안 되었다고 무시하거나 실망하지 말고 내일 다시 해 보자!'
  - '내일의 너를 네가 다르게 만들 거라고 난 확신해.'
  - '네가 노력하고 있다는 것이 난 기뻐. 그것은 우리가 지식을 얻고, 그 지식을 신뢰한다는 걸 의미하는 거야.'

당신에게 주어진 모든 기회를 붙잡기 위해서 당신만의 유용한 단어와 문장을 발견하고, 연습하고 발전시켜, 당사자를 격려하고 동기를 부여하는 데 사용해 보자.

기억할 점

다음과 같은 속기 쉬운 함정과 눈에 잘 안 띄는 위험을 피하기 바란다.

1. 다른 가족 구성원들의 경험과 행동을 묵살해 버리거나 비난하기
2. 다른 가족 구성원들의 감정과 걱정을 진지하게 받아들이지 않기
3. 다른 가족 구성원들이 수용하지 않는 문제에 당신의 관점만이 옳다고 주장하기(다른 의견에 동의하는 편이 더 낫다.)
4. 듣지 않고 당신의 생각만 당사자에게 주입하기
5. 당신의 에너지를 섭식장애 당사자에게만 집중하여, 다른 가족 구성원들을 방치하기
6. 섭식장애 행동에 동조하는 안심 함정(reassurance traps)에 빠지기
7. 당사자가 성취한 부분을 간과하고, 칭찬할 수 있는 부분을 보지 않고 넘어가기
8. 행동을 허락하기 전 충고와 평가부터 하기
9. 섭식장애 당사자가 잘 해낼 수 있는지 없는지 전혀 고려하지 않은 채, 당사자에게 떠맡기기

  실천하기

연습할 점

- 정서지능을 최대로 키우기
- 침착하고, 일관되고, 따뜻한 태도로 머물러 있기
- 주의 깊게 잘 듣기
- 당신이 원하는 바에 관해 명확하고, 친절하게, 지속적으로, 부드럽게 주장하기

제9장
돌봄 속 관계성

제9장에서는 일상생활과 관계에 미치는 섭식장애 패턴들에 초점을 두고 이 중 일부가 어떻게 병을 지속시키는지 살펴본다.

1. 섭식장애에서의 잘못된 의사소통

섭식장애가 있는 당사자는 종종 침묵 속에서 고통받는다. 숨겨진 감정들, 격앙된 감정들과 강력한 생각들은 종종 표정 없는 얼굴 뒤에 억압된 채 존재한다. 이러한 상태는 기아와 영양 결핍으로 인한 이차적인 영향일 수 있다. 또 어떤 당사자는 고통을 모든 게 다 괜찮은 쇼처럼 '유쾌한 표정' 뒤에 숨겨 놓는다. 보호자는 본능적으로 당사자의 몸에 가해진 고통이 주는 신호에 반응하려 하지만 그들의 표정과 건강의 불일치(miscommunication)로 인해 혼란스러워한다.

2. 1단계: 대인 관계에서의 위험 요인

사회적 요인들이 주인공 역할을 한다. 상호 관계에서의 취약함이 있는 섭식장애 당사자는 [그림 9-1]과 같다. 그들은 종종 사회적 평가에 민감하여 과도하게 경직되고 도덕적인 성향과 개인적인 최선을 위해 비현실적으로 노력하는 경향을 보인다. 병이 깊어질수록, 그러한 경향들은 과장되어 가고, '개인적인 최선'은 언제나 늘 '완전한 100퍼센트'를 성취하고자 하여 1등, 첫 번째, 최소 사이즈에 집착하며, 그 외는 실패로 간주한다.

스포츠, 학업, 전공에서의 성취를 위해 당사자가 집중하는 일은 칭찬받을 만한 긍정적인 일로 간주된다. 섭식장애 당사자의 눈에는 섭식장애가 학업, 스포츠 또는 뮤지컬에서 성공을 얻는 데 크게 기여한 것으로 보여, 병에 대한 신격화가 더 강해진다. '나의 섭식장애는 나를 더 가치 있게 만든다.'

이러한 개별 위험 요인은 비만을 유발하는 요인(예: 음식 및 운동)과 마른 체형의 이상화, 신체 수치화, 유행하는 다이어트 방법 및 체중 기반 낙인 같은 현대 사회의 문화적 강박 관념을 배경으로 발생한다. 비만은 공공의 적, 날씬함의 이상화, 공개적인 몸매 비난에 대한 용인됨, 과학적 근거 없는 체중 감량 보장, 다이어트 식이요법, 체중에 근거한 낙인찍기 등은 섭식장애를 유발하는 위험 요인들이라 할 수 있다. 이러한 환경적인 요인들은 '몸에 관한 대화(fat-talk)'를 증가시켜 왔다. 음식, 체중, 신체상, 운동 등에 관한 건강하지 않은 대화가 사회적 관계와 친구 간 애착에 정상적인 부분처럼 여겨지게 되었다.

음식과 체중에 관한 사회의 관심은 당사자 개인에게 영향을 주었을 것이다. 예를 들어, 과거 당사자는 자신의 모습, 식사 형태, 체중 및 체형에 대한 비난으로 괴로웠을 수 있다. 병이 진행됨에 따라, 일부 증상이 가족, 친구, 주위 사람들에게 긍정적으로 비춰질 수도 있다. 예를 들어, 호리호리해진 모습에 칭찬을 받거나 식욕을 통제한 것에 대해 보람을 느낄 수도 있다. 오늘날 대부분의 사람이 추구하지만 대부분이 실패하고 있는 '다이어트'를 성공적으로 유지하는 자기 관리의 능력자로 보기 때문이다. 하지만 신체 및 뇌의 부위들이 섭식 통제에 대해 반격하기 때문에, 이런 식의 자존감은 깨지기(무너지기) 쉽다. 이것은 절망과 우울이라는 막대한 비용을 치르면서 늘 따라다니게 만든다. [그림 9-2]를 보고 위험 요인의 흐름을 이해하자.

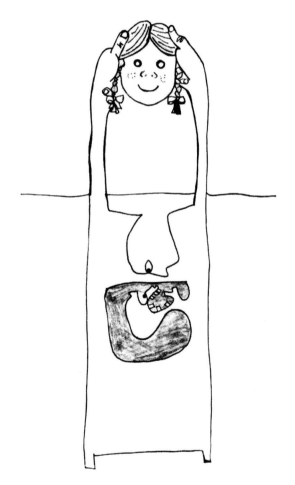

[**그림 9-1**] 섭식장애 당사자가 세상을 향해 웃는 가면을 들고 있다. 그들은 남들이 느끼기에 비현실적으로 보이는 '유쾌한 대화 춤(jolly conversational dance)'에 참여한 듯하다. 그것은 당사자가 겪는 내면의 고통을 덮는 방식으로 작동한다.

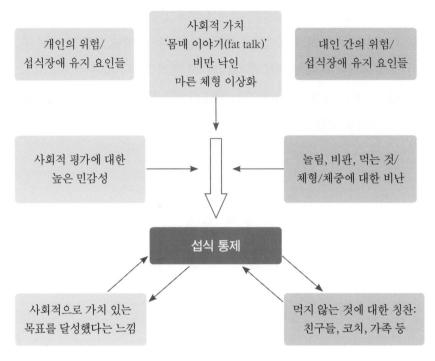

[그림 9-2] 섭식장애 위험을 증가시키는 대인 관계 특징

3. 2단계: 대인 관계에서의 유지 요인

2단계는 가까운 주변인의 행동 변화, 즉 섭식장애 당사자의 변화에 대한
반응들이다. 이것은 당사자의 병리적 섭식 습관들을 멈추기 위해 취하는 물
리적 행동과 정서적 행동 모두를 포함한다. 그 두 가지 반응 양상 모두 당사
자의 증상을 과대 포장하므로 섭식장애 당사자의 증상이 더 강력해지도록 만
든다. 섭식장애에 대한 대인 관계 유지 요인은 [그림 9-3]과 같다.

굶주림에 대한 섭식장애 당사자의 명확한 신체 증상, 식습관 변화 및 관련
행동은 타인의 관심을 끈다. 거식증의 경우, 여윔과 신체 쇠약은 분명하고 강
력하게 '심각하게 잘못되었다'는 신호를 타인에게 보낸다. 다시 폭식 및 제거

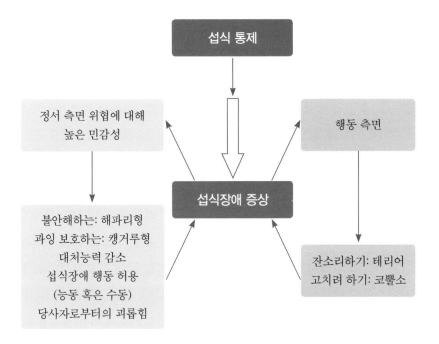

[그림 9-3] 섭식장애를 유지하게 하는 대인 관계 특징

행동을 향한 정서적인 반응 역시 '무엇인가 아주 많이 잘못되었다'는 강력한 신호를 보낸다. 당사자가 신체적으로나 정서적으로 더 연약하고 상처받기 쉬워 보일 때 타인은 당사자를 더욱 돕고자 다가간다. 바로 이 지점에서 '나의 섭식장애는 고통으로 소통한다'는 섭식장애 우호적 믿음이 전면에 등장한다.

　가까운 누군가가 아플 때 우리는 자연스럽게 아픈 사람을 지나칠 정도로 감싸고 아픈 사람의 어떤 행동도 허용하는 반응을 보인다. 섭식장애를 앓는 기간이 짧으면 그러한 태도는 정상적이고 회복에 도움이 되지만, 오랜 기간 지속되는 경우, 증상에 부응하고 협조하는 것이 병을 더 오래 유지하게 할 뿐이다. 특별한 관심을 원하는 당사자에게 그러한 태도는 보상을 준다. 불안해하고 걱정을 느끼는 보호자는 그러한 행동을 더 쉽게 보여 주어 점점 더 캥거루처럼 당사자를 과보호하게 된다.

　때때로 섭식장애 당사자의 내면의 고통과 정서적 혼란이 명료하지 않다.

예를 들어, 거식증 당사자의 얼굴 표정은 그들의 내적 심리 상태를 반영하지 않을 수도 있고, 그들이 무관심한 것처럼 보일 수도 있다. 반면, 신경성 폭식증인 당사자의 행동은 타인에게 드러내지 않았던 강렬한 감정을 다루는 데 사용된다. 갈망과 충동 행동(예를 들면, 온 가족의 먹거리를 다 먹어 치우거나 폭식하기 위해 돈을 훔치거나 도벽, 주방과 화장실을 엉망으로 만드는 등) 모두 당사자 내면의 고통을 보여 주는 외현적인 표현이다. 당사자에 의해 정서적인 고통이 증상 뒤로 숨겨지면, 보호자는 당사자의 행동들에 분노를 느끼고 통제하려는 것으로 이끌리게 된다. 하지만 잘못된 방법으로 통제되면, 당사자는 협박을 당한다고 느끼며 변화에 저항할 것이다. 보호자의 개입이 강해질수록 당사자는 비판적이고 적대적인 태도로 주변인들을 더욱 좌절시키고 위협하는 악순환이 되풀이된다.

섭식장애의 단일 증상이든 혼재된 증상이든 보호자들의 반응 대부분은 도움이 되는 반응과 도움이 되지 않는 반응이 섞여 있는 양상을 보인다. 제5장에서 소개된 것과 같이, 타조는 문제 인정을 회피함으로써 표면적인 평화를 유지하고자 노력하고, 코뿔소는 논리적으로 설득하고 논쟁하려고 돌진하고, 캥거루는 보호에 급급하다. 당신은 어떤 유형인가? 아마 지금쯤이면 스스로 확인할 수 있을 것이다. 제9장에서는 이러한 동물 은유를 바탕으로 본능적인 반응을 극복할 수 있는 기술을 소개하려고 한다.

4. 대인 관계 요인은 병을 지속시킬 수 있다

심각한 섭식장애에 걸린 누군가를 돕고자 노력하는 것은 큰 코끼리가 줄 위에서 균형을 잡고 걸으려고 노력하는 것과 같다. 보호자는 심각한 스트레스를 느끼며, 긴 기간 스트레스를 견뎌 내야 하기 때문에 보호자에게 고유한 정서적 문제들이 나타난다. 지나치게 감정적이거나 (지나치게) 냉담하거나

(지나치게) 지시적이거나 가족 전체에 끼친 섭식장애의 영향을 과소평가하거나 섭식장애 당사자를 위해 모든 것을 다하려고 한다. 균형 잡힌 접근 방식을 찾는 것은 매우 어렵고, 섭식장애를 지속하려는 뱀 구덩이에 빠지기 쉽다.

5. 정서적 균형을 바로잡기

1) 너무 많은 감정: 해파리 비유

해파리 비유는 수면 위로 올라와 있는 모든 원시적인 감정 상태(a raw emotional state)에 있는 보호자를 설명하는 데 적절하다. 해파리는 감정과 믿음들의 흐름(정확하기도 하고 그렇지 않기도 한)에 휩쓸린다. 눈물에 녹아내리거나 두려움에 얼어붙거나 의심에 흔들리거나 분노에 빠지거나 불안에 휩싸인 상태에서 당사자의 일상을 바라본다. (당사자 역시 격렬한 감정적 대응에 시달릴 수 있다.) 이런 격렬하고, 눈에 띄는 반응은 당신 주변에 있는 모든 사람에게 영향을 끼친다. 섭식병리적 행동에 대해 가족의 반응이 강력해지면 당사자는 거부당한 느낌, 수치심, 비난받고 있다는 기분을 느낄 것이다. 그 행동이 고통을 초래한다는 것을 알고 있음에도 불구하고, 당사자는 그 행동을 변화시킬 수 없다고 느낀다. 고통받는 당사자는 가족의 삶이라는 무대 위에서 거의 완벽하게 커튼 뒤로 숨는다. 병에 관한 염려에서 비롯된 긍정적인 의도임에도 불구하고, 강도 높은 보호자의 감정 반응은 섭식장애 행동을 강화한다.

제8장에서 자신의 감정 반응을 수정하는 일은 매우 어렵고 중요하다는 것을 다루었다. 제11장의 기술들은 보호자인 당신의 시작을 돕겠지만, 당사자를 더 효과적으로 돌보기 위해서는 전문가의 도움을 추가로 받을 필요가 있다.

2) 너무 적은 감정: 타조 비유

어떤 보호자들은 섭식장애로 인한 문제를 해소하고 분리하기 위해 또 다른 극단으로 향한다. 그들은 섭식장애를 앓고 있는 자녀의 병이 심각하게 깊어 가는 것을 보면 자신의 심장을 도려내는 것 같은 아픔을 느낀다. 그들은 음식 이나 적절한 주제에 관해 이야기하는 것조차 폭발과 긴장의 원인이 된다고 믿 는다. 그래서 개인적인 고민과 고통에서 벗어나기 위해 직장, 취미 또는 집 밖 에서의 활동, 펍이나 클럽에서 열리는 사교 모임에 참여함으로써 당사자와 가 능한 한 멀리 떨어져 있으려 한다. 물론 보호자에게도 휴식과 환기의 시간은 필요하지만, 이 활동들이 병을 외면/회피하는 것으로 사용되어서는 안 된다.

이 문제들을 무시하려고 노력하는 방식으로, 타조 유형 보호자는 머리를 모 래 속에 넣고 섭식장애와 결탁할 위험을 무릅쓴다. (섭식장애 당사자 또한 타조 처럼 수많은 회피 행동을 한다.) 궁극적으로, 보호자의 회피는 가족의 삶 많은 부 분에 부정적인 영향을 끼친다. 나머지 가족 구성원들의 어깨에 간병 부담을 짊어지게 하는 반면, 타조는 강한 죄책감을 경험한다. 동시에 섭식장애 증상 은 더 나빠지고 가족 전체는 더 외로워지고 더 고립된다.

이러한 상태는 당사자를 어떻게 도울지, 어디에서부터 시작해야 좋을지 잘 모를 때 생기는 현상이다. 다시 말해, 알아차리기, 계획 세우기, 실천하기 (APT)를 사용하여 도움을 얻고, 제4장에서 논의했던 시작점을 찾아 '첫 번째 단계'를 밟아 나가야 한다.

3) '바로 그러한' 균형감 있는 정서 반응: 세인트 버나드 비유

당신의 감정이 끓어오르면 다음과 같은 전략을 시도해 보자.

- 뒤로 물러서서 감정을 다른 곳에 두자(마치 그것이 당신의 발끝에 있다고

상상하면서 바라보자). 혹은 당신 자신을 다른 곳으로 데려가 보자(영화관의 제일 끝자리, 안전하고 조용한 장소로 당신을 멀리 데려가서, 스크린 안에 있는 자기 자신을 상상하고 바라보자.)

- 숨을 깊게 들이마시며 숫자 8까지 세고, 숨을 내쉴 때는 숫자 10까지 세어 보자.

- '정서지능(emotional intelligence)' 모드로 전환하자. 당사자의 행동을 잘 보고, 도움이 필요하다는 요청일 수 있음을 이해하며, 그의 내면에 귀기울이면서 조율(attunement)하자.

- 세인트 버나드 이미지를 소환하자. 소리치며 싸우는 대결에 섭식장애를 초대하지 말자. 눈사태가 일어날 수 있다. 절망으로 마비되지 말고 몸을 돌려 상황을 피해 보자. 대신 당사자가 얼어붙은 섭식장애 쓰레기 더미 위에서 길을 잃어버리기 전에 당사자에게 먼저 도착해야 한다. 그래야 당신의 온기와 보살핌을 제공할 수 있고, 변화가 일어날 때까지 그들 곁에 함께 머물 수 있다.

세인트 버나드는 상황이 위험할 때조차도 천성이 꾸준하고 듬직하여 신뢰할 만하다. 세인트 버나드의 충성심과 자비는 무한하다. 심지어 혹독한 상황에서 싸우고 난 후일지라도 사랑과 보호를 제공한다. 또 따뜻하고 부드러우며, 안전하고, 침착하고, '훈련받은 대로' 수행한다. 섭식장애 당사자를 돌보는 것도 이러한 과정과 유사하며, 추가적인 훈련이 필요할 수 있다.

6. 나아갈 적정 방향 맞추기

1) 너무 적은 지시: '캥거루식 돌봄' 반응

가족 중 누군가가 심각하게 아프면, 불행하고 고통스러워서, 완벽하게 보호할 수 있는 '주머니'를 만들어 그 속에 당사자를 넣고 일반적인 자극과 스트레스가 당사자에게 가까이 가지 못하게 하기 쉽다. 섭식장애 당사자 역시 캥거루형 보호자가 그러는 것처럼 위협에 대해 민감하다. 또한 캥거루형 보호자는 종종 부모 역할에 대한 높은 기준과 돌봄에 대한 기대치를 가진 섭식장애 당사자와 그 기준을 공유하면서 적절한 수준의 가이드 대신 과잉보호 속에서 당사자가 만나야 할 세상과 개인적인 발달의 기회를 빼앗는다. 결과적으로, 그것은 섭식장애 당사자가 책임을 회피하는 '타조'가 되게 하는 상호적 효과를 만든다. 이러한 반응은 섭식장애 입원병동의 의료진이나 긴 기간 당사자를 보살펴 온 보호자에게서도 일어날 수 있다.

어떤 보호자는 집에서 섭식장애를 향해 '막강한 보호자'가 되어 자신과 가족 모두를 돕기 위해 순교자로 희생할 수 있다. 그들은 '특정' 상표의 시리얼을 얻기 위해 수 마일을 운전하고, 집중하지 않아도 될 주제에 대해 몇 시간 동안 이야기하며, 당사자를 위해 일이 되도록 만들고, 신용카드 청구서의 요금을 지불해 주며, 당사자에게 '완벽히 들어맞는(perfect flat)' 제품을 찾는 데 시간과 돈을 쓴다. 그러한 지극정성에도 불구하고, 그 태도는 종종 반대의 효과를 낸다. 의식적이든 무의식적이든, 섭식장애 당사자는 이러한 관심과 특별대우라는 '보상(rewards)'을 받는 것이 자신의 병 때문이라는 결론에 도달할 수 있다. 당사자는 자신이 회복되면 보호받지 못하고 공들여지지 못할 것이라고 믿기 때문에 병이 주는 긍정적인 이점을 떠올리며 병을 포기하는 것을 망설인다. 보호자는 당사자의 엄격한 요구사항을 준수함으로써 당사자의 의존성과 책임감 결여를 더 강화시킨다. 특별한 돌봄을 요청하는 당사자의 요구가 더 많아질수록 보호자는 더 큰 노력을 기울여야만 할 것이다.

당사자의 행동을 모두 옹호하면 보호자 역시 병에게 완벽히 통제된다. 당사자는 다음과 같이 보호자에게 명령하고 요구한다.

- 사용되는 그릇 타입이 어떤 것인지
- 식기가 청결한지
- 몇 시에 식사할 수 있는지
- 어디서 식사를 하는지
- 정확히 무엇을 먹게 되는지
- 집에 무슨 음식이 있는지
- 주방이 깨끗한지
- 음식의 보관은 어떻게 했는지
- 음식은 어떻게 요리되는지, 첨가 재료의 주성분은 무엇인지
- 무슨 운동을 어떻게 얼마만큼 할지
- 체중과 체형은 어떻게 관리되는지
- 집이 깨끗이 청소되어 있는지
- 당사자가 주방과 욕실에 있는 동안 다른 가족 구성원은 무엇을 하는지
- 다른 방에서 다른 가족 구성원들은 무엇을 하는지
- 다른 가족 구성원들은 당사자 앞에서 무슨 주제로 이야기할 수 있는지

평화 수호자(peacemaker)가 되기로 결심한 보호자는 다른 가족 구성원의 삶을 위협하는 당사자의 행동을 모른 척하기도 한다. 예를 들어, 신경성 폭식증을 앓고 있는 자녀로 인해 냉장고의 음식이 다 사라지고, 돈이 없어지거나 주방이나 욕실이 엉망이 되어도 말없이 조용히 지낸다. 보호자는 '섭식장애를 주제로 한 대화'의 지속되는 반추와 끝나지 않는 대화에 사로잡힐지 모른

다. 그들은 공황 상태에 빠진 섭식장애 당사자를 위험 상태에서 구하기 위해 다음과 같은 말로 안심시킨다.

- 살이 찔 거야.
- 그 음식은 안전하고, 먹을 수 있는 음식이야.
- 그 옷을 입으니 살쪄 보여.
- 못생겼어/사랑받지 못할 거야/이기적이야/따분해/쓸모없어/머리가 나빠 등등

당사자를 돌보는 것과 관련된 이러한 엄청난 노력은 결국 보호자를 소진시킬 수도 있고, 특히 다른 가족들이 자신들이 필요로 하는 바를 요청했을 때 무시당한 것을 항의할 때, 오히려 보호자의 좌절과 분노의 폭발로 이어질 수도 있다. 당사자는 보호자의 갑작스러운 감정 변화와 초집중적이었던 보호자의 헌신 사이에서 혼란을 느낀다. 이에 당사자 자신의 부정적인 감정 기복과 통제 불가능해 보이는 타인의 극도의 감정 반응들로부터 회피하기 위해, 당사자는 자신의 섭식장애 '규칙들(일종의 법처럼)'에 더 철저히 매달린다.

2) 캥거루식 돌봄 벗어나기

섭식장애를 수용(가능)하게 만든 악순환의 고리를 끊는다는 것은 쉽지 않다. 하지만 앞서 언급했듯 당신 자신의 행동을 변화시키는 것이야말로 회복의 첫발자국임을 기억하자. 당신이 제공할 것에 대한 당신 자신의 기대를 낮출 필요가 있다. 다른 말로 하면, 뒤로 물러나서 주머니를 조금 닫아 보자는 뜻이다! 그들 스스로 선택을 자유롭게 할 수 있다고 느낄 때 변화는 더 쉽게 일어날 수 있다. 그것이 정말 작다 하더라도 스스로 장애물을 넘고 문제를 해결해 가는 일은 가장 성공적인 자신감 촉진제이다. 주머니 안에서 에워싸인

채 남아 있다면, 당사자 스스로 선택하고, 잃어버린 자신감을 되찾고, 자존감을 다시 세울 기회를 절대로 갖지 못할 것이다.

3) 지나치게 지시적인 반응: 코뿔소식 반응

'코뿔소식 반응'은 당사자가 왜 변해야 하는지에 대해 강압적으로 답을 제시하면서 그들과 논쟁하려 드는 태도를 가리킨다. 문제 해결에 대해 더욱 상세한 분석적 접근법을 가지고 있는 보호자인 경우가 많고, 섭식장애 당사자의 유전적 성향과도 일치할 수 있다. 설령 그렇다 하더라도, 끊임없는 논쟁과 변해야 한다는 직접적인 지시들은, 변하지 않겠다는 당사자의 믿음을 재확인하는 효과로 병리적인 섭식 행동 욕구를 더 불타오르게 할 수 있다. 즉, 논리에 반응하지 않는 섭식장애가 강행되는 것이다. 보호자가 패배감으로 좌절하고, 무력함에 젖어 화를 낼 때, 당사자는 새로운 힘과 에너지를 얻은 후, 이 전투를 떠날 것이다. 동시에 당사자는 자신이 신뢰하고 사랑했던 대상이, 자신이 어떻게 변해야만 하는지에 관해서만 집중하려는 말, 눈빛, 태도로부터 사랑받지 못하고, 수용되지 못하고, 경멸당한다고 느낄 수 있다. 코뿔소식 보호자뿐 아니라 섭식장애 그 자체도 물러서려 하지 않기에 강요, 좌절, 분노의 소용돌이가 이어진다. 여기에 다른 가족 구성원이 함께 비아냥거리고, 괴롭히는 말로 조롱까지 한다면, 가족 관계는 더 붕괴되어 갈 뿐이다.

저항의 심리적 원칙에는, 만약 준비되지 않은 타인에게 변화를 명령하고 지시한다면, 더 고집을 부리며, 역방향으로 향하게 하는 동기 강화 효과가 있다. 이것은 특히 아무리 왜곡된 것처럼 보일지라도 섭식장애가 지닌 의도가 엄격하게 강하고 또 비정상적인 정서 표현 수준을 가진 섭식장애에서는 진실이다. 이것은 섭식장애 환자들의 뇌 스캔 영상을 통해서도 확인할 수 있다.

놀랍게도, 전문가들에 의한 강압 행동의 극단적인 예들은 입원 병동에서 볼 수 있다. 정맥 영양 또는 경관 영양을 공급하는 처치 모두 환자에게 동의를 구하는 데 실패했을 때 환자의 상반신을 의료용 석고로 덮어, 격리, 자유 박탈, 권리 제한이 따르는 치료를 해야 할 때도 있다. 순수하게, 이러한 모든 조치는 당사자의 생명을 구하기 위한 노력이고 당사자의 '최선의 이득'에 집중하는 것이다. 하지만 불행하게도, 그 조치들은 병리적 행동을 바꿀 마음이 전혀 없는 섭식 환자들에게는 극도의 분노 반응을 일으킨다.

자유가 축소되고 있다고 생각되면, 저항하고 반항하는 것이 인간의 자연스러운 반응임을 기억하자. 당신의 생각을 바꾸기 위해 누군가가 물리적 힘을 가하려고 했을 때, 더 굳건히 저항하는 것은 일반적인 반응이다. 섭식장애 당사자는 자신의 말이 들리지 않는다고 느낄 때 더 흥분하고 불안정해지며 더 완강히 거부한다. 대신 그들의 의견에 조용히 동의하거나, 동의하지 않는 것에는 단호하고 명확하게 한계와 경계를 짓는 것이 중요하다.

4) '코뿔소식 책임감'에서 벗어나기

한 발짝 뒤로 물러서서 다름에 동의하자.

> '나는 네가 보는 방식으로 (세상을) 보지 않아서 네게 동의할 수 없단다. 하지만 네가 그렇게 느낀다는 것을 받아들일게.'

조용히 논쟁에서 벗어나 있자.

> '지금 넌 흥분해 있고 화가 난 것 같아. 나중에 우리 둘 다 조금 가라앉으면 그때 다시 얘기해 보면 어떻겠니?'

논쟁에 동참하지 말고 흘러가게 두자. 물론 쉽지 않다. 하지만 이것은 개인적인 대처 기술을 변화시키려는 노력이다.

7. 올바른 균형 찾기

섭식장애에 있어 가장 효과적인 치료 전략은 가족 구성원 모두가 치료에 참여하여 협력하는 것임이 밝혀졌다. 옆에서 당사자의 노력을 지지하고 응원하는 가족들이 있다는 것은 무슨 성취를 하든 칭찬을 받을 수 있다는 것을 의미한다. 이는 회복의 경이로움을 느낄 수 있게 할 것이다.

1) '바로 그렇게'라는 균형의 멘토링: '확고한 돌고래'식 접근

돌고래가 힘든 바닷길을 항해하는 보트를 안내하기 위해, 물속에서 수영하는 사람들의 안전을 돕기 위해 옆에서 헤엄쳐 준다는 사실이 밝혀졌다. 이제까지 우리가 묘사하였던 해파리식, 타조식, 캥거루식, 코뿔소식 접근을 읽으며, 아마도 가족들은 당사자를 돕는 확고한 돌고래식 접근이 회복의 안전을 위해 필요하다는 것을 알아챘을 것이다.

이는 따뜻함과 적극적인 안내 사이에서 좋은 균형을 잡으면서, 때때로 앞장서서 섭식장애 당사자를 리드해 가며 안전하게 나아갈 수 있게 해야 한다는 뜻이다. 돌고래는 당사자의 옆을 따라가는 존재이기도 하고, 섭식장애 당사자 자신이 그 상황을 벗어날 수 있는 능력을 신뢰하면서, 때로는 당사자가 조금 앞서 갈 수 있게 허용하며 뒤에서 머물기도 하고, 필요하다면 앞에서 조금씩 지시를 내리면서, 삶에서 더 좋은 선택을 할 수 있도록 돕기도 한다. 대부분 돌고래는 부드러우면서 높은 소리를 내어 대상 가까이 맴돌고 대상이 안전한 곳에 도착할 때까지 유심히 바라보면서 주변에 머문다. 돌고래는 대상이 자기 길을 계속 갈 수 있다는 것을 확인한 후에야 그 자리를 떠나며, 돌고래의 궁극적인 목적은 그 사람의 안녕(well-being)이다.

어려운 도전을 맞닥뜨렸을 때, 과정상 뒤로 물러나는 것은 불가피하지만,

보호자는 섭식장애 당사자의 모든 노력을 인지하고 응원하면서 계속 노력하도록 지지하고 격려하는 데에 필수적인 역할을 할 수 있다.

'잘했어! 난 네가 정말 열심히 하고 있다는 걸 알아.'

기억할 점

1. '해파리' 혹은 '타조'처럼 극단화된 정서적 반응에 빠지는 것을 조심하자. 보호자들은 세인트 버나드처럼 조용히, 따뜻하게 일관된 상태에 머무를 필요가 있다.
2. 섭식장애 행동에 보호자가 매몰되어 더 무서워하고 겁먹어, 오히려 통제되고 괴롭힘을 당하는 캥거루식 돌봄을 조심하자. 이 상태를 유지하는 것은 불가능하다. 캥거루 방식은 어느 순간 당신의 고요를 잃어버리게 하여 정서적인 폭발(emotional backlash)을 일으킬 것이다.
3. 논리적이고, 분석적이며, 작은 부분들에 집중하고, 비꼬고, 조롱하는 코뿔소식 돌봄도 도움이 되지 않는다. 의도와 동기가 아무리 좋을지라도 변화해야 한다고 강요하는 것은 강한 저항으로 이어진다. 작은 부분들을 가지고 상대방과 논쟁한다면 당신은 큰 그림을 볼 수 없을 것이다.
4. 돌고래처럼 인도하면서, 모든 가족 구성원 사이에 가능한 한 일관된 상호작용 패턴을 지키는 것을 목표로 한다.
5. 당신과 당사자 모두 지치고 피곤할 때, 에너지가 모자라서 정서적으로 고갈된 때를 조심하자. 그때에는 뒤로 물러서도 괜찮다.
6. 모든 실수는 보물이다. 실수를 통해 배우자. 만약 불행하고 슬픈 상호작용을 하게 되면, 조금 뒤로 물러나서 '미안해. 내가 너무 피곤한가 봐……. 그때에 나는…… 말해야/행동했어야 했던 것 같아…….'라는 말로 당신의 마음을 전달해 보자. 이렇게 표현해도 괜찮다.

🌷 **제10장** 🌵

사회적 관계
– 배우자, 형제자매 그리고 친구들

지금까지 우리는 섭식장애 당사자의 뇌가 굶주림에 의해 어떻게 변하는지, 그리고 섭식장애 당사자 스스로 변하기는 매우 어렵다는 것을 설명했다. 이번 제10장에서는 기아 상태의 뇌가 당사자의 주변 관계에 어떤 영향을 미치는지 살펴보고자 한다.

1. 타고난 사회적 보상

접촉(touch)과 미각(taste), 이 두 가지는 동물의 세계에서 타고난 보상이지만, 섭식장애 당사자에게는 2개의 보상이 혼란스럽고 분열되어 있다. 유아기 때의 '접촉'은 타인의 현존에 대해 우리가 경험하는 평온함과 안전감이며, 음식보다 우선한다. 실험 심리학자인 할로우의 원숭이 실험은, 먹을 것을 주지만 철사로 만들어진 어미 원숭이 모형보다, 먹을 것은 없지만 촉각적으로 부드러운 털이 있는 어미 원숭이 모형을 새끼 원숭이가 더 선호한다는 결과를 보여 주었다. 접촉은 개별 동물의 생존과 행복 그리고 집단의 끈끈한 유대가 형성되는 중요한 방법 중 하나로 여겨진다. 인간에게 있어 유머, 웃음, 함께 놀고 대화하는 것은 질 높은 삶을 촉진하는 사회적 접착제의 중요한 부분이다. 그러나 섭식장애를 앓고 있는 사람에게는 이러한 진정 작용 시스템(the soothing system)이 취약하다.

2. 섭식장애와 관련된 사회적 뇌

굶주림은 사회적 기능을 마비시킨다. 섭식장애 당사자들의 양상은 다음과 같다.

• 타인의 정서를 읽을 수 있는 민감성과 정확성이 떨어짐
• 정서 표현이 줄어 단조롭고 밋밋한 얼굴 표정[1]
• 위협에 대한 신호에 더 민감해짐
• 친절과 연민에 대한 신호에 무감각해짐
• 부정적으로 판단하는 경향이 강해지면서, 타인에 대한 우월감과 권위를 지각하는 신호에 더 민감해짐
• 타인에 대한 신뢰가 부족하고, 관계에서 안전함을 느끼는 데에 어려움이 있음

앞의 내용을 통해 짐작할 수 있듯이 섭식장애는 대인관계를 어렵게 만들며, 이것의 근본적인 원인은 사회적 행동을 발현하게 할 수 있는 뇌의 옥

---

1) 연구에 따르면, 컴퓨터 게임을 할 때 섭식장애를 가진 사람들은 분노나 좌절의 표현 수준이 훨씬 낮은 것으로 나타났다. 게다가 행복한 영화를 보거나 웃는 아기를 볼 때, 그대로 거울처럼 비추는 데에 실패하고 기쁨과 행복의 표현에 가담하지 못했다. 또한 슬픈 영화를 볼 때, 그들은 무감한 얼굴을 했을 뿐 아니라 화면을 더 많이 외면했다. 무표정한 포커페이스(flat poker face)는 그 사람이 냉담하고 무신경하다는 인상을 준다. 바깥에 드러나는 이러한 감정의 빈곤은 강렬한 내면의 감정 (종종 절망)과 대비된다.

시토신 호르몬 수치가 낮아서일 수도 있다. 또한 보상에 관련된 화학적 물질[도파민(dopamine), 세로토닌(serotonin), 옥시토신(oxytocin), 칸나비노이드(cannabinoid), 오피에이트(opiate) 등]의 만족과 성취, 안정을 느끼는 뇌의 시스템 균형이 깨져 있다고 본다. 이러한 불균형은 사회적 보상에 지장을 주어 사회적 고립으로 이어진다. 외로움은 위협 시스템을 가동시켜 타인을 더욱 경계하고 의심하게 만든다. 악순환이 계속되면 고통은 더 심해져 당사자는 섭식장애라는 새장에 갇혀 지내게 된다. 그러므로 관계성을 강화하고 복구한다는 마음은 회복을 위한 중요한 디딤돌이라 할 수 있다.

3. 사회적 복합성의 진전: 친구와 배우자 관계

뇌의 사회적 영역은 매우 정교화되어 있고, 뇌의 많은 힘[2]을 필요로 한다. 자신의 행동을 타인의 행동과 일치시키고, 타인의 생각, 충동, 욕구, 관점을 이해하려면 엄청난 정교함이 필요하기 때문이다. 심리학에서는 마음 이론(theory of mind), 정신화(mentalising), 사회 인지(social cognition)라는 용어들로 이 상태를 표현하고 있다. 이 기술은 아동기 동안 점진적으로 발달하여 점차 더 복합성을 띠게 된다. 예를 들어, 당신을 생각하는 타인에 대해 생각하면서 당신이 타인을 어떻게 생각하고 있는가에 대해 생각하고 있다는 것 등이다.

다음의 기술들은 '마음 이론(theory of mind)' 안에 있는 것들이다.

---

2) 당신은 사회적 두뇌 가설을 만들어 낸 로버트 던바의 작업에 관심이 있을지 모른다. 요컨대, 이 이론은 뇌의 크기와 사회적 네트워크의 크기가 높은 상관관계가 있다는 것이다. 그래서 매 계절 새로운 짝을 찾는 새보다 부부가 유대를 형성하는 새의 뇌 크기가 더 크다.

- 언어적, 비언어적 신호를 통해 타인의 정서를 읽어 낸다.
- 비언어적 신호를 사용하여 당신이 경청하고 있다는 것을 보여 주려는 의사소통 유형을 사용한다.
- 다른 사람의 감정 상태에 공감할 수 있고, 그 결과로 다른 사람이 무엇을 필요로 하는지 이해할 수 있다. 다시 말해, 그 사람의 입장이 되어 볼 수 있다. 이것은 감정을 조절하거나(감정을 표현하거나 포용하는) 더 실용적인 문제를 해결하는 데 도움을 준다.
- 타인의 반응을 고려하여 당신의 행동을 변화시킬 수 있다.

물론 '마음 이론'은 본질적으로 마음을 읽어 내는 능력(mindreading)이며 내재된 태도, 추측과 편견이 다르면 잘못될 수 있는 독심술이기도 하다. 누군가 섭식장애 당사자에게 "너 좋아 보여."라고 말했을 때, 당사자의 마음에서는, 그 표현이 '살에 관한 이야기(fat talk)'로 여겨져 그 말을 들었을 때 '내가 뚱뚱해졌구나'라고 해석할 수 있다. 기분 좋은 칭찬이 아니라 다른 것으로 느껴져 속상한 것이다. 섭식장애 당사자의 비언어적 정서 표현 이해 신호가 제한적이라면(단조롭고 평평한, 표정 없는 얼굴) 그들이 타인의 마음을 읽는 것이 어려운 상태임을 알아야 한다.

만약 마음 이론에 비추어, 관계가 발이 안 맞는 행진처럼 여겨진다면, 관계가 깨질 수 있다. 이런 상황이 벌어졌다면 알아차리기-계획 세우기-실천하기(APT) 접근을 사용하여 관계 복구를 위해 노력해야 한다. 무언가 잘못되어 가고 있고 어디에선가 실수가 있었다는 것을 인식해 보자. 좋은 소식은 당사자와 보호자가 오해를 풀어 가기 위해 함께 애쓰는 사이 둘의 관계가 장기적으로 더 건강해질 확률이 높다는 것이다.

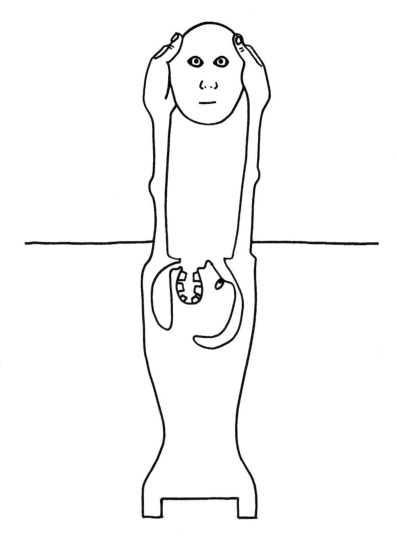

[그림 10-1] 표정 없는 거식증 얼굴 가면. 섭식장애 당사자들은 정서 표현 능력이 저하되어 무표
　　　　정한 가면을 쓰게 된다. 가면은 내면의 격렬하고 압도적인 정서 상태와는 매우 대조
　　　　적이다.

4. 배우자 관계

섭식장애를 앓고 있는 누군가의 배우자라는 사실은 당사자의 부모, 형제자매 및 그 외의 관계와는 다르다. 배우자 관계란 2명의 성숙한 성인 간의 관계를 의미하며, 서로에게 요구할 권리가 있고, 관계에 이득을 주는 쪽으로 선택하는 것이 자연스럽다. 하지만 관계 속에 섭식장애가 나타났을 때에는 두 사람이 아닌 세 사람이 있는 것처럼 여겨진다. 당신이 외면당하는 것처럼 느껴지고, 섭식장애 당사자로부터 배제되어 있다고 느낀다. 관계의 사생활을 보호하고 싶은 배우자인 당신의 충성심 및 존중은 타인의 지지와 도움을 요청하기 더 어렵게 만들 수도 있다. 이러한 관계에 전문적인 안전장치가 없으면, 당신은 높은 수준의 스트레스를 경험할 수밖에 없다.

당신은 아주 사소한 자극에도 불안감을 경험하며, 우울해지고 무망감으로 불안정할 수 있다. 즐거운 활동을 스스로 멈추고, 활동량도 점점 줄어든다. 때때로 코뿔소처럼 강압적이고 권위주의적이면서 우울한 태도를 보이기도 한다. 당신의 고유한 불안은 섭식장애인 배우자의 불안을 자극할 수 있는 상황을 피하도록 만든다. 하지만 섭식장애에서 회복되기 위해서는 당사자가 자신의 문제를 인정해야 하고, 두려움에 맞서며 자신의 불안을 참아 내야 한다. 앞에서 말한 것을 할 수 있는 용기를 갖도록 지원(격려)하는 것이 도움이 될 것이다. 당신의 두려움, 좌절 그리고 감정을 섭식장애인 배우자와 공개적으로 논의하는 것은 당신이 도움을 받을 수 있는 길을 열어 둘 뿐만 아니라 타인과의 연결 및 친밀감에 대한 욕구가 채워지게 된다. 이것은 섭식장애 당사자와의 관계 속에서 잃어버렸던 삶의 면면을 새롭게 구성하는 데에도 도움이 된다. 건강한 정서조절 전략을 사용하지 않는다면 까다로운 감정이 구축되고, 코뿔소 유형과 해파리 유형과 같은 상호작용 패턴으로 발전할 수 있다.

다음의 대화는 섭식장애를 앓고 있는 배우자와의 어려움을 보여 준다.

　　'가끔은 제가 한계점에 이르렀다고 느껴요. 이전에는 그런 문제로 압박감을 느낀 적이 없었거든요. 정말 이해가 안 됐어요. 나를 사랑했던 사람이 어떻게 나에게 저토록 적대적으로 변했는지 이해할 수 없었습니다.'

　　'배부름을 느낄 때 나오는 그녀의 퉁명스러운 행동들을 참아 내려고, 예전의 저라면 하지 않았을 행동을 합니다. 그녀를 회복시키기 위해 노력하기보다 우선 그 상황을 그냥 내버려 둡니다. 그녀를 위해서 또 다른 무언가를 할 수 있는 에너지가 없어요. 저는 그녀의 안 좋은 기분들을 견딜 뿐입니다.'

다음에 이어지는 내용들을 통해 당신이 겪고 있는 어려움에 주목해 보자.

1) 육체적 친밀감

　　삶의 욕구가 줄고 동시에 부정적 신체상이 문제로 떠오르면 육체적 친밀감은 심각한 수준으로 단절된다. 자신감과 자존감을 향상시키고자 하는 좋은 뜻의 말과 눈빛은 모두 무시된다. 섭식장애가 없는 경우, 사랑하는 사람의 옷 스타일에 대해 칭찬하는 것은 상식적이고 당연하지만 섭식장애 당사자에게는 칭찬으로 들리지 않고 때로는 공격적으로 느껴진다. 그래서 눈 화장, 머리 스타일과 같이 체형이나 체중과 관련되어 있지 않은 몸의 부분에 대해 칭찬하는 것이 오히려 더 안전하다.

　　'나는 그녀가 기분이 나쁘다는 걸 알아요. 침대에서 몸을 웅크릴 때, 나는 내 손을 그녀의 다리 위에 올려놓지 않고 그녀의 배 근처에도 두지 않아요. 그게 습관이 된 것 같아요. 학습된 반응인 것 같아요'

　　'제가 그녀의 옷에 대해 했던 많은 말이 그녀를 자기비하하게 했다는 것에 놀랐고 그 사실에 엄청난 충격을 받았어요. 그녀가 스스로를 그렇게 생각했다는 것이 나를 얼마나 당황하게 했는지 제가 말해 주었을 때, 그 후로 그녀는 자신의 기분, 느낌, 신념을 그렇게 많이 말하지 않았어요. 이것이 그녀의 마음속에 부정적인 신념들이 강화되지 않도록 도와주었다고 생각해요.'

2) 사회적 삶

섭식장애로 인해서 당신의 사회생활이 심각하게 혼란스러워지고, 둘 사이의 관계 안에서조차 고립감을 느낄 수 있다.

'좋아하는 친구를 만나러 피자 가게에 갈 텐데, 그곳의 피자가 크다면 여자 친구는 안 갈 거예요. 다른 것을 주문한다고 해도 큰 피자는 여자 친구에게 너무나 큰 스트레스이고 즐겁지 않을 거예요.'

'아마도 우리는 음료만 마시려고 노력할 거예요.'

'저는 제 여자 친구가 왜 동석할 수 없는지에 대해 늘 사람들에게 변명해 왔어요. 오랫동안 친구들이 우리를 실제로 보지 못했어요. 친구들은 분명 우리 관계에 무언가 잘못된 일이 생겼다고 생각했겠지만, 누구도 입 밖으로 그 얘기를 꺼내진 않았어요.'

'우리는 일 년에 한 번 휴가를 가요. 하지만 그 휴가가 우리에겐 스트레스로 가득해요. 그래서 우리는 늘, 하루 혹은 이틀 일찍 집으로 돌아와야 했어요.'

'아내가 먹기로 결심은 했지만 우리는 여전히 제자리를 돌고 있는 중이에요. 아내는 가이드북만 보고 있어요. 우리는 스페인에 있고, 가까이에는 여러 가지 요리를 조금씩 담아서 주는 타파스 가게가 보여요. 하지만 아내가 원하는 시간에 먹어야 할 거예요. 이게 내가 아내에게 할 수 있는 작은 양보예요.'

3) 관계 와해

당신은 관계를 끝내기로 결심했을 수 있다. 변화를 단행하기 위한 목적으로 이별하자는 말로 협박하는 것은 크게 도움이 되지 않는다. 어떤 경우, 이

별이 서로의 입장에서 제일 나은 선택으로 여겨질 수 있다. 하지만 섭식장애의 병리적 심각성으로 인한 인격의 변화 때문에 생긴 2차적 어려움인지에 대한 충분한 고려가 필요하다.

> '부모들은 자녀에게 조건 없는 사랑을 주지요. 가족은 여전히 함께하며 그 자체가 우리 사이에 믿을 수 없는 강력한 연결을 보여 줍니다. 하지만 당신도 알다시피 여자 친구에 대한 사랑, 남자 친구에 대한 사랑은 조건 없는 사랑이 아니고, 당사자의 황망한 행동은 상대방의 마음을 아프게 합니다.'

4) 회복을 지원함

만약 당신이 섭식장애 당사자의 배우자라면, 높은 수준의 정서지능뿐 아니라 관계를 지켜내기 위한 회복 탄력성과 인내심이 요구된다. 우선 당신의 감정을 인정하고 조절할 줄 알아야 한다. 섭식장애를 겪고 있는 당사자의 뇌는 굶주림과 영양 결핍 상태를 감당하려는 모드로 전환된 상태이기 때문에, 아주 짧은 시간 안에 극단적인 불안 상태와 폭발적 감정을 무덤덤하고 냉정한 눈의 여왕 같이 표정을 숨기면서 표현하는 데 매우 능숙하다.

가족 구성원 중 누군가는, 섭식장애 당사자의 회복을 위해 당사자의 기분 변화를 알아차릴 수 있는 '정서 가이거 측정기(emotional Geiger counter)'[3] 역할을 맡기도 한다. 신호가 감지되면 무슨 도움을 줄지, 필요한 지원은 무엇인지를 체크하는 것이다. 알아차리기-계획 세우기-실천하기(APT) 방식을 거

---

3) 가이거 측정기(Geiger counter/Geiger-Müller counter)란 방사선을 내는 물질이 없는지를 간단히 탐지하는 기기로, 1928년 독일의 가이거와 뮐러가 발명하였다. 방사선 등의 높은 에너지 입자의 수를 측정하여 우주선이나 원자핵의 연구에 사용되고 있다. 여기에서 '정서 가이거 측정기'로 응용된 것은 기분이나 감정을 알아채고 그 변화를 측정할 수 있다는 의미로 여기면 되겠다.(출처: 광물자원용어사전, 전기용어사전)

친다면, 아무리 어려운 상황과 주제일지라도 이야기를 꺼내어 어떻게 다룰 것인가를 계획할 수 있다. 전체적인 관계의 틀이 견고하다면, 문제와 격려의 신호 사이에 존재하는 각성과 흥분이 줄어들고 경청으로 이어질 수 있다.

> '우리 관계는 제게 매우 중요해요. 최근 당신의 불안도가 높아져 가는 걸 알고 있었어요. 당신이 편안하려면 무엇이 필요한지 함께 찾아냈으면 좋겠어요. 그 점에 대해 지금 이야기할 수 있을까요? 아니면 더 나은 시간을 선택할까요?'

회복으로 향하는 과정에서 두 사람의 요구 모두를 고려해야 한다. 관계를 유지하기 위해서 필요하고, 서로 간의 책임에 대한 감각을 성장시키고 발달시키기 위해서도 필요하며, 섭식장애 정체성으로부터의 독립에도 필요하다. 아주 든든한 배우자가 부주의하게, 의도치 않게 캥거루식의 부모 역할로 변화하는 일이 흔하다. 이것은 관계를 뒤틀어지게 하고, 당사자가 의존하도록 만들며 배우자를 과잉보호 치료자/부모의 상이 되게 하여 평등을 유지하기 어렵게 만든다. 이것은 관계의 성숙을 제한하고, 책임감 있는 관계 형성과 양육, 커뮤니티 안에서의 좀 더 넓은 역할로 이어지는 자연스러운 발달 과정을 가로막는다. 동기부여적인 소통 방향으로 나아가면서 하나 이상의 선택권을 주어 협상한다면 당사자는 당신을 평등 관계에 있는 협력자로 받아들일 것이다.

섭식장애 당사자에게 제안할 수 있는 다양한 방법의 몇 가지 예는 다음과 같다.

> '어떻게 당신을 도울까요? 나는 ～이나 ～을 할 수 있어요(하나의 옵션보다는 2개가 더 낫다). 어때요? 당신이 생각하는 다른 제안이 있나요?'
>
> '우리 함께 장단점을 바라봐요. 왜냐하면 당신이 저보다 더 뛰어난 적이 많았기 때문이에요. 나는 당신으로부터 배우고 당신은 나로부터 배우면 돼요.'
>
> '혼자보다는 함께하면 더 나은 결과를 만들 수 있을 거예요.'

'우리는 지금 바로 얘기할 수도 있고 조금 후에 얘기 할 수도 있어. 식사할 때, 산
책할 때, tv 시청 후나 잠자기 전도 다 가능해. 언제가 좋겠니?'

핵심은 명확한 계획이다. 기본적인 입장은 섭식장애 습관이 지배할 것이
기 때문에, (다가올) 장애물을 예측하고, 실질적인 해결책을 두세 차례 시각화
하고 말해 보는 것도 도움이 된다.

'하루를 시작하는 아침, 우리 뇌가 상쾌할 때 그날 하루 식단을 계획해 보고 내가
어떻게 도울 수 있는지 얘기해 보자. 무슨 문제가 생길지 예상되는 게 있어? 그렇다
면 그것을 해결하기 위해 노력해 보자. 그렇게 하다 보면 위험한 섭식장애 습관들을
하나씩 뚫고 나가게 될 거야.'

정기적으로 다시 돌아보고 종합하는 시간을 가지는 것이 이 과정의 핵심
이다.

'함께 이야기하는 시간에, 과정이 어땠는지 생각해 보고, 필요하다면 다시 조정해
야 할 것은 조정해 보자. 전화나 글도 좋아. 우리의 눈이 더 큰 그림을 보게 되면, 너
의 섭식장애가 다시 나타나지 않을 수 있다는 확신을 가질 수 있을 거야.'

5) 안심을 주려는, 적응해야 한다는 함정

보호자는 종종 섭식장애 행동들을 묵인하는 것으로 당사자의 정신적 고
통을 덜어 주려는 노력을 하게 되는데, 이것을 기술적 용어로 '적응하기
(accommodating)'라고 한다. 이 현상은 당신이 무엇을 하고 있는지 깨닫지
도 못하는 사이에 일어날 수 있다. 당신은 부정적인 결과들을 제거하기 위
해 애쓰거나 조정함으로써 당사자를 보호하려 한다. 이것은 '합법화하기

(enabling)'이다. 또 어떤 보호자는 섭식장애 당사자에게 많은 확신을 제공하려는 함정에 빠진다. 배우자라는 역할과 관련된 기대치 때문에 부모보다 더 쉽게 그러한 행동 패턴에 빠질 수 있다. 또한 당신 혼자 간병을 감당해야 한다면, 한 걸음 물러나 지금 무슨 일이 일어나고 있는지 바라보기 어려울 수 있다.

생길 수 있는 몇 가지 시나리오를 통해 함께 생각해 보자.

- 당사자의 불안에 적응하기(예: '베이컨 요리가 그녀에게 스트레스니까 모든 창문과 문을 꼭 열고 하자. 베이컨을 자주 요리해선 안 돼.')
- 지속적으로 안심 주기(예: '파스타나 밥을 물에 헹궜니?')

이런 패턴이 생겨났다면 곧바로 알아차리기-계획 세우기-실천하기(APT)를 해 보자. 직관적으로 그것이 언제 어떻게 시작되었는지 따라가 보자(알아차리기). 당신이 조종된 것 같고, 괴롭힘을 당한 것 같아 불편한가?

일기를 쓰는 건 당신이 순간의 열기로부터 떨어진 채 침착하게 이런 패턴들을 성찰할 수 있게 한다. 글로 표현된 것을 읽으면 거리 두기가 가능해지고, 전체를 조망할 수 있다. 만약 당신이 이런 반복적인 행동 패턴에서 꼼짝 못하고 있는 것 같다면, 첫 번째 단계는 우선적인 목표를 정하여 함께 대화하고 설명해 가면서 그 다음을 계획하는 것이다(계획 세우기).

당신은 대화하기 위한 시간을 신중하게 선택해야 한다. 그 시간은 두 사람 모두에게 고통스러우므로 가능한 한 편안하고, 고요하며, 안정적인 환경이 제공되어야 한다. 당신은 과학적 정보를 근거로 '섭식장애 협박과 괴롭힘이 어떻게 장기적으로 몸과 마음에 해를 입히는지'에 대해 조용하고 부드러운 톤으로 말해 주어야 한다. '섭식장애 가해자(eating disorder bully)' 혹은 '섭식장애 속삭임(minx)'을 당사자와 분리하여 인식해야 한다. '섭식장애 부분(part), 목소리(voice), 사고방식(mindset), 습관(habit), 괴롭힘(bully)에 대해 말하기보다 '회복을 추구하는 부분(part)과 사고방식(mindset)에 관한 비유를 찾는 것이 도움이 된다.

변화를 행동화하기 위해서(실천하기), 반영과 배움을 자원으로 사용하자. 이 주제에 관해 이야기 할 때 당사자로부터의 저항은 당연하다는 것을 미리 알고 준비하자.

지금까지 우리가 너무 빠른 속도로 진행하지는 않았을까? 섭식장애 당사자는 사회 참여 체계(social engagement system)가 부족하기 때문에 변화와 관련된 반발 혹은 저항의 수준을 가늠하기 어려울 수 있다. 하지만 기억하자. 당신이 그들에게서 오는 비난을 짊어지고, 당신의 실수를 스스로 인정하기를 두려워하지 않는다는 것을 당사자에게 보여 주는 것만으로도 당사자의 자기 비난과 비판적 평가로 만들어진 저항의 외투를 벗어 던질 수 있게 하는 데 도움을 줄 수 있다.

5. 형제자매 관계

섭식장애는 흔히 10대 청소년 시기에 발병하는 경우가 많아서 형제나 자매가 섭식장애 당사자 옆에 있는 경우가 많다. 섭식장애가 아닌 형제자매들이 섭식장애를 앓고 있는 형제자매를 경험하는 것은 부모와는 또 다른 입장이다. 책임져야 하는 지위가 아니긴 하지만 병이 형제자매에게 흔적을 남긴다. 섭식장애가 활성화된 동안 일어나는 심각한 수준의 불안을 목격해야 하고 부모가 섭식장애 당사자인 형제자매를 지지하기 위해 모든 것을 집중하는 동안 형제자매는 양육에서 소외되는 경험을 한다. 형제자매 관계는 끊어질 수 없기에 유대 관계를 소홀히 하기보다는 강화시키는 것이 중요하다. 형제자매는 당사자의 질병 전후 모습을 잘 알고 있고, 같은 또래 나이일 수도 있기에 독특하고 특별한 자원을 제공할 수 있다. 부모는 병이 없는 형제자매에게 섭식장애를 이해할 수 있도록 병에 대해 설명해 주어야 한다. 어떤 경우에는 병원이나 기관에 동행하여 치료 전문가들과 함께 이야기하는 시간을 권유할 수도 있다. 섭식장애 당사자와 함께하는 형제자매의 일상이 어떻게 힘든지, 어떤 근심을 하고 있는지 아는 것은 가족 모두가 회복으로 나아가는 과정에 큰 도움이 된다.

　가족 구성원 각각의 나이에 따라 섭식장애에 대한 이해도가 다르다. 섭식장애로 힘들어하는 가족 원탁 회의에 형제자매의 참여는 필수이다. 예를 들어, 집의 욕실 사용 관련 문제가 주제라면 그 내용에 대해 서로가 개방적으로 말할 수 있어야 한다. 어린아이일지라도 말할 기회가 주어진다면 매우 실용적인 제안들을 떠올릴 수 있다.

　섭식장애로 인해 발생할 수 있는 사회관계 문제는 당사자뿐 아니라 친구들에게도 어려움을 일으킬 수 있다. 섭식장애 당사자는 자신의 행동을 타인과 비교하고 경쟁하면서 눈금을 재 볼지 모른다. 병의 활성기 때에는 이것이 절식하거나 과운동을 하는 형태로 나타난다.

1) 비교하기와 경쟁

　섭식장애 당사자는 타인과의 비교에서 자신을 부정적으로 보는 자동화된 성향이 있다. 예를 들어, '난 충분히 괜찮다'라는 자기 역량, 자기 수용, 안전에 대한 감각이 퇴행되었거나 잘 발달되어 있지 않다. 대신 타인의 의견, 사랑과 인정에 의존하는, 도움이 되지 않는 경향을 발달시켰을지도 모른다. 종종 이것은 '너는 충분하지 않아'라고 믿고 있는 당사자의 신념을 확고하게 해 줄 단서를 찾기 위해 당사자가 환경을 훑어보는 것으로 나타난다. 그들은 타인의 평가와 비평에 과민한 반면, 칭찬과 수용에 대해서는 지나치게 무감각하다. 이러한 경향은 섭식장애가 만성화될수록 더 강해진다. 섭식장애 당사자들은 다른 사람이 무엇을 어떻게 먹는지, 운동을 어떻게 하는지를 관찰하고 감시한다. 자신이 먹는 데 사용될 모든 생물학적인 에너지를 타인에게 전환하여 타인을 위한 음식을 준비하거나 타인이 먹도록 하는 데에 쓴다. 타인이 당사자의 그러한 시도를 거절하거나 먹고 싶어 하지 않으면 화를 낼 수 있다.

- 줄리와 제인은 언니가 학교를 마치고 집으로 돌아와 엄청나게 많은 양의 과자를 앞에 두고 과자를 먹어야 한다고 우기면서 유혹했는지를 자세히 묘사해 주었다.
- 폴린은 큰 언니가 학교 매점에서 간식을 사 먹으라고 그녀에게 용돈을 주는 버릇에 대해 양가감정을 가지고 있다. '언니가 나에게 돈을 주고 싶은 건지, 목적이 있어서 주는 건지 잘 모르겠어요.'
- 수잔은 급식 줄에 서는 것을 힘들어했고, 독감이 걸렸을 때처럼 식욕이나 입맛이 없다고 하며 밥을 먹고 싶지 않아 했다.
- 페기는 여동생의 치마 길이 때문에 학교에서 친구들로부터 듣기 힘든 말을 들었다. '여동생은 자신의 마름에 대해서 과시하는 것 같은데 정말 역겨워요.'

2) 양육적인 형제자매들

섭식장애가 진행되면서 당사자보다 어린 형제자매의 정서지능과 성숙도가 당사자를 앞지를 것이다. 그 이유는 그들이 부모 같은 양육적인 역할에 더 익숙해졌기 때문이다. 이런 면은 당사자의 간식 먹기 모니터링을 해 주는 등의 도움이 되지만 그 자체가 건강한 형제자매 관계를 깨트릴 수 있고, 형제자매가 나머지 가족들을 돌보는 역할을 맡는 것으로도 이어질 수 있다.

'결국 저는 가족 안에서 부모님의 보호자가 된 것 같아요. 저는 가족이 산산조각 날 것 같았고 그렇게 되도록 내버려 둘 수 없었어요. 책임감이 생겼어요. 부모님이 여동생의 회복을 위해 노력하시는 것에는 책임감을 가지진 않았지만 우리 가족 전체를 구조해야 한다는 책임감을 느꼈어요.'

3) 죄책감, 두려움, 수치심

죄책감과 수치심은 섭식장애 당사자의 나머지 가족 구성원들이 흔히 경험하게 되는 정서이며 치명적이다.

'내 모든 개인적 감정은 섭식장애의 영향을 받았어요. 나를 향한 분노뿐만이 아니라 가족이 산산조각 난 것에 어떻게든 나의 잘못이 있는 것처럼. 아니면 적어도 내가 그걸 고치는 데 실패했다는 죄책감을 느꼈어요.'

'여동생처럼 될까 봐 두려웠어요. 당시 저는 여동생과는 늘 반대 상태에 있어야 한다는 압박감이 있었어요. 행복하고 긍정적이고, 더 건강하고 더 강하다는 것을 보여 주어야 했어요. 하지만 아이러니하게도, 유전적 요인이나 환경적인 요인 때문에, 솔직히 저 역시 여동생과 똑같은 성향을 몇 가지 가지고 있는 것 같아요. 그래서 저는 타인으로 인해 주어진 제 역할 속에서 정한 정체성과 저만의 고유한 생각, 감정, 욕구 사이에서 투쟁해야 했어요.'

4) 영향받지 않은 형제자매를 향한 부정적인 분위기 혹은 방임하기

섭식장애를 앓고 있는 자녀에게 집중하는 시간이 길어짐에 따라 다른 형제자매에게는 신경을 덜 쓰게 되는 경우가 많고, 집안 분위기는 암울할 수밖에 없다. 몇몇 경우에 이런 상황은 병에 영향받지 않은 형제자매들을 향해 부정적인 감정을 표출하거나 일찍 집에서 독립하게 만들기도 한다.

> '저는 언니가 받고 있는 관심에 대해 질투심을 느끼진 않았어요. 하지만 언니에게 모든 에너지가 투자되고 있다는 걸 알았죠. 부모님은 언니를 돌보고 싸우느라 지치고 좌절했고 그런 일들이 제 주위에서 많이 일어났어요. 때로는 부모님들이 그렇게까지 비난하지 않아도 될 일에 저를 더 가혹하게 몰아세우셨어요. 그런 면에서, 저는 관심을 덜 받는 게 아니라 부정적인 관심을 더 받는 것 같았어요.'

5) 형제자매 관계의 붕괴

지금까지 언급된 모든 요소가 형제자매 관계의 분열을 조장한다.

> '언니의 거식증이 첫 번째로 영향을 준 건 우리의 관계였어요. 비록 우리가 그렇게 친한 건 아니었지만 언니가 섭식장애의 세계로 들어갔을 때 우리의 관계는 사라졌어요. 언니가 진단받고 난 1년 동안, 그 이후로도 몇 달 동안, 솔직히 우리는 딱 한 번 대화했어요. 전에는 자주 싸웠지만, 우리는 싸우지 않았어요. 완전히 적막했고 정서적으로 분리되었어요. 회피는 두 가지 방식으로 쉽게 나타났어요. 실제로 우리 사이에 무엇이 일어나고 있는지 이해하기에 전 너무 어려웠고, 실제 일어나는 것들을 감당하기에는 너무 힘들고 두려웠어요. 노력해 볼 만큼 제가 용기를 낸다고 해도 무엇을 말하고, 해야 할지 몰랐어요.'

때로는 병으로 변해 버린 성격 때문에 형제자매로서 지녔던 가치들이 분열되고, 친구처럼 지내는 것도 불가능해진다. 형제자매에게 품었던 지나치게 높은 기대치가 문제를 일으키기도 한다. 이에 가족 구성원들은 조금 뒤로 물러서서 큰 그림을 볼 필요가 있다. 관계는 평생 동안 유지해야 하지만, 친밀감과 따뜻함에 대한 욕구를 다른 사람이 충족시켜 줄 필요가 있다.

6) 회복을 지지하는 형제자매

어떤 형제자매는 '적은 것이 더 많음(LESS is more)'이라는 접근법, 즉 반영적 경청 기술을 함께 적용한 동기부여 면담 소통 방식이 관계에 도움이 된다는 것을 발견한다.

'저녁 식사에 대한 얘기가 너를 화나게 하는 것 같아. 대신 며칠 전 우리가 보다 만 영화를 끝까지 보는 건 어때?'

'너 자신에 대해 그렇게나 많은 생각을 가지고 있다니 네가 너무 힘들 것 같아.'

'함께 크리스마스 카드를 만들면서 얘기한다면 불안에 대한 너의 생각을 내가 더 잘 들을 수 있을 것 같은데 같이 해 볼래? 내 생각엔 그렇게 하는 것이 우리 둘이 조금 더 편안해지는 방법 같아.'

'여행 중 시간 계획에 대해 함께 아이디어를 나눴으면 해. 왜냐하면 넌 정말 계획을 잘 짜니까. 너의 특기잖아. 우리 그거 다음 주 일요일 저녁에 하자. 어때?'

형제자매 각각의 다른 자질로 인해, 상호작용과 대화 내용의 초점이 나이에 적합한 주제(음악, TV, 영화, 관계의 어려움 등)에 유용하게 맞춰질 수 있다. 섭식장애가 없는 형제자매는 섭식장애 밖의 세계와 당사자와의 연결을 돕는 중요한 역할을 할 수 있다. 그리고 도전과 실수가 발생하더라도 직면하고 극복할 수 있도록 돕는 역할을 할 수 있다.

기억할 점

1. 섭식장애는 적대적인 경쟁을 일으키기도 하고, 형제자매 사이의 '괴롭힘(bullying)'으로 나타날 수 있다. 그것이 병이며 뇌 기능 손상으로 인한 것임을 알아차리는 것이 중요하다. 그것은 당신의 사랑스러운 '진짜' 자녀가 아니고, 섭식장애로 인해 원초적인 위험 감지 모드로 전환된 굶주려 있는 '외로운 뇌(lonely brain)'를 가진 자녀이다. 회복이 진행되면 이러한 패턴의 강도가 약해질 것이다.

2. 형제자매 관계를 복원하고 수정해 가는 것이 핵심목표이다. 나이와 발달 단계에 따라 형제자매와 정보 및 기술을 적절하게 공유하면 이 과정을 촉진할 수 있다.

3. 당사자가 아닌 형제자매의 욕구를 부정하거나 무시하지 않는 것이 매우 중요하다. 회복을 향한 여정을 함께할 팀 구성원 모두는, 자신과 타인을 돌볼 수 있는 마음의 여유를 가지고자 노력하는 것이 중요하다. 양질의 활동(high-quality activity)을 위한 별도의 시간을 마련하는 것도 좋다.

4. 형제자매는 섭식장애 당사자의 고립 및 세상과의 관계 단절을 극복하고 회복하는 데에 있어 매우 중요한 치료적 자원이다.

5. 형제자매는 당사자와 비슷한 연령대이기 때문에 병으로 인해 상처 난 부분이 아물면, 새로운 삶을 세워 갈 수 있게 돕는 중요한 자원이다.

6. 친구 관계

　친구는 생각이 왜곡되고 비논리적이며 유머 감각을 상실한 당사자에게 추억을 공유할 수 있는 모임 활동에 참여해 달라고 어떻게 권유할 것인지, 당사자에게 어떻게 반응해야 하는지 불확실하고 혼란스러워 할 수 있다. 친구들은 섭식장애 당사자에게 어떻게 대답해야 할지 확신이 없거나 잘못된 대답을 할까 두려워 당사자들을 멀리할 수도 있다. 게다가, 사회적 상호작용은 흔히 음식을 함께 먹으면서 일어나는데(예를 들면, 함께 저녁을 먹거나 과자를 먹으며 재밌는 시간을 보내는데) 섭식장애 당사자는 그 상황에 합류하지 않는다. 당사자는 점점 더 고립되고 지지적인 관계들을 상실해 간다. 관계 회복을 위한 아이디어를 함께 찾아낼 수 있는 관계가 생기지 못하고, 부정적 자기비하 사고를 발전시키는 경우가 흔하다. 병리적 사고가 점점 더 당사자를 지배하게 되면 이 패턴은 쉽게 깨지지 않는다.

당사자를 돌보는 역할을 떠안게 된 친구에게 섭식장애에 관한 정보와 지식을 제공하면 당사자의 행동에 대해 더 많이 이해하고 관계를 회복하는 데 도움이 된다. 오랜 우정이 살아 있는 곳에서, 이런 관계는 섭식장애 극복이라는 매우 까다로운 프로젝트를 성공시키기 위해 공유된 감정들로 더 강력해진다.

친구라는 존재는 말로 다 표현할 수 없는 소중한 자원이다. TV 프로그램을 함께 시청하거나 직소 퍼즐, 보드게임을 함께하면서 점진적으로 섭식장애가 아닌 생활에 대한 이해를 회복하고 사회적 관계들을 재건해 갈 수 있다.

7. 모든 보호자의 안녕을 지키기

보호자들의 안녕을 보호하기 위한 첫 단계는 섭식장애가 가족에게 미칠 수 있는 영향을 인식하고 깨닫는 것이다. 다음과 같은 증상들을 주의 깊게 관찰하자.

- 신체적 영향: 긴장으로 아픈 근육, 두통, 식은땀, 차가워진 손, 심장의 떨림(두근거림), 입 마름, 어지러움, 감염 취약성
- 정신적 영향: 집중 곤란, 멍한 상태, 유머 상실
- 정서적 영향: 우울, 짜증, 불안, 동요, 열등한 자기 이미지, 수치심, 패배감
- 몸에 해로운 행동 변화: 불면, 분노 폭발, 음주와 흡연 증가, 고립

일단 당신이 스트레스 반응을 알아차리면, 다음 단계는 그것에 대해 이야기하고 이러한 문제를 해결할 수 있도록 계획을 세우는 것이다. 물론 이런 반응이 가족 내 다른 구성원에게 어떤 영향을 주었는지, 어떤 도움이 필요한지, 어떻게 도울 수 있는지 이야기해야 한다. 정기적으로 휴식 시간을 갖고, 가능한 정기적인 수업(그림, 창조적 글쓰기, 합창단 등)에 참여하여 타인과 교류할 수 있는 커뮤니티에 참가해 볼 수 있다. 그리고 보호자들의 상태를 정기적으로 모니터링해야 한다.

한 부모 가정 혹은 1명의 보호자만이 섭식장애 당사자와 관련한 모든 책임을 지고, 특히 도시가 아닌 시골에 살고 있는 사람이라면 극도의 한계에 더 가까워져 있을 가능성이 크다. 어떤 종류의 휴식도 불가능한 꿈처럼 보일 수 있다. 배우자, 가까운 관계, 친구에게 도움을 요청해 볼 수는 없을까? 또는 영국의 Beat와 같은 헬프라인 혹은 자조집단에 도움을 구해 보자.[4] 경험이 많은 보호자 혹은 전문가와 얘기하면서 앞으로 나아갈 길을 논의하면 스트레스 완화와 고립감 해소에 도움이 될 수 있다.

기억할 점

치료의 핵심 요소 중 하나는 사회적 관계를 강화하고 관계의 신뢰와 안전을 향상시키는 것이다. 가족 구성원들은 당사자의 위축된 사회관계 구조를 회복시키는 데 큰 역할을 할 수 있다. 이것은 외부 사회와의 연결로 발전하기 이전의 첫 번째 연습 단계이다.

---

4) 영국의 경우는 네트워크가 다양한 형태로 구축되어 왔다. 하지만 한국의 경우는 당사자 중심으로 연대하여 섭식장애에 관한 인식개선 및 예방효과를 위한 자조집단 네트워크 문화가 형성되어 가는 중이다(부록 참조).

제11장
정서지능의 모델링과
문제 해결 능력 키우기

섭식장애 당사자는 종종 자신이 정서조절에 어려움을 겪고 있다는 것을 느끼지만, 고통스러운 감정을 느끼고, 생각하고, 인정하는 것을 피하려고 할 수도 있고, 때로는 상처, 분노, 슬픔과 같은 어려운 감정을 보여 주거나 말하는 것 자체가 받아들여질 수 없는 것처럼 행동하기도 한다. 그들은 적절한 시간에, 적절한 사람에게, 적절한 수준에서 말과 행동으로 반응하지 못하게 되면서, 회피의 기술을 완성했을지 모른다. 또 다른 때에는, 감정을 강렬하고 극단적으로 표출할지도 모른다.

태아기 사건들은 정서 시스템을 더 민감하게 만드는 데 영향을 준다. 스트레스를 받는 경험은 발달과정뿐 아니라 출산 전부터도 안전에 대한 감각의 발달을 방해할 수 있으며, 다른 아이들보다 정서적인 스트레스에 더 취약하게 만들 수 있다. 그리고 성장하면서 겪는 어려운 경험과 취약성으로 인한 끊임없는 번거로움은 가족의 정서조절 능력을 압도하고, 이런 상황들은 미성숙한 정서조절 전략을 가진 섭식장애를 유발할 수 있다. 섭식장애 당사자의 가족 그리고 종종 가까운 사람들에게 매우 복잡한 거미줄로 퍼져 갈 수 있다.

정서는 우리를 인간으로 만들고, 삶을 통해 앞으로 나아갈 수 있게 이끈다. 정서지능의 성숙은 발달의 핵심적인 부분이다. 앞서 이 책의 제2장에서 섭식장애로 인해 정서 발달 과정이 어떻게 탈선되는지와 굶주림으로 인해 뒤엉킨

거미줄이 어떻게 상황을 혼란스럽게 만드는지를 다루었다.

따라서 치료의 가장 큰 핵심은 정서를 어떻게 다루어야 하는지 배우는 일, 혹은 아마도 다시 배우는 일일 것이다. 제8장 '의사소통'은 자신의 행동에서 캥거루, 타조, 코뿔소 등의 요소를 인식한 보호자가 어떻게 하면 섭식장애 당사자를 위한 적응적 정서 처리 모델의 본보기가 될 수 있는지에 대해 논의하고 있다. 보호자는 자신 역시 행동의 특정한 반응을 수정하고 변화시킬 필요가 있다는 것을 인지하기에, 그에 대한 수정 및 효과적인 시범을 통해, 당사자는 이러한 기술을 보고 배우거나 재훈련할 수 있다.

섭식장애 당사자는 부정적인 감정을 전달할 때 수반되는 어려움과 위험을 극복하는 데 도움이 필요하다. 종종 당사자는 자신의 삶을 통제할 수 없다고 느끼게 만드는, '타인을 만족시키는 사람'이 되고자 하는 성향을 장착하고 있다. 존중받으며 감정적으로 솔직해지는 것에 실패하면, 표현되지 않은 내면의 감정이 너무 강렬하고 거대하기 때문에 자신이 쓸모없다고 느끼면서 상처와 분노가 쌓일 수도 있다. 부정적인 감정을 표현하는 것은 역겹고, 통제를 벗어나 있다고 보는 동시에, 막상 그 감정이 일어났을 때 대화로 풀어 내지 못하고, 불편한 감정을 억누르기만 하는 것이 당사자에게 흔하며, 이후 분노의 폭발로 이어질 수 있다.

극도의 감정을 발산하는 유일한 수단으로 섭식장애 당사자는 자주 자기처벌(self-punishment), 자해(self-abuse), 스스로 굶기(self-starvation), 구토(vomiting), 하제(laxitives), 과운동(over-exercise) 등을 이용한다. 몸의 고통이 정서적인 고통보다 더 받아들일 만하기 때문이다. 때때로 자기 조절이 깨지고 그 결과로 폭식이 나타나면, 더 심한 혐오감으로 이어져서 또 다시 직접적인 정서 표현을 어렵게 만든다.

섭식장애 행동이 강한 감정을 통제하고 둔감하게 하는 데 도움이 된다는 것을 알게 된 취약한 당사자는 섭식장애가 자신에게 어떤 도움을 주고 있다고 믿기 때문에 이를 유지하는 것이다. 굶주림은 정서의 강도를 무디게 느끼도록 하여, 고통 안에서조차 '무감각하고, 당사자로 하여금 부정적인 감정의 지속적 폭력을 억누르게 하고, 고립을 허용한다. 음식 섭취를 제한하고 감정을 둔감하게 함으로써, 당사자들은 그들의 삶에서 느끼는 (결별, 사별, 이사, 전학, 이직 등으로 인해 유발되는) 중요한 부분에 대한 상실감이나 상처, 고통, 불공정함의 인식 등의 강렬한 감정을 자신으로부터 제거하는 것이다.

폭식, 과운동, 구토 등은 삶으로부터 느껴지는 격렬하고 강렬한 감정들을 달래거나 분산시키는 방법이다. 때때로 당사자들은 자신을 묘사할 때 '가득 차 있다'고 말한다. 그 '가득 참(fullness)'은 신체 감각으로 느끼는 것이지만 사실 어떠한 느낌과 정서들이 '가득 찬' 것이다. 어떤 사람들은 제거와 구토로 그 '가득 참'을 가볍게 만들고, 또 다른 사람들은 자신들이 마치 풍선처럼 팽팽하여 터질 것 같아 먹을 수 없음으로 다룬다.

정서를 회피하는 경향은 섭식장애 당사자에게 자동적으로 나타나는 현상이기 때문에 자기 자신조차 어떤 정서를 느끼는지 모를 뿐 아니라 타인들의 비언어적 정서 반응(뺨의 홍조, 눈가에 눈물이 고이고, 말의 떨림, 고개 돌림, 아래로 눈길이 향하는 등)이 나타내는 진짜 의미를 감지하지 못한다.

해 보자!

 감정 코치가 되는 법

섭식장애 당사자를 위한 감정 코칭 5단계: **주의 기울이기, 이름 붙이기, 인증하기, 조절하기, 배우기**

1. 주의 기울이기(부정적 정서가 만드는 징후들을 잘 보고 듣기)

조용해진다거나 시선을 아래로 하고, 붉게 상기됨, 눈에 눈물이 고이고, 미세하게 떨리는 눈, 감정의 찰나에 반응하는 코 혹은 입의 변화, 대화의 흐름이 깨지는 것 등을 통해서 감지할 수 있다.

당신이 알고 있다는 것을 보여 주자.

'당신이 기분이 상했다는 것을 알아요. 내가 말할 때 당신의 눈에서 힘이 빠졌고, 고개를 돌리는 것을 보고 알아차렸어요. 당신의 눈물을 봤어요. 그것을 보면서 당신이 기분이 상했을 뿐만 아니라 동시에 화가 났다는 것도 느꼈어요. 당신이 왜 그렇게 느끼고 생각하고 있는지 말해 줄래요?'

2. 이름 붙이기

'당신이 무엇 때문에 슬픈지/화나는지/흥분되는지 정말 궁금해요.'

그들이 어려움을 소리 내 말할 수 있도록 격려하자. 그들의 아픔과 혐오, 화를 어떻게 느끼는지 당사자에게 물어보자. '무슨 생각을 하나요?' '짧게라도 이야기하면 당신에게 도움이 되지 않을까요?' '그것에 대해 반성해 보는 게 좋지 않을까요?' 우리는 그들의 말을 잘 듣기 위해 시간을 들여야 하고, 맥락을 이해하기 위해 노력해야 한다. 때로 특정 감정에 대해 말하는 것 자체를 너무 어색해하는 사람은 그들 자신이 뭔가를 느끼고 있고, 대개는 너무 많이 느끼는데도, 정확히 뭐라 설명할 수 없어서 힘들어한다.

만약 섭식장애를 겪고 있는 사람이 자기 생각을 소리 내어 표현하기 너무 어려울 때, 그에게 글쓰기, 그림 등의 예술 표현을 통해 자신의 감정을 표현하도록 장려할 수 있다. 때로는 캐릭터를 만들어 낸 후 이름을 붙이고 이야기 형식을 통해 그 캐릭터의 감정을 적어 보는 행위가 당사자 자신과 감정을 떨어뜨리게 하는 효과를 내어 자신의 감정을 표현할 수 있게 한다.

3. 인증하기

너의 마음을 안다는 공감을 곁들여 보자.

'내게는 마치 ~인 것처럼 보여.' '내가 틀릴지도 모르겠지만 너는 지금 ~ 이렇게 보여.' '네가 화가 정말 많이 난 것 같아.' '네가 아주 많이 슬퍼 보여.' '네가 상처받았을 것 같아.' '사람들은 그런 감정이 들 때 이렇게 표정 짓고 이렇게 표현해.' '나는 네가 왜 슬픈지 이해할 수 있을 것 같아. 너는 진짜로 마법 지팡이를 기대하고 있었을지도 몰라. 지금 네가 실망하고 있다는 것이 느껴져. 나도 똑같은 마음이야.'

이것은 당사자가 무엇을 필요로 하는지, 타인으로부터 거절감과 좌절감을 어떻게 느끼는지, 갈등을 어떻게 경험하는지에 대한 대화를 가능하게 할 수 있다. 대화의 목표는 자동 회피의 달인인 당사자가 회피 성향으로부터 벗어나 본질적인 내용에 접근하는 것이다. 개인적으로 어려웠던 경험을 이야기하면서 스스로 자기 감정을 검토하게 되어 어떤 감정이 중요한지, 자신의 과민 반응은 아니었는지 보다 큰 그림 속에서 이해하게 한다.

고통스러운 생각을 주의 깊게 들어 보자. '바보처럼 굴지 마! 넌 그걸 두려워할 필요가 없어!' 혹은 '너 참 터무니없구나! 그만한 일로 그렇게 화내면 안 되지!'라며 생각들을 섣불리 표현하여 털어 내게 하거나 빨리 안심시키지 말자. 당신의 감정과 두려움이 무시되는 것은 부끄럽고 굴욕적인 일이다. 당신이 느끼는 것이 당사자와 다를지라도 그들의 입장이 되어 생각해 보자. 당사자의 말을 이해하려고 노력하고 말 이면에 존재하는 메시지들을 끌어 올려 잡아 보자. 거기엔 그들이 무엇으로 고통받고 있는지 직접적으로 표현하지 못하는 내용들이 숨겨져 있을 것이다. '그것 때문에 상처 입었구나!' '그것 때문에 화가 났던 거구나!' '그것 때문에 정말 흥분했구나…….. 내가 이렇게 느끼는데 맞는 거니?'

4. 조절하기

감정을 진정시키고 방향을 바꾸자. 좋은 정서조절 전략을 모델로 삼아 보자. 당사자가 감정적인 반응을 말로 표현하는 것에 대해 긍정적인 피드백을 주자. 왜냐하면 그것이 바로 감정조절의 핵심 단계이기 때문이다.

'스트레스로 가득 찬 너의 기분을 말로 표현해 줘서 놀라웠어. 너의 상처, 화, 슬픔을 말할 수 있는 용기가 있다는 건 정말 대단한 거야.'

때로는 섭식장애 당사자가 정서적인 고통을 느낄 수 있도록 허락하자. 당사자가 언제나 행복해야 한다는 등의 비현실적인 기대는 하지 말자. 긍정적인 감정과 부정적인 감정 사이에는 균형이 있어야 한다. 그것이 인간의 조건이다. 긍정적이고 부정적인 감정들은 우리 삶의 엑셀과 브레이크로써 우리가 어떤 상태인지, 누구인지 깨닫게 해 준다. '안아 줄게. 그러고 나서 무언가 재미있는 일을 계획해 보자.'

당사자의 감정과 지나치게 동일시하거나, 당사자가 느낄 수 있는 것에 대한 자신의 반응에 압도되지 않도록 하자. 그들의 슬픔과 승리는 당신의 슬픔과 승리가 아니다. 뒤로 한 발짝 물러나 그들이 당신을 필요로 할 때, 지지와 지원을 보내 주자. 때로는 말이 필요치 않다. 안아 주거나 어깨를 토닥여 주는 것만으로도 당신의 지지와 희망을 단순하고 명쾌하게 전할 수 있다.

당신이 얻었던 부정적인 피드백은 당신을 성장시킨다. 당신이 경험했던 실수들이 어떻게 보물로 변화되어 갔는지를 기억해 보자. 만약 상황의 원인과 배경이 공유되지 않은 채 고통받는 당사자의 기분과 상태를 날 것 그대도 파악해야 한다면, 그때 당신이 해야 할 말은 다음과 같다.

'네가 그걸 어떻게 보고 느끼고 있는지 표현하고, 말해 줘서 고마워. 네가 그렇게 느끼고 있고 거기에 대해 흥분, 화, 슬픔을 느끼고 있다니 마음이 아프구나. 그것에 대해 나는 다른 시각에서 보고 있었는데, 내가 느끼는 것을 설명해 주고 싶어.'

섭식장애 당사자의 감정에 과도하게 반응하지 않는 것이 중요하다. 다시 말해, 당사자의 분노에 위협을 느끼거나 그들의 비판에 방어적인 감정을 느끼거나 분리로 인해 상처받거나 그들의 무관심에 의해 거절당한 기분을 느끼지 않도록 노력하자. 차분하게 반응하기 위해 노력하자. 필요하다면 잠깐의 휴식 시간을 갖자. '내가 지금 많이 피곤한 것 같아. 나중에 이야기하는 게 좋겠어.' 다음에 이야기를 나눌 시간은 서로 명확하게 정하는 게 좋다. 하지만 당신이 지켜낼 수 없다면 그 어떤 것도 약속하거나 확언하지 않는 게 더 낫다.

5. 배우기
그 감정은 당신이 필요로 하는 것이 무엇이라고 말하는가?

정서적 반응은 충족되지 못한 욕구를 보여 준다. 때때로 이러한 욕구는 문제 해결 및 행동 전략의 실마리가 되기도 한다. 하지만 때로는 충족되지 못한 욕구를 다루기 위해서 목표를 재설정하고 마음챙김과 수용 전략들을 사용하는 것이 중요하다.

1. 자기 정서를 인정하고, 민감하고 현명하게 반응하기

섭식장애 당사자는 자기 정서에 이름을 붙이고 정의 내리는 것을 어려워하지만 타인의 비언어적인 정서 반응(특히 위협적인)에는 매우 민감하다. 당신이 정말 기분이 안 좋을 때 '아니에요. 저 흥분하지 않았어요.'와 같은 '하얀 거짓말'을 하지 않도록 조심하자. 만약 당신의 감정적인 반응을 당신이 부인한다면, 억압되고 숨막히는 감정조절의 본보기가 된다. 예를 들어, 엄마와 함께 산책하던 당사자가 예전 학교 친구를 보게 되었다. 섭식장애를 겪고 있는 딸이 "우리가 함께 길을 걸을 때 사람들이 나를 쳐다보면 엄마는 당황할 게 틀림없어요."라고 말했다. 여기에 엄마인 당신이 할 수 있는 가장 현명한 대답은 무엇일까? 감정적으로 현명하지 못한 반응은 다음과 같다. '아니야. 딸아. 나는 당황스럽지 않단다. 넌 사랑스러워 보여.' 이 하얀 거짓말 속에는 섭식장애를 앓는 딸의 10kg 감량에 대해 절망하고 있는 엄마의 걱정이 감춰져 있다.

다음은 감정조절을 볼 수 있는 현명한 모델링의 예이다.

'어릴 때 친구를 만나면 너의 병이 부끄럽게 느껴지는구나?'(섭식장애 당사자가 타인에게 투사하고 있는 것을 읽어 준 경우이다.)

'난 당황스럽진 않아. 하지만 속상해. 지난주에 네가 체중이 줄었다고 한 이후로 체중이 더 내려갔을까 봐 걱정하고 있어.'

2. 무너진 관계성

종종 섭식장애를 겪고 있는 당사자들은 세상과 타인이 논리적인 규칙과 질서를 따르면서 살아간다고 가정하는 경향이 있다. 하지만 실제의 삶은 예상하지 못했던 사건들이 느닷없이 생기나 긴장과 실망, 이해하기 힘든 감정들이 복합적으로 발생하고 심지어 관계가 무너지기도 한다. 깨짐의 원인이 된 근본적인 감정과 생각을 함께 탐색하고 논의하는 것은 장기적 관점에서 더 강한 유대감과 긴밀한 관계로 이어질 수 있다.

1) 무너진 관계 복구하기(정서적 흉터)

알아차리기-계획 세우기-실천하기(APT) 접근을 통해 과거에 힘들었던 정서적 문제들을 다룰 수 있다.

 인정하기

과거의 문제를 인정하고 후회를 표현하는 것은 미래에 관계가 유지될 수 있게 하는 기술을 모델링하기에 좋은 기회이다. 사후 판단은 실수를 명확하게 해 준다. 하지만 우리는 실수를 통해 배울 수 있고 더 현명해질 수 있다. 따라서 모든 실수는 앞으로 생겨날 어려움에 더 현명히 대처할 수 있게 돕는 보물이다.

'만약에'라는 비난하는 방식은 해로운 반면, 자비로운 사고방식은 도움이 된다.

섭식장애 당사자가 어릴수록 미성숙한 마음 때문에 어려운 상황을 감당하기 어려워 보다 큰 그림을 보지 못하고, 나이가 많은 당사자는 병이 복합적이어서 그 감정을 똑같이 이해하기 어렵다. 올바른 지지와 보호자의 회복 탄력성이 있다면, 당사자의 아픈 과거 기억은 비난 없이 수용되어 새로운 맥락에서 다시 기억될 수 있게 된다.

 긍정을 소중히 여기기

가족과 함께 문제들을 풀어 가다 마주하는 '네가 내게 어떤 의미인지'는 새롭고 긍정적인 관계의 기초를 세우는 데 의미가 있는 주제이다. 섭식장애 당사자는 관계를 안전하게 느낄 수 있는 감각이 아직 다 회복되지 않았거나 병의 영향을 받고 있기 때문에 여전히 타인의 사랑과 관심, 지지를 의심한다. 하지만 이런 편지는 관계 회복에 도움이 된다.

계획하기

대화는 매우 중요하며, 글로 적는 편지는 더욱 넓은 관점을 유지할 수 있게 한다. 다음은 제인의 엄마가 쓴 편지이다.

사랑하는 제인에게

　　나는 우리가 함께해 왔고 너의 엄마로 산 삶을 회상해 보았어. 우리의 시작은 내가 기대하고 바랐던 좋은 출발은 아니었던 것 같아.

　　너도 알다시피, 외할아버지는 내가 너를 임신했을 때 뇌종양을 진단받았고, 네가 6개월째 되던 때 돌아가셨단다. 나는 그 상실감이 너무 컸고 슬펐어. 그 슬픔을 너의 요구에 부응하고, 너의 생각과 감정에 모든 초점을 맞추어 살아 내는 것으로 대신했던 것 같아. 그래서 내 생각엔 네가 괴로움을 표현하면 엄마가 고통스럽고 불안해진다고 배웠을 것 같아. 나는 맹세코 너의 행복과 기쁨을 위해서 투쟁했고 너에게 행복을 줄 수 있는 게 무엇인지 떠올리는 것에 집중해 왔어. 그런데…… 아마 이것 자체가 널 아주 예민하게 만든 것 같아. 그러다 보니 너는 어쩌면 다른 사람으로부터 확실히 위안을 받을 수 있다는 것을 배우지 못한 것 같아.

　　나는 우리의 관계를 다시 회복시키기 위해 노력하고 싶어. 비록 내가 다시 잘못하지 않겠다고 약속하기는 어렵지만, 내게 있어 너와의 관계회복은 가장 중요하단다. 난 우리의 노력이 너와 나 둘 모두에게 힘을 실어 주리라는 사실을 믿고 있어. 그래서 나는 네게 내가 주고 싶었던 강하고 행복한 시작을 줄 수 없었다는 것에 용서를 구하고 싶어.

 각각의 상황은 모두 다르다. 다음은 엘리의 엄마로부터 온 편지이다.

친애하는 엘리에게

　　나는 내가 널 얼마나 사랑하고 있는지 네가 알았으면 좋겠어. 네가 나에게 온 그날부터 언제나 널 사랑해 왔단다. 여전히 난 네가 태어났던 4월의 그날을 잊지 못해. 간호사가 내게 다가오며 '딸입니다. 너무나 사랑스러워요. 어여쁜 따님이에요.'라고 말했지. 병실에서 너에게 젖을 물렸고, 자라는 동안 너는 수없이 많은 사랑스러운 추억을 만들어 냈어.

　　지난 2~3년간 우리는 참 많이 힘들었어. 모든 일이 잘못되어 갔어. 너의 가장 친한 친구 베아는 런던으로 이사를 갔고 그 뒤 너는 새로운 일자리를 얻었지. 거기서 너는 크리스라는 친구와 매일 함께 일했는데. 엄마가 느끼기에 크리스는 참이상한 성향을 가지고 있는 것 같아.

엄마는 너의 결혼 생활이 깨졌다는 걸 알고 있단다. 그리고 네게 일어났던 섭식장애의 폭력성에 대해 엄마에게 말해 주었다는 것에 감사해. 그랬기 때문에 지금 우리 집에 올 수 있었고 네 친구들을 만났어. 그래서 너의 힘든 문제들을 알리고 함께 극복해 나갔어.

그 덕분에 우리는 지금의 힘듦에 대해 말할 수 있게 되었고 서로에게 진심으로 솔직해지게 되었어. 언젠가 네가 나에게 소리칠 때 내가 네게 하는 것들이 싫다고 말했던 거 기억나니? 그때 네가 그랬던 건 세상에 모든 게 잘못됐다고 외치고 싶어서 그랬던 것 같아. 그게 너의 마음이었을 거야. 네가 진정되었을 때 나에게 와서 미안하다고 말하는 게 내겐 큰 의미가 있었어.

의사가 말한 '폭식과 구토를 하는 거식증'으로 고통받는 널 보는 게 많이 힘들지만, 병을 극복하려는 너의 모든 노력을 자랑스럽게 여기고 있어.

난 늘 언제나 널 사랑한단다. 사랑하는 엘리야. 언제나 널 응원해.

엄마로부터

기억할 점

1. 이번 장에서 우리는 섭식장애의 일부인, 위협에 대한 과민성과 감정이 억제된 얼굴 표정이 보여 주는 혼란스러운 감정적 상호작용을 다루었다. 그리고 병으로 인해 섭식장애 당사자의 사회적 소통 능력 저하를 어떻게 받아들여야 할지에 대해 논의했다.
2. 당신의 역할은 정서조절 능력을 바탕으로 한 기술을 사용하여 현명함과 따뜻함, 연민으로 소통을 하면서 당사자에게 모범을 보이고 가르치는 것이다. 그 과정은 녹록치 않다. 하지만 당사자의 회복을 돕기 위한 노력으로 충분히 가치 있다.
3. 섭식장애 당사자와의 대화 주제가 어려울수록 미리 준비하자. 당신이 하고 싶은 말을 하고 당신의 단어들을 사용하여 명확하고 부드럽게 말하자. '입원처럼 활동을 제한해야 하는 치료환경이 너의 건강을 회복하는 데에 필요할 수 있단다.'

제12장
제한식 극복하기

1. 소개

제12장에서는 먹기(섭취)와 관련해 맞닥뜨리는 많은 도전에 통과하도록 도와주는 가이드를 당사자와 보호자에게 제공하고자 한다. 섭식장애를 회복하기 위해서는 병의 단계에 맞추어 '먹기'가 다르게 이뤄져야 하기 때문에 우리가 소개할 내용 전부가 보호자와 당사자에게 당장 도움이 되지 않을 수도 있다. 섭식장애의 역동적 변화에 따라 회복 단계는 전진과 후퇴를 반복할 수 있다. 비록 여기에 담긴 정보가 현재 당신이 처한 상황과 일치하지 않을 수 있지만, 당사자와 당신이 겪었던 과거를 이해하는 데 도움이 되고 미래의 성과를 얻기 위한 약속과 희망을 제공할 것이다.

섭식장애 치료의 목표는 음식과 식사 자체가 정상적 위치, 즉 연료(fuel)로 되돌아오는 것이다. 모든 문화의 중심에는 음식이 있고, 사교와 축하 그리고 즐거움의 배경에 음식이 빠지지 않는다. 음식은 연결과 소통 그리고 기쁨을 나누는 데 있어 중요한 재료이다. 삶을 재건하는 것(일, 학교, 관계, 친구들, 대학 등) 역시 음식(먹기)을 재건하는 것(생일파티, 저녁 초대, 점심 모임, 친구를 위해 쿠키 만들기, 소풍, 함께 고기를 구워 먹는 일 등)을 포함한다. 초기에는 '음식은 곧 연료다(food is fuel)'라는 개념으로 치료 과정을 시작하지만 더 중요한 것은 (몇 년 후가 될지라도) 섭식장애로 고통받는 당사자가 음식을 친구와 가족 그리고 이야기와 소통의 맥락 안에서 바라보고 경험할 수 있게 하는 것이 목표다. 이 과정 자체가 당사자에게는 가장 힘든 과제이자 불가능하고 이루어질 수 없는 꿈으로 여겨진다.

따라서 섭식장애로부터 회복되려는 누군가를 돕고자 하는 일의 목표는 섭식장애 당사자가 다음을 '다시 배울 수 있도록' 코칭하는 것이다.

- 몸의 필요에 맞게 충분히 먹기
- 유연하게 그리고 다양하게 먹기
- 인생이라는 더 큰 그림의 맥락 안에서 사교적으로 먹기

단계적으로 한 걸음씩 접근한다면 이 목표에 다다르게 될 것이다.

2. 먹기와 섭식 행동의 역할

1) 먹기는 협상이 불가능하다

세상의 모든 생명체는 살기 위해 먹어야만 한다. 먹을지 말지는 협상할 수 있는 문제가 아니다. 몸은 굶주림으로 죽지 않기 위해 다양한 제어 시스템을 가지고 있다. 몸의 모든 부분과 뇌에 영양을 공급한다는 것은 식사가 생명 유지에 필요충분조건임을 의미한다.

섭식장애 환자 중 신경성 식욕부진증(거식증)의 경우, 특히 음식 한 조각, 때로는 수분조차 거부하는 경우가 있는데, 이는 생명 유지의 핵심 중 하나를 무너뜨리는 것이다. 먹기는 협상할 수 없는 영역이며 언제, 어디서, 누구와, 무슨 음식을, 어떻게 먹는지에 관해서만이 협상이 가능하다.

조기에 체중을 회복하는 것이 회복 기간을 단축시킬 수 있기 때문에 '변화를 위한 대화'는 가능한 한 빨리 시작되는 것이 좋다. 병이 길어질수록 병리의 패턴과 강박적 사고가 당사자를 깊게 파고들어 습관으로 굳어지고, 회복을 위한 변화를 고려하는 게 더 힘들어진다. 따라서 '먹기'에 대한 관점을 바꾸는 대화(Change talk)의 시작은 빠를수록 좋다.

2) 당근과 채찍

모든 인간은 보상을 받는 일을 기쁘고 '좋은 것'으로 여기고, 보상을 받지 않는 것, 즉 불쾌한 일은 피하도록 설계되었다. 우리가 이해하기 어려웠던 것 중 하나는 이 원칙이 어떻게 섭식장애와 연관되어 작동하는가였다. 섭식장애 밖에서 보면 먹지 않는 것이 어떤 식으로든 좋은 보상이 된다고 상상하기 어렵다. 하지만 섭식장애 당사자들에게는 먹지 않는 것이 주는 긍정적 이득이 있는 것 같다. 이는 아마 굶는 것에, 대한 생물학적 반응이 남들과 다른, 특이한 무언가가 있기 때문인 듯하다. 마치 기아가 고통받고 있는 당사자에게 어떤 식으로든 희망과 행복감을 주고, 생기와 활력을 불어넣어 주는 것처럼 보인다. 여러 가지 부수적인 효과 또한 어찌 됐든 그들을 기분 좋게(관심, 보살핌, 칭찬) 만든다. 그러나 그 습관은 목표와 단절되고 무의미한(mindless) 반복 행동이 된다.

모즐리 치료에서는 그러한 이유들을 탐색하기 위해 섭식장애 당사자들에게 '나의 친구, 거식증'이라는 주제로 편지를 쓰게 하였다. 그들에게 자리 잡은 섭식장애의 부정적이고 긍정적인 측면들을 조사하고 분석하기 위해 지금까지 거식증을 앓고 있는 여성들의 편지 300여 개를 모았다. 그 편지들의 내용을 분석하면서 우리는 가장 흔한 보상이 무엇인지 알게 되었다.

• 거식은 내가 안전하고 스스로에 대한 통제권을 쥐고 있다고 느끼게 한다.

- 거식은 나의 고통을 가장 잘 보여 주는 방법이다.
- 거식은 내가 성장하고 자라며 변화하는 것을 피할 수 있게 도와주고, 책임지는 것을 피할 수 있게 한다.

아마도 앞의 내용 중 어떤 것은 당신이 사랑하는 사람의 모습에 가까울 수 있다. 섭식장애 당사자가 변화하고 병과 분리될 수 있게 돕기 위해서는 거식이 주는 보상 외의 다른 방법이 있다는 것을 알게 해야 한다.

- 섭식장애 당사자 자신이 편안하고, 안전하며 스스로 통제권을 쥐고 있다고 여길 수 있게 하는 다른 방법은 무엇일까? 앞 장에서 설명한 것처럼, 가장 좋은 방법 중 하나는 조용하고 일관되고 지속적이며 연민과 사랑이 깃든 분위기에서 무언가 하도록 하는 것이다. 하지만 섭식장애를 겪고 있는 가정에서 흔히 볼 수 있는, 걱정과 불안으로 막다른 곳에 몰려 있는 것 같고, 달걀 껍질 위를 아슬아슬하게 걷고 있는 기분으로 가득 찬 가족 구성원에게 이렇게 편안한 분위기를 만들기란 쉽지 않다.
- 고통에 대해 표현하고 처리할 수 있는 또 다른 방법을 찾자(제11장 참조).
- 한 개인으로서 책임짐이 긍정적이고 중요하다는 경험임을(문제를 직면하여 해결책을 찾고, 유연성을 높이고, 더 큰 그림을 그릴 수 있는 기술을 개발하기 위한 코칭) 알게 하자.

우리는 제한식(undereating)이 어떻게 유지될 수 있는가를 설명하는 모델을 개발했다. 이 모델에서 먹기와 음식은 (이차적으로는 체중과 체형으로 연결된) 섭식장애 당사자가 덧붙인 특별한 의미 및 가치와 관련 있다. 몸과 마음의 정보 처리(엄격성, 디테일에 집중한 분석) 및 감정(불안) 시스템의 변화가 내면화되어 결과적으로 행동으로 이어진다. 이것은 규칙에 집착하는(rule-driven) 식사 회피로 이어진다. 당사자의 식사에서 맥락이 사라진다. 더 이상 먹기는 배고픔을 해결하기 위한 행동, 필수적인 영양 공급이나 사회적인 친목 활동이 아니게 된다. 먹기에 대한 당사자의 규칙은 체중 조절과 관련될 수도 있지만 종종 훨씬 더 복합적인 이유가 있다. 예를 들면, 당사자는 자신이 먹기에 '충분히 괜찮은지(good enough)', 음식을 먹는 것에 대한 보상을 '받아 마땅한지(merits)', 식사를 '벌 수 있을(earn)' 만큼 충분히 일했다고 여기는지, 먹어도 될 만큼 자기자신이 '충분한 가치(worthy enough)'를 지니고 있는지 고려하기도 한다. 그 규칙들은 음식에 대한 색, 미학적 가치, 섹슈얼리티 또는 성과에 미치는 영향과 연관된 어떤 기능을 포함하기 때문에 특이하다. '규칙에 근거한 먹기(rule-bounded eating)'는 보통 정서적으로 복합적인 내막을 가지고 있는 듯 보이지만, '보통 근거가 없고', 음식과 식사에 직접적으로 연관되어 있을 뿐이다.

　　다음은 섭식장애 당사자가 가진 '음식 규칙들(food rules)'이다.

- 나는 이 음식을 먹을 수 없어. 날 살찌게 할 거야.
- 나는 이 음식이 녹색이기 때문에 먹을 수 없어.
- 만약 접시에 놓인 이 음식을 시계 방향으로 먹는다면 나는 덜 불안해질 거야.
- 열다섯 번 씹어야 해.
- 내 접시에 놓은 채소를 먼저 먹고 그런 다음 단백질 그런 다음 탄수화물을 먹어야지. 도저히 섞어서는 먹을 수 없어.
- 기름을 조금이라도 먹게 되면 지켜 온 체중은 즉각 무너질 거야.
- 이 빨간색 음식은 날 독살할거야. 그래서 먹을 수 없어.
- 난 저녁을 먹을 수 있을 만큼, 일을 충분히 해내지 못했어.
- 접시에 조금이라도 음식을 남겨야 해. 쌀 한 톨이나 콘플레이크 한 조각이라도 말이야.
- 내가 먹는 음식은 모두 뜨거워야 해.

- 내 시험점수가 더 높아야 했어. 목표 점수를 이루지 못했기 때문에 나는 먹을 가치가 없는 사람이야.
- 식사는 정시에 시작해야 해. 아침 8시, 점심 12시 30분, 저녁 6시 30분. 조금이라도 늦는다면 안 먹을 거야.
- 요거트는 ○○○(상표)의 것이어야만 해.
- 오늘 계획했던 운동을 못했어. 그래서 난 먹을 수 없어.

당신이 사랑하는 사람이 앞의 내용 중 몇 개와 일치하는가? 그가 음식과 관련해 엄격한 자신만의 규칙을 만들었는가?

음식과 먹기에 대해 개별적으로 발전시킨 규칙을 당사자가 지속적으로 따른다는 것은 적어도 단기적으로는 불안감을 줄여 주는 기능을 한다. 이것은 특히 질서와 통제를 중요하게 여기는 강박적 기질이 발달한 사람, 높은 수준의 불안감을 가진 사람 또는 다른 사람의 반응에 지나치게 민감한 사람에게 해당된다. 섭식장애 당사자는 음식의 상태를 보고 영양 성분으로 쪼개어 볼 수 있는 분석적인 눈을 가졌다. '몇 칼로리일까? 지방이 얼마나 많이 들었을까?' 이러한 섭식 행동 패턴을 바꾸기 위해서는 자신의 행동을 축소시켜 더 큰 그림을 볼 줄 아는 감각을 키워야 한다. 이것은 먹기의 의미와 가치에 더 넓은 관점을 얻기 위해 한 발짝 뒤로 물러서는 것을 포함한다. 강박적인 불안이 가득한 생각들에 이의가 제기되고, 그것 때문에 불가피하게 생기는 높은 불안을 극복하고 견디는 것이 필요하다. 특히 당신이 지지를 보내면서 침착함을 유지하고 감정에 휩쓸리지 않는다면, 당사자의 불안했던 감정 역시 사그라들 것이다.

3) 보상적 혹은 '안전 행동'

때때로 섭식장애 당사자는 타인들을 기쁘게 하고 달래기 위해, 압도적인 배고픔에 반응하기 위해, 또는 그들의 무질서하고 병리적인 식사행동을 감추기 위해 음식을 먹는다. 이러한 '규칙이 없는(non-rule-bound)' 먹기는 높은 불안감을 유발한다.

> 제 딸은 23세였을 때. 폭식 구토형 거식증으로 발전했지만, 매일 저녁 식탁에서는 건강한 식사를 했습니다. 저는 제 딸의 체중이 왜 줄어드는지 이해하기 힘들었습니다. 그때에는 '섭식장애'라는 용어조차 들어보지 못했을 때입니다. (GLS)
>
> 저는 친구들이 저를 약하게 보거나 제 외모를 의식하고 섭식장애라고 단정 짓는 게 정말 싫었어요. 만약 제가 사람들과 음식을 먹어야 한다면 사전에 엄격하게 제한할 거예요. 저는 저녁 식사는 가능한 정상적으로 먹고 제 두려움과 공포를 감출 거예요. '거대한' 식사 후 휘몰아치는 공황에 시달릴 저는, 수 마일을 걸어 집으로 갈 거예요. 그리고 운동할 거예요. 그리고 다음 날 저는 '저의 사치(indulgence)'를 보상하기 위해 제한할 거예요. (AC)

고통에 대처하기 위해 소위 '안전' 행동(구토, 하제 남용, 과운동)이라 부르는 시도들이 일어난다. 또는 '내가 거북하지 않게 되면(비어 있게 되면) 어떻게 먹을지 내가 선택할거야' 또는 '먹기 위해 만든 것은 포함시키지 마' 등과 같은 생각을 통해 고통을 무력화하고자 한다.

> 나와 함께 음식을 먹은 다음 딸은 자기 방에서 TV를 본다고 했어요. 딸아이의 방으로 가는 길에 화장실이 있어요. 그녀는 먹은 모든 음식을 토했죠. 내가 무슨 일이 일어나고 있는지 깨닫기까지는 꽤 오랜 시간이 흐른 뒤였습니다. (GLS)
>
> 나중에도 섭식장애로 인해 여전히 내 자신에게 적당한 음식을 허락하지 않을지라

도, 내 부모님이 주는 음식은 받아들이기 시작했어요. 내가 나에게 음식을 주는 것은 아직도 사치예요. 난 그렇게 할 만큼의 가치와 자격이 없어요. 하지만 타인으로부터 음식을 받는 것은 달라요. 선택권이 없어지고 식사 후의 죄책감이 덜 들어요. (AC)

당사자가 먹기에 의한 불안감을 감소시키기 위해 하는 '안전' 행동은 점점 더 강화되고 습관화된다. 때때로 섭식장애 당사자는 확신을 얻기 위해 타인들을 끌어들이기도 한다. 다음의 예를 보자.

당사자: 만약 내가 저걸 먹는다면 난 살이 찔 거야.

보호자 반응: 물론 넌 그렇게 되지 않는단다.

안전한 루틴(routine)을 제공하는 보호자는 이런 양상의 반복적인 순환을 설정하게 된다. 이는 섭식장애 당사자에게 병리적 섭식 사고를 리허설할 수 있도록 허락할 뿐만 아니라 강화하기 때문에 보호자는 이 대화의 (춤에) 파트너가 되는 것을 피하려고 노력해야 한다.

'나는 우리가 살기 위해서는 음식이 필요하다는 것을 너도 알고 있다고 생각해. 너에게 어리석은 안심을 주지 않아야 한다는 것을 치료센터에서 배웠어. 그래서 나는 더 이상 그런 답변을 하지 않기로 했어.'

4) 건강을 위한 새로운 습관

치료의 목표는 섭식장애 당사자를 회복할 수 있는 기술과 변화에 대한 동기로 강인하게 만들어서 먹기와 관련된 법칙을 이완시키고, 자신이 만든 견고한 규칙을 밀쳐내는 장면 속에 머물게 하는 것이다.

뇌 발달은 학습과 기억을 통해 신경 회로가 확장되고 더욱 활성화된다. 영양 결핍은 뇌 성장을 감퇴시켜 학습과 뇌 기능 활성을 방해한다. 따라서 악순환이 발달하여 굶주림이 '사회적 두뇌(social brain)' 기능을 방해하고 인지 기능의 성장을 저지한다. 그 결과, 사회, 정서, 인지 모두의 발달이 막히고, 반성할 수 있는 역량과 뒤로 물러설 수 있는 능력 그리고 회복에 있어 필수적인 감정, 사고, 행동을 일으킬 수 있는 모든 능력이 손상된다. 그 후에 또 다른 함정이 튀어나온다.

섭식장애 당사자는 인간 발달의 초기 단계로 회귀한 것처럼 보인다.

> 그녀는 23세 때 극심한 저체중으로 심각하게 아팠어요. 제 딸은 마치 3살처럼 행동했고 그 연령대로 느껴질 만큼 인식 능력이 빠르게 퇴화했어요. (GLS)
>
> 당신의 의사 결정 능력은 사라지고 모든 면에서 확인과 허가를 위해 조언을 구해야만 해요. 당신은 가이드 없이는 타인의 반응을 해석하고 감정을 이해하기 힘들 거예요. 당신은 점점 타인에게 당신의 모든 생활을 의지해야 할 겁니다. 영양분을 위해서가 아니라 생존하기 위해서요. (AC)

생명을 보존하고 뇌의 기능을 개선시키기 위한 강제 식사와 섭식 병리 행동을 변화시키기 위한 강압적인 시도로 단기간 동안 당사자에게 개입할 수 있지만, 그것이 영구적인 변화로까지 이어지지는 않는다. 솔직히, 강요는 더 많은 음식/공포 기억을 불러올 수 있다.

제한적이고 규칙에 따른 먹기 패턴이 수정되지 않는 한, 습관은 뇌에 새겨져 있다.

따라서 섭식장애 당사자를 돕는 것은 균형 잡기라 할 수 있다. 한편으로는, 규칙에 기반하지 않은 먹기, 안전 행동을 줄이기 위한 시도와 회복 동기를 강화하는 데 필요한 지원을 보내는 것이고, 다른 한편으로는 영양실조와 섭식장애 증상이 뇌세포의 죽음, 보상 경로의 방해, 학습과 발달을 저해하지 않도록 개입하는 것이다.

요약

섭식장애 습관을 극복하는 것이 어려운 이유는 습관이 자동화되고, 강력한 수준으로 감정과 사고들이 겹쳐져 섭식장애 당사자들을 병에 더 깊이 단단히 박아 넣기 때문이다. 또 다른 문제는 당사자의 높은 불안 수준과 관련된 또 다른 질병의 소용돌이가 병리적 섭식 습관과 함께 생겨난다는 것이다. 그렇게 되면 가까운 지인들은 병과 기아의 신호를 감지하고 겁에 질리게 된다. 당사자와 보호자 양쪽 모두 높은 불안과 긴장 때문에 식사 자리는 음식을 사이에 둔 전쟁터가 된다(연구에 따르면, 이것은 섭식장애의 모든 범주에서 발생한다). 먹기와 스트레스에 대한 기억들은 그들 뇌에 더 깊이 새겨지기도 하고 미화되기도 하여 다음 식사 시 나타날 불안은 한 단계 더 강력해지고 계속된다. 그 자리에 함께 있는 보호자인 당신만이 불안감을 조절하고, 차분하게 식사 분위기를 조성함으로써 이 소용돌이에서 벗어날 수 있다.

5) 몸의 반격: 폭식의 그물

규칙에 기반한 먹기(rule-bound eating)와 식욕 조절 생리학적 시스템 사이에서는 극도의 긴장감이 발생한다. 몸과 뇌가 효과적으로 기능하기 위해서 영양은 절대적으로 필요하고, 기아로 인한 영양실조를 막기 위해 식욕을 높이는 일련의 메커니즘이 있다. 타고난 메커니즘의 강도는 개인마다 다르다. 신경성 식욕부진증의 유전적 소인을 가진 사람은 보다 느슨한 조절 시스템을 가지고 있다. 비정상적인 식사습관이 어떤 기간 동안 지속된다면 사는 내내 우리들의 기억에서 음식, 식사, 식욕의 경험이 사라지게 된다. 따라서 배고픔과 배부름에 관한 기본 개념을 다시 배워야 하고 점진적으로 정상 식욕을 다시 갖추기 위한 섭식 훈련이 필요하다.

또 어떤 사람은 '보상 경로들(reward pathways)' 자체가 워낙 민감해서 일단 먹기가 재개되면 안정화가 되기까지 시간이 걸린다. 격렬한 충동과 갈망을 동반한 과식 욕구가 나타날 수 있기 때문이다.

앞의 섭식장애 당사자와 GLS와 AC의 실제 이야기, 그 외 인용된 또 다른 당사자들의 이야기, 프란시스 이야기를 당사자가 읽어 보면 회복에 용기를 가지는 데에 도움을 줄 것이다.

규칙에 기반한 먹기와 식욕 자체가 충돌할 때 비뚤어진 식습관(음식을 훔치거나 폭식을 하는 등)이 나타날 수 있고, 격렬한 충동과 갈망으로 인해 개개인마다 다른 양상을 보인다. 예를 들어, 폭식/제거형인 거식증일 경우, 맹렬한 제거 행동이 초기 또는 후기 단계에서 나타난다. 제13장에서는 폭식과 과식 행동을 어떻게 줄일 수 있는지에 초점을 맞추고 있다.

3. 나쁜 섭식 습관의 변화에 대해 생각하기

1) 영양학적 위험가늠 측정자를 사용하여 알아차리기

제7장에는 동기 부여를 위한 '상태측정 가늠자(readiness ruler)'가 있었다. 이번 제12장에서는 같은 도구를 사용하여 변화를 향한 동기와 영양학적 안전 증거들 사이의 균형에 대해 말하고자 한다. '영양학적 위험가늠 측정자(nutritional risk ruler)'는 병의 유지 기간과 상관없이 삶의 질뿐만 아니라 의료적 건강에 미치는 병의 잠재적 영향에 대한 통찰력을 측정하여 영양 건강에 대해 대화를 시작하고자 한다.

섭식장애에 관해 대화하기가 두렵다고 생각하는 당사자가 '섭식장애에 걸린 친구에게 너는 무슨 말을 해 주겠니? 혹은 그 친구의 가족에게 무슨 말을 해 줄 수 있을까?'를 질문해 볼 수 있도록 영양학적 위험가늠 측정자를 사용해 보자.

섭식장애에 걸린 타인의 경험/이야기에 관해 말하면서 '너는 그 말을 듣고 나니 어떤 마음이 드니?'라고 물어봄으로써 오랜 기간 심각한 다이어트, 폭식 및 구토가 끼치는 장기적 영향에 대해 객관적으로 생각하게 한다. 당사자에게 어떻게 느껴지는지를 묻는 것은 자신의 상태와 상황에 대해 의문을 품게 할지 모른다.

2) 영양학적 위험가능 측정자

영양상의 안전을 확신하고 완전한 영양 상태를 유지하는 능력

0　　1　　2　　3　　4　　5　　6　　7　　8　　9　　10

실천할 점

영양상의 위험에 대한 단계별 계획

1. 측정자를 사용하여 섭식장애 당사자가 영양상의 안녕에 대한 최근 자신의 능력에 직접 등급을 매겨 보도록 한다.

2. 체크된 점수를 고려하여 다음의 질문을 이어 가면서 '변화'를 위한 대화의 장을 마련하고, 용기를 내 보자.

- 왜 이 점수일까?
- 왜 0이 아닌 이 점수에 체크했을까? (이 질문은 종종 긍정적인 변화를 만드는 방향으로 가는 동기문장을 이끌어 낸다.)
- 무슨 일이 있었기에 7점이라고 표시하였을까?
- 7점 혹은 10점을 얻고자 한다면 어떤 도움이 필요할까?

3. 섭식장애 당사자는 당신의 판단과는 다르게 스스로에게 높은 점수를 줄 것이다. 만약 이런 일이 생기면, 같은 도구를 사용하여 당신의 입장을 설명할 수 있는지 당사자에게 '내 관점에서 바라보는 너의 현재 상태를 같은 측정자를 사용해 표시해 봐도 될까?'라고 동의를 구하라.

4. 관찰과 피드백을 통해 당신이 왜 그러한 점수를 주었는지 침착하게 설명하자.

• 나는 4에 표시를 했단다. 그 이유는 네가 추위에 너무 민감했기 때문이었어. 네 방에 있을 때 전열 기구를 더 틀 수밖에 없었지? 그것도 영양 결핍의 증거란다.
• 의사 선생님이 너의 혈압과 맥박이 매우 낮다고 말씀하셨어.
• 검사 결과지에 몇몇 요인의 수치가 위험 수준이라 하셨어.

비난하거나 판단하지 말자. 일인칭 시점으로 말하기를 시작하거나 '나는…… 알아차렸단다…….' 혹은 제3자 입장에서 '의사(전문치료사) 선생님이 말씀하시길…….'라고 하자. '너는 이거야. …… 너는 저거야.'라는 표현을 쓰지 말자. 비난하는 것처럼 들린다.

• 내가 표시했던 것보다 너는 훨씬 더 높은 점수를 네게 준 것 같아. 내가 너보다 훨씬 더 좋지 않게 보고 있다고 알게 하려는 너의 의도는 아닐까 하는 생각이 들었어. 너의 점수를 좀 더 높이기 위해 너 자신을 어떻게 돌볼 수 있을지 너의 생각을 나에게 말해 줄 수 있겠니?

5. 객관적 점수와 주관적 점수 간에 차이가 난다면, 섭식장애 당사자에게 그들의 건강을 지키기 위해서 당신을 포함한 얼마나 많은 타인의 견해가 필요한지 물어보자. 그리고 가능한 언제든지 섭식장애 당사자 자신에 의한 선택의 자유와 능력이 있음을 강조하자. 그것이 변화의 동기를 강화할 것이다.

• 너의 영양상 건강을 어떻게 다루어 가는가는 너에게 달려 있단다. 너만이 그걸 결정할 수 있어.

6. 선택을 강조하는 것뿐만 아니라 섭식장애 당사자가 '준비되었다'는 것을 당신에게 알려주면, 당신은 언제든 도와줄 수 있다는 것을 강조하자.

• 만약 네 영양 건강을 회복시키는 데 내가 도울 수 있는 게 단 하나라도 있다면, 나에게 말해 주겠니? 모든 측면에서 내가 널 지지하고 지원할 수 있다는 것이 정말 기뻐. 네가 도움을 원할 때 나에게 부탁할 거라고 믿어. 기꺼이 널 도울게.

3) 영양학적 안전을 위한 사회의 책임

이상적으로 충분한 시간이, 섭식장애 당사자의 삶과 건강, 부적절한 영양 상태에 대해 자각할 수 있게 한다. 또 충분한 시간은 섭식장애 당사자의 병리적 섭식 행동을 변화시키고 그 변화를 유지하려는 동기를 가지게 한다. 이상적으로 충분한 시간은 섭식장애 당사자의 자존감과 자신감을 성장시켜, 직면한 후퇴를 만회하기도 한다. 하지만 불행하게도 개인의 의학적 상태가 심각하거나 매우 불안정하다면, 우리에게 시간과 여유가 충분하지 않고 '집 안에서' 충분한 회복 자원이 역동적으로 일으켜지기 어렵다.

실천할 점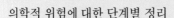

의학적 위험에 대한 단계별 정리

표준 성장 및 발달차트를 보고 싶다면 www.cdc.gov를 참고하자.

체질량지수(BMI)가 13.5이하라면, 의료적으로 매우 위험하다. 만약 자녀 혹은 배우자가 이 범위에 있다면 입원 치료가 필요하다. 영국이라면 의료진과 변호사는 정신 건강 행동 강령(Mental Health Act)에 의거하여 안전을 보장해야 한다고 믿는다. 이때에는 저체중으로 인한 사망 위험에 대해 당사자에게 알려 주어야 한다. 이 부분에 관해 서로 진지하게 대화해야 하는 이유는, 정신 병리 중에서 신경성 식욕부진증의 치사율이 가장 높기 때문이다. 정신 건강 행동 강령은 당사자가 수용하는 방식대로 사용할 수 없다는 것을 보호자와 치료자가 알고 있어야 한다. 필요시 정해져 있는 규칙대로 위기 개입 경로를 따르는 것이 더 안전하다는 의미이다. 그 과정은 섭식장애 당사자를 괴롭히거나 위협하려는 것이 아니다. 대화를 통해 동기가 일어나도록 자극하고, 부드러우면서도 견고하게 설득하는 것이 기본 태도이다. 환자 동의를 얻지 않고 진행하는 대처보다는 훨씬 더 치료에 효과적이기 때문이다. 하지만 환자의 상태가 매우 심각하고 위험한 수치를 보인다면, 생존을 위한 영양 섭취는 최우선이 되어야 한다.

체질량지수가 16이면, 세계 보건 기구의 기준으로는 심각한 영양 결핍에 해당한다.

섭식장애를 극복한 몇몇 환자가 병이 났던 과거를 회상했을 때, 자신의 상태를 반영한 차트를 둘러싼 의료진과 자신과의 대화가 큰 도움이 되지는 않았다고 말한다. 차트 속에서 자기 위치를 보면서 그들보다 더 낮은 BMI 범위 또는 '더 심각한 영양부족'으로 여겨지는 지점이 더 눈에 들어왔고, 그것이 오히려 체중 감량 동기를 부여했다고 한다. 이러한 근거로 환자 대신 보호자가 환자의 BMI 상황을 객관적으로 인지할 수 있도록 의학적 위험 및 결과에 관해 의사와 대화를 나누는 것이 더 도움이 된다. 그 후 '영양학적 위험가늠 측정자'를 사용하여, 제고한 부분과 실재에 대해 섭식장애 당사자에게 차분히 설명해 주는 것이 더 현명하다. 다음의 예를 보자.

• 네가 얼마나 영양적으로 심각한 상태인지 알게 하는 건 정말 어려운 일인 것 같아. 만약에 너의 신체 기능에 대해 객관적인 관찰을 해 보면 성장 발달이 위험하다는 징후를 확인할 수 있을 거야. 하지만 영양학적 위험가늠 측정자에 대한 너와 나의 측정 점수에 차이가 크다는 점이 네가 이것을 잘 느낄 수 없다는 증거야. 이건 네가 마치 섭식장애에 속아 아무 이상이 없고 괜찮다고 생각하는 것처럼 보여. 하지만 그건 사실이 아니거든. 나는 네가 너무 걱정되고, 너에게 전문가의 도움이 필요하다고 생각해.

이처럼, 당사자의 건강에 미치는 섭식장애가 주는 의학적 위험에 대해 대화할 말을 찾아가는 것이 중요하다.

섭식장애 당사자의 안녕(well-being)을 지키기 위한 당신의 책임을 차분히 설명하자. 세인트 버나드 유형을 기억하자.

실천하기

섭식장애 당사자에게 사회의 역할을 설명해 주기

'만약 너의 병이 너의 영양학적 건강을 책임질 수 없다면, 나는 너의 생명을 지킬 의무가 있어. 법정에서는 내가 너의 건강에 책임이 있었다는 것이 강조될 거고, 만약 내가 가만히 서서 아무것도 하지 않는다면 이를 방치한 거나 다름없다고 판결될 거야.'

사회 역시 섭식장애 당사자의 영양적 건강을 보호할 책임을 가진다. 법적 효력이 있는 정신 건강 행동 강령이 있기 때문이다.

'만약 사회가 당신의 건강을 위해 가져야 하는 책임 정도를 체크해 보자. 당신은 이 선 위의 어디에 있을까?'

0 — 1 — 2 — 3 — 4 — 5 — 6 — 7 — 8 — 9 — 10
사회로부터 어떤 도움도 필요하지 않음   사회로부터 도움이 필요함
건강에 어떤 위험도 없음   건강이 위험함
타인이 당신의 영양 안전을 지킬 필요가 없음   당신의 영양 안전을 지키기 위한 정신 건강 행동 강령이 필요함

> '왜 7점이 아닌 그 점수일까?'
>
> '당신이 1점에 있다면 당신에게 무슨 일이 있어났을까?'
>
> '당신이 1점이 될 때까지 당신에게 무슨 도움이 필요할까?'

만약 섭식장애가 매우 심각한 수준이라면 당사자 스스로 현실적이고 합리적인 관점을 갖기 어렵다. 다음 대화를 보자.

'너는 내게 너 자신의 영양 안전에 대해 스스로 보호할 수 있다고 했고 외부 도움은 필요하지 않다고 말했어. 그게 네 '느낌(생각)'이라는 것을 이해해. 하지만 지금 네 생각은 객관적인 몸 상태와는 정반대야. 우리 사회가 정한 규칙 안에서 최소한의 제한적인 방법을 생각해 보자. 나도 네가 병원에 가기보다 집에서 회복해 가는 것이 더 좋게 여겨져. 네가 계획을 세워 주면 좋겠다. 그것을 해내려면 내가 너에게 무엇을 도와주면 될까? 더 필요한 다른 도움은 뭐니?'

4. 섭식장애적 규칙을 멀리하는 방법

다음 내용들은 규칙에 기반한 먹기로부터 멀어지게 하려는 동기 강화 과정의 접근 유형을 보여 준다.

1) 대화를 통해 섭식장애와 거리 만들기

변화를 촉진하기 위해서는, 섭식장애가 아닌 정체성을 구축하는 것이 필요하다. 유연하고 적응적인 관점들을 발달시키는 것이 목표이다. 양가감정을 이해하는 첫 번째 단계는 잘 모르는 상태를 따라가, 불확실을 느끼고 두려움을 느끼지만 '2개의 마음을 갖는 것'이다.

- 그 위치와 현상의 장점과 단점은 무엇인가?
- 변화를 위한 노력의 장점과 단점은 무엇인가?
- 섭식장애가 아닌 정체성과 생활양식을 가지는 것의 장점과 단점은 무엇인가?

다음과 같은 대화가 진행될 수 있다.

'먹는 데 있어 지속적인 습관과 규칙을 가지게 된 후에는, 그 규칙 행동을 어떻게 깨뜨려야 할지 방법도 모르겠고, 습관을 바꾼다는 게 두려워요.'

'식욕 시스템이 섭식장애에 의해서 망가진다. 정상적인 영양 건강을 어떻게 다시 찾을지에 대해서 다시 배워야 하는 노력이 힘들고 버겁게 느껴질 수 있어. 너에게 너무 어려울 것 같다는 생각이 드니?'

이러한 반영은 변화의 어려움을 과도하게 강조하게 된다. 변화는 결코 쉽지 않다고 말하는 치료자가 '악마의 옹호자(Devil's Advocate)'로 느껴질 수 있다. 이러한 지적에 대한 자연스러운 반응은 섭식장애 당사자가 정반대의 관점에서 영양의 회복을 다시 찾는 것이 그렇게 나쁘지 않기 때문에 건강을 유지하기 위해서 긍정적인 무언가를 할 수 있을지도 모른다고 말하는 것이다.

다음은 당신이 섭식장애 당사자로부터 종종 이끌어 낼 수 있는 답변 유형이다.

'아니요. 난 두렵지 않아요. 난 이미 변화를 만들었기 때문에 내가 못할 것이라고는 생각하지 않아요. 예를 들면, 제 자신에게 음식을 벌로도, 보상으로도 사용했었어요. 내가 보냈던 나의 하루를 어떻게 판단했는가에 따라 먹기를 허락해 왔어요. 지금의 나는 오늘이 어땠는지에 상관없이 먹을 수 있어요. 또한 배고픔에 대한 나의 판단을 신뢰할 수 없기 때문에 먹는 것이 매우 어렵다는 것을 깨달았어요. 과거에 나는 늘 칼로리가 없는 음료수를 선택했지만, 지금은 요거트 드링크를 마시거나 칼로리 섭취를 위해 스무디를 먹기도 해요. 배고픔의 신호와 내 감정이 날 속인다는 것을 알게 되었어요.'

'악마의 옹호자' 자세는 병에 대해 섭식장애 당사자에게 긍정적인 것이 무엇인지를 검토하는 동시에 당사자의 마음에 의문을 제기하는 데 사용할 수 있다.

'영양 결핍이 주는 긍정적인 측면을 찾았었는데, 더 나은 영양 상태를 얻기 위해 노력한다면, 네가 찾았던 무언가를 잃을까 봐 두렵니?'

이 질문의 목적은 당사자 내면에 존재하는 불일치와 불협화음을 깨닫게 하기 위해서다. 개별적으로 각기 다양한 표현 방식이 있겠지만, 이런 방식으로 섭식장애에 도전하는 것은 고통을 가져올 것이다. 하지만 폭발적 분노를 통해서든, 비명을 지르든, 아우성을 치는 방식의 감정적 책임은 회복의 여정을 지속할 수 있게 하는 동기 부여에 필수적이다.

　불일치를 일으키는 이런 대화로 인해 섭식장애 당사자는 병의 긍정적인 측면과 부정적인 측면을 내면에서 비교하게 된다. 당사자가 섭식장애를 내면의 한 부분으로 인식하여 말하는 것을 당신이 알아채고 귀 기울일 수 있다면 당사자에게 도움이 될 것이다. 그 부분의 말을 말도 안 되는 소리 취급하거나 무효화시키려고 중간에 끼어들지 않도록 조심하자. 섭식장애 당사자가 자신의 병이 자신의 몸에 준다고 여기는 이익을 얻을 다른 방법이 있는지 확인할 수 있도록 그 의미를 철저히 탐색하자.

　〈표 12−1〉은 섭식장애로 고통받고 있는 수많은 당사자가 표현한, 병이 갖는 장점(왜 병을 포기하지 못하는지)과 단점(병으로부터 오는 부정적인, 무시하고 싶지만 무시되지 않아서 엮이는 힘겨움)을 통합적으로 보여 준다. 읽은 후에 생각해 보면, 그 중 몇 개는 당사자와 일치하는 부분임을 느낄 수 있을 것이다.

　섭식장애로 얻은 '이득'이라고 보는 신념과 병의 '함정'에 관해 개방적으로 대화하기 위해 당사자들을 격려하는 것은 유용한 훈련이다. 하지만 당신은 변화에 대해 늘 '두 마음 안에서' 바라보는 섭식장애 당사자가 답답할 수도 있다.

　　'골다공증이 두려워요.'라고 했다가도 당사자들은 곧바로 '체중 증가를 절대로 원하지 않아요.'라고 말한다. 혹은 '발목 염좌 때문에 움직이기가 힘들어져서 골다공증인 것을 알게 되었어요.'라고 말하지만, 그 후에 '나를 살찌우는 것으로 거식증을 회복시키려는 사람들로 보였어요.'라고 말하기도 한다.

당사자와 보호자 모두 뒤섞인 메시지들과 생각의 혼란을 참아 내는 것은

표 12-1	섭식장애에 대한 당사자의 생각

섭식장애에 계속 머물고 싶은 이유

- 사람들이 내 얘기에 귀 기울이게 해요.
- 사람들이 나를 걱정하고 있다는 기분이 들어요.
- 돌봄받고 보살펴져요. 모든 것이 안전하다는 느낌이 들어요.
- 집에서 엄마 아빠와 보다 많은 시간을 함께 보낼 수 있어요. 대학에 가기 위해 집을 떠나는 등 어른으로서 해야만 하는 일을 할 필요가 없어요.
- 먹기를 미룸으로써 성취감과 만족감을 느껴요.
- 음식은 대접이다: (a) 하루일과가 끝나면 저녁시간을 위해 저축한다. (b) 이상한 음식은 너무 관대하게 보인다. (c) 그것을 생각하면 시간을 보내는 데 도움이 된다.
- 사실 저는 여러 음식을 먹어요. 만약 내가 그 외 다른 것들을 '먹게 된다면' 짜증이 나요. 마트 안에서 선택 때문에 어리둥절해지는 게 싫어요. 그래서 원래 알고 있던 것을 먹는 게 더 쉬워요.
- 많이 먹는다면 대식가가 될 거예요.
- 내 마음 가는 대로 과하게 탐닉했던 행동 후에 가지는 좌절감과 죄책감이 너무 끔찍해요.
- 제가 보다 특별하고 다른 존재로 느껴져요.
- 제가 다른 사람들에게 영향 끼치게 해요.
- 어른으로서 경험해야 할 갖는 관계성과 책임이 두려워요.
- 체중이 늘어 '정상'으로 보이면 남자들은 절 매력적이라 할 거예요. 하지만 난 그걸 원치 않아요. 거식증은 나의 방어기제예요. 나를 보호해요. 나는 지금처럼 보이고 싶어요.
- 좋아지는 게 두려워요. 변한 것은 아무것도 없어요. 오래된 불만족, 불평등과 문제들은 여전히 거기에 그대로 여전히 절 기다리고 있을 거예요.
- 제가 끔직한 최악으로 침몰했다는 생각이 들지 않아요.
- 전에는 비밀이었지만 이제는 모두가 알고 있는데 시도해 봐야 무슨 소용이 있겠어요?
- 나의 모든 생각이 섭식장애로 가득 차 있고 나의 모든 에너지를 가져가요. 만약에 내가 병을 포기한다면 내 삶은 공허할 거예요. 그러면 전 가진 게 아무것도 없을 거예요.
- 제가 가장 두려워하는 일이 현실이 될까 봐 걱정이에요. 예를 들면, 먹기와 마시기를 즐기게 된다면 체중이 늘 것이고 그렇게 되면 저의 정상적인 체중에 다시는 도달할 수 없을 거예요. 그렇게 되면 저는 다시 모든 것을 끊어야 할 거예요. 지금은 어떤 것도 잃어버리는 법이 없으니 지금이 좋아요.

- 지금 제겐 이게 익숙해요. 다른 그 어떤 것도 상상할 수 없어요.
- 섭식장애는 오랫동안 저를 제 삶 밖으로 내던졌어요. 내 나이 또래의 다른 모든 사람과 비교해도 나는 어린아이 같아요. 따라잡기에는 시간이 너무 많이 지났고 지금 나는 길을 잃었어요. 너무 벅차요.
- 다른 사람들의 기대치가 높아지는 것이 두려워요. 사람들은 내가 '정상적'으로 사회화되고 남자 친구도 갖는 등의 '정상적인' 삶을 살기를 기대하겠지만 전 그게 두려워요.
- 모든 사람이 제 체중 증가에 관심을 가질 것이고, 저는 회복해야 한다는 압박감에 짓눌려 있게 될 거예요. 만약에 결국 제가 실패하면요? 사람들은 그런 나를 보면서 실패했다고 말할 거예요. 먹는 것을 공식화하고 일반화하는 것은 제겐 너무 어려워요.

섭식장애로부터 떠나고 싶은 이유

- 병 때문에 친구들을 너무 많이 잃었고 가족과도 너무 멀어졌어요.
- 병은 절 이기적으로 만들었어요. 다른 사람들을 생각하거나 이해하려는 여유와 시간을 가질 수 없어요.
- 제가 거식증에 머물러 있는 한 저는 저만의 가족을 만들 수 없을 거예요.
- 제 자유를 잃었어요. 홀로 자유롭게 어디로, 그 어떤 것을 하도록 허락되지 않아요. 모든 사람은 나의 모든 순간을 감시하고, 어떤 누구도 나의 사적인 삶을 허락하지 않아요.
- 나는 병으로 인해 생일, 휴가, 파티, 크리스마스 등 많은 것을 놓쳐야 했어요.
- 병은 제가 거짓말 하게 만들고 사람들을 속이게 해요. 병이 제 안에서 저와 함께 있는 한, 저는 정말 끔찍한 사람이 될 거예요.
- 제가 병을 포기하지 않는 한 수의사가 되는 꿈을 절대 이룰 수 없을 거예요.
- 수영, 크로스컨트리, 달리기 같은 제가 사랑하는 그 어떤 운동도 제게 허락되지 않아요.
- 내 뼈는 이미 벌써 약해요. 어린 나이에 골다공증이 생길 가능성이 더 높아졌어요.

쉽지 않다. 보호자들은 혼란과 불안을 빠르게 덮기 위해 개입하고 싶은 유혹을 느낄 수 있고 결론에 도달하여 어떻게 해서든 섭식장애 당사자들을 편하게 만들려고 한다. 안심시키기 위해 끼어들지 말자. 대신 얼마나 혼란스러운지 확인해 보자.

'한쪽에서는 너무 혼란스럽고 좌절을 느껴요. 섭식장애 때문에 몸이 약해져 가는 것을 저도 원하지 않아요. 하지만 다른 한쪽에서는 살이 찌는 것에 대한 두려움을 느껴요.'

'나는 너의 삶에 음식이 없을 때 너의 미래와 너의 비전을 생각할 수 있다는 것이 매우 혼란스럽고 피곤해한다는 것을 알고 있단다. 하지만 먹으려고 할 때 그 순간 네가 보는 것은 접시에 담긴 음식의 칼로리, 지방 등의 세부 정보일 거야.'

섭식장애 당사자에게는 불확실하고 비참한 시간일 것이다. 당사자의 병과 함께해 온, 한때는 완고했었고, 지금은 가끔 의심이 드는 병은 당사자에게 유익하다. 당사자의 감정들은 빠르게 진동하는 것이다. 그들이 긍정적일 때에는 미래를 기대하고, 섭식장애에 관해 통렬한 논평이 빛을 발한다. 그런 후에는 '부정적인 구름'이 당사자를 덮는다. 즉, 음식 양에 대한 논쟁들, 과도한 지방에 대한 의견들, 낮은 자존감, 절망 등이 다가오는 것이다. 변화는 몇 분 안에 이루어지고 그들은 혼란에 빠진다. 이 상태를 목격한 보호자는 매우 큰 실망을 느끼기도 한다. 하지만 섭식장애 당사자의 먹거나 먹지 않거나에 대한 찬반양론, 그것에 대한 강렬한 생각과 감정이 만들어 낸 질문, 의문, 불확실성이야말로 변화를 촉진하는 자원이 된다는 것을 기억하자.

때때로 저는 엄마와 함께 나의 미래, 나의 계획들과 휴일들에 대해 긍정적인 대화를 해요. 내 병을 어떻게 극복해 갈 수 있는지, 단념하고 싶은 내 욕망에 관해서도 이야기해요. 그리고 나서 식사하고 간식을 먹어요. 하지만 제 세계는 좁아요. 칼로리를 무시하거나 풍선처럼 부푼 이미지를 지나칠 수는 없을 거예요. 저의 뇌는 어떻게 음식을 없앨지에 대한 계획과 어떻게 보상할 수 있을까를 고민해요. 갑작스러운 변화로 전 너무 초조해져요. 그럼에도 긍정적으로 생각하려고 노력하고 있어요. 이 모든 게 지금 동시에 일어나고 있고, 가능하게 느껴져요. 무슨 일이 일어난 걸까요? (AC)

2) 선. 행. 결로 거리 만들기

ABC 모델(Antecedents, Behaviors, Consequences)이라고 하는 선. 행. 결(선행 사건, 행동, 결과)은 행동을 이해하기 위해 심리학에서 사용되는 중요한 이론적 도구이다. 행동이 변화하려면 선행 사건을 고려해야 한다는 것이 핵심이다. 외부적 혹은 내부적인 촉발 요인들이 행동을 일으키며 그 행동의 결과가 따라온다. 그 행동으로부터 어떤 긍정적인 내적 혹은 외적 효과가 일어나는지, 어떤 처벌 효과들이 회피되거나 무효화되는지 알게 된다. 사건에 의해 행동이 촉발된다는 이론은 인간이 목표에 도달하거나 개인적인 주목(attention)을 얻기 위해 일종의 보상을 만들어 내는 행동을 계속한다는 뜻이다.

〈표 12-2〉를 읽으면서 어떤 선행 사건이 섭식장애의 규칙을 따르게 하는지 이해했는가? 다음은 좀 더 생각해 보기를 바라며 덧붙이는 주제다.

- **정서적 촉발들**: 무가치하다는 느낌, 행복하지 않다는 느낌, 부적절하고 불안한 느낌
- **사고적 촉발들**: 음식은 부수적인 것이거나 이상한 의미를 가진다는 생각

표 12-2   제한적인 섭취에 대한 기능 분석

선행 사건	결과
내부적 촉발 요인	긍정적인 효과
• 두려움	• 특별한 능력
• 거절당함	• 통제
• 정서적인 흥분	• 타인으로부터의 걱정과 염려
• 음식과 관련된 부정적인 기억	• 정서적인 회피/억제
외부적인 촉발 요인	부정적인 효과
• '뚱뚱함'과 관련한 대화(몸매 이야기)	• 타인의 분노
• 고립/외로움/거부	• 굶주림으로 인한 결과
• 비판/적대감	

(1) 선행 사건을 바꾸기

집안의 분위기를 가능한 따뜻하게 만드는 것만으로도 긍정적인 조건들이 증진되어 먹기를 촉진할 수 있다. 비판과 적대감은 불안을 증폭시키고 먹기를 어렵게 만든다. 식사 시간에 당사자들이 보이는 행동이 당신으로 하여금 좌절을 느끼게 할지라도 고요히 머물러 있는 것이 중요하다. 만약 불안해하거나 화를 낸다면 섭식장애 당사자는 더 불안해하고 화를 낼 것이다. 이어 더더욱 먹기를 어려워할 것이고, 식탁을 떠나 먹기를 거부하기 위한 변명으로 그들의 분노와 불안함을 사용할 것이다.

따라서 함께 먹을 때에는 가능한 한 유쾌한 분위기와 장면을 유지하자. 식사 전, 식탁에서 음식과 관련이 없는 중성적인 주제들을 떠올려 보자. 예를 들면, 최근 개봉한 영화나 지난 밤 TV 프로그램 혹은 새로운 스포츠 소식 같은 것이 좋다. 또는 당신의 하루 중 무엇인가를 떠올려 말하거나 당사자의 행동 중 칭찬할 만한 것들에 관해 구체적으로 말해도 된다. 아주 평범하고 일상적인 수다일지라도 당사자에게는 고요한 배경 소음으로 활용될 수 있다.

만약 식사 시간의 긴장과 침묵이 예상된다면 식사 시작 바로 전 조용한 음악을 배경으로 잔잔히 들리도록 틀어 놓는 것도 좋다. 기분 전환의 의미이자 분산의 효과로 식구 중 한 사람이 스무고개(낱말 맞추기)를 해 보자고 제안하는 것도 좋고, 식사 후 혹은 주말에 어떤 계획을 세워 볼지에 관해 이야기 나누는 것도 좋다.

만약 당신에게 시간과 에너지가 있다면, 매력적인 식사공간으로 세팅해 보거나 날씨가 좋다면 테라스에서 식탁을 꾸며 식사하는 것도 좋다.

(2) 섭식장애 당사자를 변화시키기 위해 보호자의 행동 변화시키기

섭식장애적 생각을 자극하는 것을 극복하기 위해서는 주장 능력(assertive ness skills)이 필요하고 다음 요소들을 포함한다.

- **침착하자**: 어떤 일이 일어나기를 원하는지 합의된 일을 당사자에게 상기
  시킬 때에는 명확하고 단호하게 말하자.
- **연민을 가지자**: 음식을 앞에 두고 섭식장애 당사자가 다른 관점으로 바라
  본다는 것이 얼마나 어려운지, 식습관을 바꾸고 싶어하는 마음을 가지
  는 것이 얼마나 어려운 일인지 인정하자. 그러나 당신의 관점은 당사자
  와 다르다는 것을 상기시키자. 일어나기를 바라는 일을 바라며 인내심
  을 가지고 반복을 맞이하자.
- **배려하고 관심을 가지자**: 당신이 할 수 있는 방법으로 도와주자. 무엇을 필
  요로 하는지 당사자에게 물어보자.
- **코칭하자**: 섭식장애 당사자의 정신이 자신의 섬세함과 '지금'에 어떻게
  초점을 맞추고 있는지 함께 말해 보자. 관찰자의 입장에서 설명하면서
  좀 더 큰 그림과 미래를 볼 수 있다. 다이어트의 어떤 부분에만 집중한
  대화는 도움이 되지 않는다. 인간은 살기 위해서 먹는다. 당신은 삶의
  질을 향상시키는 데 관심을 가져야 한다. 당신은 침착하고, 친절하게, 끈
  질기게 이 메시지를 반복해야 할 수도 있다.
- **공모하지 않는다**: 예를 들어, '이건 나를 살찌게 할 거예요. 그렇지 않아요?'
  와 같은 당사자의 질문에, 안심시키기 위한 태도로 반응하지 말자. 보다
  중립적인 대화 주제를 유지하자. 미리 최근의 지역 사회 뉴스나 이벤트를
  생각해 두자. 음식, 체중, 체형 등에 대한 섭식장애 관련 표현에 동조하지
  말자.

침착하게, 먹는 속도를 유지하기 위한 코칭 코멘트들은 도움이 된다.

> '무엇으로 만들어졌는지, 칼로리는 어떤지, 양은 어떤지와 같은 세부적인 부분에
> 집중하는 것은 너에게 도움이 되지 않는단다.'
> '건강을 위한 영양 섭취와 삶의 내용에 흥미를 가져 보자는 우리의 계획대로 가

보자. 우리는 모두 살기 위해 먹어야만 한단다.'

'우리는 너의 인생 이야기를 통해 이루고자 하는 것을 응원하고 싶어. 그것에 대해 이야기해 보자. 이번 주 주말에 뭘 해 보고 싶니?'

'나는 너의 삶이 먹는 것보다 더 중요하기를 바라.'

'칼로리 자체에 매달리는 것보다 오히려 사람들과의 관계, 너와 세상과의 연결을 멀리서 바라보면 어떨까? 이번 주 주말에 보고 싶은 영화 있니? 혹은 가 보고 싶은 곳이 있니?'

'거기에는 음식과 체중보다 더 중요한 무엇이 있을 거야. 우리 그곳을 향해 같이 가 보자.'

(3) 결과 바꾸기

내부적 · 외부적 결과 모두 신중하게 고려해야 한다.

① 내부적 결과

섭식장애 당사자가 각자의 섭식장애 규칙들을 유지하지 않았을 때 나타나는 가장 평범한 결과는 극도의 불안이다. 어떤 음식을 먹더라도 충동적 보상 행동 패턴을 보인다. 과운동, 구토, 제거, 안심 구하기, 섭식장애 사고로 계산하기(예: 나중에 꼭 줄이려는 생각)으로 요약할 수 있다.

그러한 전략들을 사용하지 않고 포만감이 생겼을 때 밀려오는 강렬한 불안을 정복하는 것이 변화의 핵심이다. 따라서 영양 코칭 시, 식사 끝났을 때가 끝이 아니고 그 후가 더 중요하다는 것을 기억하게 하자. 식사 후 주의 분산 및 전환 활동계획이 도움이 된다. 함께 대화하거나 직소 퍼즐, 끝말잇기, 독서, 반려견과 산책하기, 최근 뉴스를 보거나 영화 혹은 드라마를 보는 것도 섭식장애 당사자의 강박 관념에 끼어들어 방해할 수 있다.

주의 분산 활동(distraction activities)은 식후 30분 정도, 간식 후 15분 정도로 지속하는 것이 이상적이다. 그 정도의 시간이라면 신체적으로 꽉 차 있다는 느낌이 줄어들어서 보상행동을 시작하기 어렵게 만든다. 어떤 환자들은 먹으면서 너무 긴장했고, 먹은 후에는 화를 내고 분개해서 식후 활동 참여가 어렵다. 이 격노는 먹기로부터 오는 것이기도 하지만 계획되어 있던 안전 행동(planned safety behaviour)을 하지 못하도록 막는 보호자의 존재감으로부터 오는 것이기도 하다. 당사자는 아마도 분명히 그들의 격노를 직접적으로 당신에게 퍼부을 것이다. 그때에 당신은 그들의 좌절과 절망을 풀어 주기 위해 다른 특별한 방법을 제안해 볼 수 있다. 예를 들면, 베개 혹은 쿠션을 주먹으로 친다던지, 그들이 어떻게 느끼는지 그림을 그려 보거나 글을 쓰는 것이다. 식후 식사 일기에도 섭식장애 당사자가 스스로 느끼는 증오와 불만족을 표출할 수 있다. 식사가 그들의 기분을 어떻게 만들었을까? 섭식장애로 고통 받는 사람 전부는 아닐지라도, 많은 당사자가 정서조절력이 취약해져 있어 자신에게 나타나는 감정을 말로 표현하거나 명료화하는 데 자신 없어 하는 경우가 많다.

> '식사 후에 더 불안하고 예민해지고 힘들어하는 너를 돕고 싶어. 네가 너의 강박적인 욕구에 얼마나 힘들게 저항하는지 느끼고 있단다. 우리 30분간 함께 머물러 있기로 했던 목표를 기억하지? 산책하면서 너의 하루에 대해 얘기해 줄래?'
>
> '식사 때문에 기분이 어떻게 상했는지 알겠어. 화가 나고 불안해하는 것 같아. 너의 마음속 생각을 내게 말해 주는 게 힘들다면 글로 써 보는 건 어떨까? 그 감정들이 밖으로 나오게 된다면, 무겁게 가지고 있었던 감정의 돌덩이들 중 몇 개를 내려놓게 되어서, 몸이 꽉 차 있는 것처럼 느끼지 않는 데에 도움이 될 거야.'

② 외부적 결과들

규칙 중심의 식습관을 칭찬하거나 적절하다고 보지 않는 것이 중요하다. 다음의 예는 '보상으로' 또는 '보상이 아닌' 반응을 어떻게 분석하는지 묘사하고 있다.

타냐의 엄마, 수는 식사 시간 타냐와 함께 앉아 타냐가 '반드시' 식사를 끝마칠 수 있게 한다.

이것은 그녀의 딸이 살기 위해서는 먹어야 한다는 사실을 알게 하는 것으로써, 먹는다는 것이 자연스럽고 정상임을 알게 하는 좋은 예이다.

식사 후 타냐는 눈물이 가득 고인 채 자기 방으로 갔다. 수는 딸을 따라갔고 안아 주면서 딸이 진정할 수 있도록 노력한다.

관심을 가져 주는 행동이 보상이며 타냐의 거식 행동은 강화될 것이다. 먹기를 정상적인 부분으로 보지 않는 행동을 우리는 '거식증적 속삭임(minx)'이라 부른다.

수와 데이빗은 이러한 상황을 다음과 같이 분석했다. 그들은 타냐가 식사 후 흘리는 눈물에 대해서는 무시하기로 했다. 타냐가 심리적으로 안정적일 때, 그 부분에 대해 접근해 보기로 했다. 식사 후 타냐의 주위를 분산시키기 위해 시간을 어떻게 보낼지 구상했고 함께 산책하거나 TV를 보는 것으로 결론을 지었다.

그 후 수는 타냐에게 식후 산책을 제안했고 타냐의 눈물을 수가 무시하면, 타냐가 오래 울지 않는다는 것도 깨달았다. 수는 타냐가 점점 더 마음의 문을 열고 있다는 것을 눈치채기 시작했다.

다음과 같은 방식의 당신의 관심과 보살핌과 같은 보상이 가장 강력한 동기 부여가 된다는 것을 기억하자.

'이 식사가 끝나면, 콜라주/뜨개질/바느질/스크랩북 만들기를 더 해 보면 어떨까?'
'그리고 그게 끝나면, 우리 산책 가자.'

'고통으로부터 멀어지는 건 참 힘겹지만 지금 당장 멀어지는 노력을 해 보자. 함
께 그림을 그리고, 함께 영화를 보자. 그러는 동안 너의 그 고통이 엄지발가락 안에
들어 있다고 상상해 보면 어때?'

이후의 대화를 통해서 각 가족은 가족 맞춤으로 각기 다른 해결책과 아이
디어를 찾을 것이다.

5. 식사 회복에 필요한 정보

1) 선택들

먹는다, 안 먹는다에 선택은 없다. 단, 어디서 먹을지는 선택할 수 있다.
'간식은 정원에서 먹을까? 아니면 집에서 먹을까?' '우리 점심 피크닉 가는 건
어때?'라고 물을 수 있다. 어느 정도 호전되었다면, 언제 먹을지에 대해서도
유연해질 수 있다. '3~4시경에 오후 간식 먹을까?' 그리고 누구와 먹을지에
대해서도 유연해질 수 있다. 또한 당사자에게는 선택해야 할 것이 또 있다.
무엇을 먹을지(먹는다면 무엇을 먹는지)에 대한 선택이다. 이에 '간식으로 요거
트, 토스트 혹은 스무디는 어떠니?'처럼 2~3개 정도의 메뉴 대안을 섭식장애
당사자에게 제안해야 한다.

2) 규칙에 근거한 먹기에 변화를 주려면

먹기와 관련해 가족이 함께 협력하는 것은 매우 중요하다. 서로의 성격에
따른 접근법 차이로 인해 마음모으기가 쉽지 않을 수 있다. 일부 가족 구성
원 역시 음식에 대한 자기 고유의 문제를 가지고 있을 수 있기 때문에 당사자

의 회복 집중을 흐리게 만들 수도 있다. 대중 매체는 신체상, 체형, 체중, '건강한 섭취'를 강조하며 지속적인 다이어트를 하게 하면서 '그들이 무엇을 먹는지 보라'고도 한다. 가족 구성원 중 누군가가 극심한 체형과 몸무게 걱정을 가지고 있다면 편견 없는 관점을 가지기가 더 어렵다. 또 마트 상품 겉면에 있는 '1개에 100칼로리뿐' '저지방' '99% 무지방' 등의 표현은 우리의 눈이 칼로리를 의식하도록 안내한다. 명확하게 칼로리 관련 내용이 표기된 식품들이 주방 수납 공간을 가득 채우는 것은 체중을 증가시켜야 하는 회복 단계에서는 적합하지 않다. 그러한 제품을 어떻게 보관해야 할지 식품의 영양 정보를 가리는 게 어떤지에 대해 가족 토론을 통해 공동의 합의된 선택이 필요할 수 있다. 덧붙여, 가족 토론은 섭식장애 당사자가 아닌 다른 가족 구성원의 섭식 행동에 초점을 맞춘다. 섭식장애 당사자가 아닌 다른 사람이 도전을 요구받는 것처럼 느낄 수 있지만, 이 부분을 다뤄야 하는 이유는 섭식장애 증상과 '정상'이라 바라보는 섭식 행동 사이에 흐릿한 경계선이 있기 때문이다. 섭식장애는 가족 안의 분열을 쉽게 조장하기 때문에 일관성을 가진다는 것은 통합된 가족 접근에 매우 중요하다.

3) 계획하기

섭식장애 당사자는 변화에 대해 뒤섞인 감정이 풀리게 될 때야 비로소 행동 단계에 도착한다(제7장 참조). 이로써 보호자는 섬세하게 구상된 계획 안에서 행동을 실천하도록 지지할 수 있다.

기억하자. 섭식장애 당사자는 이 단계에 도달하기 전 당신의 지원과 도움이 있었다는 것을 알고 있고, 앞으로도 지속될 것임을 믿고 있다. 이전에는 준비조차 하지 않았을 그들이 이제는 계획에 따라 움직일 준비가 되었고, 함께 변화로 나아가기 위해 대화를 시작한다. 변화를 위한 헌신과 요동치는 의지의 에너지는 종종 좌절감으로 인해 후퇴할 수 있다. 그럴 때마다 섭식장애가 병의 초기로 가는 듯하지만 다시 새로워진다. 그래서 우리는 이 사태에 대해 준비해야 한다.

(1) 대화 시간

섭식장애 당사자에게 먹기는 두려움에 맞서 싸우는 기술과 관련 있다. 목표의 위계를 설정해야 하며, 각각에 대한 불안의 정도를 평가해야 한다. 그런 다음 최소한의 불안감에서 시작하여 순차적으로 진행해 나가며, 기대했던 불안이 안정이 될 때까지는 다음 단계로 나가지 않는다. 〈표 12-3〉은 위계를 보여 주는 예이다.

표 12-3 위계 구조 체계

목표	예상 불안(0~100)	실제 불안(0~100)
레스토랑에서의 식사	99	
친구들과 함께 커피 또는 케이크를 먹는 것	90	
자매와 함께 차를 마시는 것	85	
가족과 사촌들과 함께 저녁 식사를 하는 것	75	
가족과 샌드위치를 먹는 것	65	
가족과 과일을 먹는 것	60	

핵심

- 한 번에 한 문제씩 해결하기
- 힘든 문제를 여러 단계로 쪼개기
- 더 쉽게 해낼 수 있는 행동부터 시작하기
- 계획을 섬세하게 다룬다고 상상하기(가능하다면 가족 또는 친한 친구와 이야기하면서 까다로운 단계를 사전연습해 보기)
- 불안을 관찰하기. 적절한 상황에서는 불안이 정상적이고 유익한 반응임

을 기억하되, 재배치가 필요함을 기억하기
- 만약 당사자가 또 다시 반복하고, 계획했었던 먹기를 거부한다면, 모든 실수가 보물이 될 수 있다는 것을 상기시켜 주기(세웠던 목표가 너무 도전적이었을 때 약간은 쉬운 것부터 해 보자. 당사자에게 물어 보자. 포기하지 말자. 점진적으로 성공할 것이다.)
- 당신이 성공했다면, 그것은 당신의 계획을 따랐기 때문이다. 이후 당신은 또 다른 도전을 향해 나아가면 된다.

계획한 단계를 치밀하고 섬세하게 거치는 것이 중요하다. 당사자는 언제, 어떻게, 누구와 먹을 것이라는 계획이 안전하고 위험이 없다는 것을 느낄 필요가 있다. 도전과 변화의 과정이 너무 많거나 너무 빠를 때 섭식장애 당사자는 쉽게 후퇴한다. 기억하자. 고통받고 있는 섭식장애 당사자에게 있어 당신이라는 존재는 '사소하고 하찮은 안전 담요'일 따름이고, 정서적인 의지가 되어 주는 가장 친한 친구인 섭식장애와의 관계를 '엉망으로' 만드는 존재일 수 있다는 것을. 구체적인 영양 섭취 계획은 의학적으로 의료 처치가 더 이상 효과를 발휘할 수 없을 때 더 중요하다. 섭식장애 당사자의 건강 상태를 환자 본인에게 알려 주면서 계획을 세워 가야 한다. 하지만 당사자는 틀림없이 수용하지 않으려 할 것이다.

궁극의 목표는 섭식장애 당사자의 건강한 체중 회복을 지원하고 돕는 것이다. 과학적 연구 근거들을 통해 회복이 일어나려면 사람들이 정상 체중 범위로 돌아가는 것이 필수적임을 보았다. 신경성 식욕부진증 치료 회복의 임상적 가이드라인에서 가장 강조하는 점이다. 목표는 BMI 19.5~25k/m²로, 거기에 도달해야 하는 이유는 다음과 같다.

- 재발 위험이 감소한다.
- 단기 및 장기 합병증의 위험도를 낮출 수 있다.

- 폭식이 생기는 위험을 낮춘다.
- 충동적인 행동, 자해 행동을 유발하는 뇌의 화학적 변화를 감소시킬 수 있다.
- 경쟁적이고 공격적인 행동들, 불안정함을 유발하는 뇌의 화학적 변화가 줄어든다.
- 과잉운동을 유발하는 뇌의 화학적 변화가 감소한다.

신경성 식욕부진증에서 체중의 회복 없이 섭식 병리와 연계된 행동(사회적 고립, 정서 표현 불능, 완고하고 슬프고 부정적인 사고)의 반복을 그만두게 하는 것은 불가능하다. 만약 당사자가 정상적인 생리학적, 생물학적 상태에 다다르기보다 섭식장애 규칙들에 의한 행동을 더 유지할 경우, 그들은 사람들이 굶주리고 스트레스를 받을 때 일어나는 비정상적인 과정 속에 얽매여 있게 될 것이다.

과정은 느릴 수 있다. 섭식장애 당사자의 실제 손과 발이 따뜻해지면, 무언가 시작해 볼 수 있다는 것을 의미한다. 다음의 지침은 당사자와 함께 계획을 세울 때 무엇을 어떻게 할지에 대한 핵심 가이드이다.

① 이름을 붙이면서 부끄러워하는 경험

섭식장애 당사자가 자신의 영양 건강에 대해 더 많은 책임을 져야 할 경우, 주어질 하루를 어떻게 보낼지 당사자와 계획해야 한다. 당사자가 종교처럼 따르고 있는 '규칙들에 이름을 붙이면서 부끄러워하는' 과정을 통해 점진적으로 규칙이 느슨해질 수 있음을 설명하자. 하지만 그들은 매우 개인적인 것이라 하면서 자신만의 규칙에 대해 말하는 것을 꺼려할 것이다. 게다가 당사자는 비웃음과 당혹감을 극도로 의식하여 솔직한 고백이 주는 어떤 이득도 의심할 것이다. '이름 붙여 보면서 부끄러워하는' 과정을 하나의 게임처럼 여기게 격려해 보자. 당사자의 노력과 지지가 규칙들을 깨뜨리고 그때 일어나는 불안에 대해 보호자인 당신이 언제나 지지하고 있다는 것을 상기시키자.
다음 대화의 예를 보라.

> '지금 나는 네가 너의 건강에 더 많은 책임을 가져야 한다는 것을 알고 있기 때문에 너의 하루를 어떻게 보낼지 얘기하고 싶어. 뭘 하고 싶은지 상상해 보면서 너의 스토리 보드를 나와 함께 구상해 보고 채워 가 보자. 그러려면, 우선 일어나야지! 아침 먹으러 움직여 보자.'
>
> '섭식장애에 걸린 사람 대부분이 먹기에 관해 생각보다 많은 규칙을 가지고 있단다. 네가 가지고 있는 규칙에 대해 말해 줄 수 있겠니?'
>
> '너의 규칙들 중 하나라도 바꾸는 것이 겁날 거야. 하지만 해야 한다면, 어떤 것을 먼저 다뤄 볼까? 어떤 것이 제일 깨기 쉬울 것 같니?'

당신은 규칙들이 점진적으로 어떻게 변화하게 되는지 당사자가 예측할 수 있게 설명해 줄 수 있어야 한다. 규칙의 순위를 알게 되면 깨기 쉬운 규칙부터 먼저 공략해야 한다. 그 후에야 비로소 좀 더 큰 중대한 규칙들을 변화시키는 쪽으로 향할 수 있다.

② 안전 행동을 겨냥하기

보호자인 당신을 기쁘게 하려는 것과 같은 사회적 요구에 부응하려고 먹었던 것에 대해 흥분을 가라앉히거나 안심하고 달래기 위한 스스로의 전략이었던 안전 행동들에 대한 대화를 격려하는 것은 도움이 된다. 당신의 목표는 당사자의 생각을 좀 더 적응적인 것으로 바꿀 수 있도록 돕는 데 있다.

> '타인에 의해 너의 규칙들이 깨질까 봐 두려울 때 너 자신을 안심시키기 위한 너만의 방법이 있다는 것을 알아. 네가 이것을 어떻게 다뤄 왔는지 말해 줄 수 있겠니?'
>
> '작은 부분에 집중하느라 큰 그림을 못 보는 건 흔히 일어나는 일이야. 나무를 보

느라 숲을 보지 못하는 것 같은 거지. 먹지 않게 하려고, 섭식장애가 너에게 모든 종류의 규칙을 따르도록 시도할 때는 정말 어렵게 느껴진단다. 언젠가 네가 ……로 일하는 게 좋았다고 말했었는데, 만약 먹지 않아서 하고 싶은 일을 해낼 만큼 건강하지 못하다면 어떤 마음이 들까?'

(2) 계획하기(변화를 위해 적어 본 계획)

종이 위에 〈표 12-4〉처럼 제목과 선택들을 적어 보면서, 변화를 위한 명확한 계획으로 발전시키자. 섭식장애 규칙 혹은 안전 행동들에 대해 당사자 스스로 공개하도록 하고 도전에 대한 희망 역시 기록해 보게 하자.

식사, 쇼핑, 음식 준비와 같은 음식과 관련된 당사자 개인의 중요한 영역에 대한 아이디어들을 정리한다면 이 계획들이 도움이 될 것이다. 이 표 구조의 목표는 각 시나리오를 자세히 '살펴보는' 것이다. 변화를 이루기 위해 무엇이 필요한지, 누가 도움을 줄 수 있는지, 무엇이 도움이 될 것인지를 고려하면서 쓰고, 변화에 대해 이야기 나눈다.

당사자에게 다시 한번 다음 내용을 강조하자.

'살아 있는 모든 생명체가 살기 위해서는 연료가 필요합니다. 따라서 모든 인간은 반드시 먹어야 합니다. 먹기는 선택이 아닙니다. 우리는 먹기 위해 사는 것이 아니라 살기 위해 먹습니다.'

섭식장애 당사자와 함께 검토하고 성찰하는 것이 핵심이다. 변화를 위해 적어 본 계획은 성취와 진전을 위해 추후 다시 체크할 수 있어야 한다. 예를 들어, 외식이 있었다면 성공한 것과 과정 중의 문제들, 무엇이 잘못되었는지, 왜 그랬던 것 같은지, 얻은 것은 무엇이고, 무엇을 배웠는지 등에 관한 대화를 해 보자. 중요한 변화가 있었다면, 말머리에 제일 먼저 다음 내용을 당사자가 넣어 말함으로써 그의 의견을 들어 보도록 하자.

표 12-4 먹기를 위한 변화로 나아갈 계획

나의 영양 상태와 관련하여 내가 바라고 싶은 변화들은:

변화를 바라는 가장 중요한 이유는:

변화를 향해 나아가기 위해 내가 계획하는 다음 단계는:

다른 사람들이 나를 도울 수 있는 방법들은:
　사람:
　그 사람이 도울 수 있는 방법은:

다음과 같은 경우 내 계획이 내게 효과가 있다는 것을 안다:

내 계획을 방해하는 것은:

- 내가 바꾸기로 했을 때 내가 관찰한 것은 ～이다.
- 변화 실험에 대해 반영해 보면서 내가 배울 수 있었던 것은 ～이다.
- 다음 해야 할 나의 계획은 ～이다.

4) 먹기에 관한 정보

목표는 점진적으로 영양 공급량을 점차 늘려 정상 범위의 체중으로 되돌리는 것이다. 적은 양이라 할지라도 하루 중 식사 및 간식의 양을 정기적으로 증량해 가는 것이 최선이다.

- 의학적으로 심각한 위험 수위에 있는 신경성 식욕부진증 환자에 대한

치료 첫 단계(3~7일)는 거칠지 않고 부드러운 질감의 식단이 제공되어야 한다. 체중 1kg에 대략 30~40kcal를 제공한다는 기준에서 적게는 하루 총 1000kcal 정도를 제공한다. 어떤 경우에는 액상 타입의 영양 균형식이 일반식보다 당사자가 수용하기 쉬울 수 있다.

• 치료의 최종 목표는 신체 조건, 운동 수준, 신진대사, 체온 등에 따라 하루 2000~2500kcal를 섭취하는 정상 식사와 체중 감소를 보완하기 위한 영양보충제 섭취이다. 일주일에 1kg이 증가되기 위해서는 BMI와 운동 수준을 고려하여도 매일 500kcal 이상이 더 섭취되어야 한다. 심각하게 손실된 체중을 복원하려면 하루에 2500~3000kcal가 필요하며 입원 환자의 경우는 총 열량 약 3000~3500kcal가 제공된다.

• 섭식장애 치료 전문가들이 외래 환자를 모니터링하면서 치료하면, 체중 회복을 보통 일주일에 0.5kg 증가를 목표로 한다. 그리고 섭식장애 치료 전문병원의 입원 환자의 경우, 보통 일주일에 1kg 증가를 목표로 한다. 하지만 더 중요한 것은 체중 증가의 방향 추세가 주중 증가의 숫자 결과보다 더 중요하다.

• 감량된 체중을 복원하기 위해서 지속적이고 일관된 방식으로 필요한 종류의 칼로리를 섭취하는 것은, 많은 보호자가 놀라워할 정도로 무리한 주문, 요구일 수 있다. 또한 섭식장애 당사자의 '에너지 소비'를 피하도록 격려되고, 움직임 활동의 수준을 제한하도록 감독받을 수 있다.

• 체중 유지를 위해서 당사자에게는 2회의 디저트를 포함한 하루 세 번의 식사가 제공되고, 나이, 성별, BMI를 기준으로 한 3회의 간식을 먹는다. 심리적으로, 신체적으로 하루 열량을 분배하여 음식을 먹는 것이 섭식장애 당사자에게 더 편안한 방법이다. 이 때문에 잘 짜인 식사 관리 시간표가 꼭 필요하다.

• 신중을 기하며 만든 새로운 식사 관리 시간표대로 당사자가 바꿀 것이라 기대하는 것은 비현실적이다. 정기적인 계획(예를 들면, 세 끼의 식사와 3회

의 간식)구상은 천천히 점진적으로 토대를 세워야 한다. 일주일 이상의 시간이 걸리더라도 섭식장애 당사자에게 계획을 설명해 주고, 간식 양의 절반 수준 혹은 그 이하로 협상된다 할지라도, 규칙적으로 간격을 둔 영양 공급 수용을 동의하고 음식 섭취를 시작하는 것이 더더욱 중요하다.

- 어떤 환자에게는 정상 식사 외에 추가로 영양 보충제(extra nutrition)가 필요하다. 영양 보충제는 체중이 정상으로 회복되면 중단될 수 있다. 추가적 영양 섭취는 영양학적으로 공인된 제품들인 엔커버(병원 처방), 뉴케어와 메디웰(국내), 칼로린, 포트시프, 엔슈어플러스(국외) 등이 있고, 운동선수들이 섭취하는 영양균형액상보충제도 있다. 또 다른 옵션은 밀크셰이크, 요거트, 스무디, 유제품 드링크류를 더하는 것이다. 하지만 대부분의 당사자는 치료의 형태로 의사가 처방한 영양제를 더 잘 수용한다.

- 성인의 경우 멀티 비타민 및 멀티 미네랄은 정상 성인 기준 복용량을 따르면 된다. 아동의 경우 시럽 형태나 작은 크기의 알약 형태로 제공하는 것이 복용하기 쉽다.

- 섭식장애 당사자는 채소나 과일로 가득 '채워진' 식단을 피해야 한다. 어떤 환자가 그 방식의 식단 루틴(routine)을 생활화해 왔다면 아이에게서 '젖을 떼듯' 점진적으로 중단해야 한다. 체중을 증가시키는 기간 중 과일과 채소는 섭취 칼로리 전체 비율 중 매우 낮은 비율을 차지해야 한다. 체중 회복 후에 과일과 채소를 포함시키는 것은 섭식장애 당사자를 건강하고 균형 잡힌 식단에 적응시키려는 의미에서 필요하다. 하지만 치료 중에 과일(바나나를 포함)은 '추가'되는 음식으로 고려되어야 하며, 계획된 간식 또는 디저트와 동등하지 않다. 즉, 과일을 먹었다고 해서 계획된 식사나 간식을 빼거나 대신하여 섭취하는 것이 아니라는 의미다. 약속은 당사자가 오해하지 않도록 명확하게 설명되어야 한다. 체중 증가 기간 동안에는 당사자가 하루에 과일 한 조각 이상을 섭취하지 않도록

안내한다(점심 식사에 채소 두 종류 추가, 저녁 식사에 채소 두 종류 추가할 수 있다. 단, 과일에 대한 당사자의 열망이 있다면, 과일로 만들어진 푸딩, 과일 샐러드나 과일 서벗, 사과 크럼블과 커스터드 등을 고려할 수 있다).

- 또한 섭식장애 당사자가 섭취 후 구토를 '용이하게' 돕는 과도한 양의 액체를 마시는 행동을 피하게 하자. 400~600mL의 물보다 더 많은 물을 식사와 함께 혹은 간식과 함께 마시지 않도록 격려하자. 탄산음료는 가급적 피하고, 카페인은 적당히 마셔야 한다.

- 무지방/저지방 혹은 저칼로리 음식들을 제공받아야 한다는 당사자의 요구에 괴로워하지 말자. 어떤 오일은 건강을 위해 필수적이다. 생선, 견과류, 씨앗으로부터의 기름은 성장과 회복을 위한 풍부한 지방산을 제공하기 때문이다.

- 칼로리를 몰라도 겁나지 않는 음식들로 재섭취를 시작하는 것이 때로는 유용하다. 특히 칼로리 라벨이 붙은 식사 사이의 간식은 섭식장애 당사자의 두려움을 누그러뜨리기도 한다. 그러나 그 시도의 목표는 엄격하고 제한적인 규칙을 유지하려는 당사자의 욕구를 점진적으로 누그러뜨리는 데에 있음을 기억하자.

- 체중 회복에 있어 심리학적으로도 이해 가능한 최적의 증가율을 얻기 위해서 섭식장애 전문 병원과 센터에서 운영되는 하루 계획을 따라 보자. 기본 구조는 섭식장애 당사자의 필요에 맞춰진 것이면서도 다양한 변형들 역시 맞춤형으로 계획된다. 그 과정에는 당사자와 치료진, 보호자 간의 협의가 있고, 수용과정을 거친다. 이에 따라서 하루에 제공되는 식사 및 간식 양은 몇 주에 걸쳐 만들어져 가고 정교화된다.

식사량의 예

- 아침: 시리얼 30~40g(콘플레이크, 브렌플레이크, 뮤즐리 혹은 위타빅스(Weetabix) 2개와 우유 200mL(저지방 혹은 홀밀크) 그리고 2스푼 정도(호텔/레스토랑에서 제공되는 사각 포장된 작은 크기)의 마가린/버터를 바른 반쯤 구운 토스트 2장 그리고 잼/마멀레이드/꿀(마가린과 버터의 양과 같은) 혹은 땅콩 버터를 바른 토스트 2장

- 아침 간식(간식 1): 약 200kcal~300kcal. 시리얼바/케이크바 각 1개, 스콘/차와 먹는 케이크/잼이나 버터를 바른 토스트 1장, 오트 케이크 혹은 다른 비스킷들(3~4개 정도), 지방을 제거하지 않은 요거트 1개 혹은 스무디 혹은 쌀푸딩 혹은 우유를 섞은 음료수, 과일 믹스된 견과류 1봉지 등

- 점심: 샌드위치(버터와 마요네즈를 바른 두꺼운 빵 2조각) 1개, 참치 마요, 달걀 마요, 치즈, 햄, 닭고기 등과 샐러드 혹은 단백질 한 조각(닭가슴살, 참치캔 1/2통, 고등어 필레 1개, 두꺼운 햄 2조각 등) 그리고 탄수화물은 (대략 4 테이블 스푼 넉넉히) 쌀밥, 쿠스쿠스, 파스타, 감자 요리 혹은 동등한 크기와 양의 구운 감자 또는 빵, 단백질과 탄수화물은 야채 2인분과 함께 제공. 저녁 식사 접시를 그림으로 그려 본다면 전체의 1/4은 단백질을 채우고, 이어 비슷한 양으로 탄수화물을 채우면 되고, 접시의 남은 부분은 야채/채소의 공간이 된다.

- 디저트: 스무디/밀크쉐이크 1잔, 그래놀라/커스터드 1그릇 , 과일 샐러드와 아이스크림, 스폰지 케이크 1조각

- 오후 간식(간식 2): 오전 간식과 동일

- 저녁: 점심과 동일

- 디저트: 점심과 동일

- 저녁 간식(간식 3): 오전 간식과 동일

- 하루에 먹어야 할 음식이 직접 제공되기 전, 구체적이고 명확하게 계획해야 하는 이유는 음식 결정에 대한 높은 스트레스를 줄이기 위해서이다. 일주일 단위의 메뉴 계획을 서로 상의하면서 동의한 메뉴가 적힌 일주일 계획 메뉴를 주방에 붙여 두자. 보호자에 의해서든, 당사자에 의해

서든 메뉴를 변경하지 않는다.
• 계획했던 하루 식사와 주중 메뉴가 성공적이든 아니었든 먹었던 것들을 기록해 보자. 그 식사 일기를 진료실 혹은 치료실에 가져가자.

계획이 적절했는가를 판단하는 유일한 방법은 영양학적 위험에서 어떻게 벗어나고 있는가를 보는 것이다. 기억하자. 체중은 가식일 수 있다. 검사를 통해 몸의 기능을 보여 주는 의료적 수치들이 명확한 도움이 된다.

최종 목표는 사회적 식사가 가능하고 사회관계 체계 안에서 교류/소통/연결의 방식으로 음식이 고려되고 의미 있어지는 것이다. 하지만 이 목표를 향해 나아가는 속도(방법)에는 개인차가 있다. 집에서 작은 단계부터 시도해야 하는 당사자와 보호자가 있고, 보호자와 함께 카페에 들러 커피를 마시며 이야기부터 해야 시작할 수 있는 당사자도 있다. 또 당사자를 격려하여 가게에서 먹고 싶은 간식을 사게 할 수 있고, 보호자가 외출했을 때 당사자 혼자 카페에서 간식을 먹도록 제안할 수도 있다.

서로 다른 장소에서 서로 다른 시간에 식사를 하도록 계획을 짜는 것도 도움이 된다. 이것은 당사자의 계획이 유연해지도록 코칭할 수 있다. 아마도 처음에는 마트에서 샌드위치와 디저트를 고르고(예를 들면, 요구르트나 스무디), 피크닉을 나가는 것이 당사자가 극복할 수 있는 수준일 것이다.

외식 전 함께 어떻게 먹을지 계획하는 것은 당사자의 불안을 덜어 낼 수 있다. 함께 인터넷을 검색하여 식사 가능한 메뉴를 골라 보거나 약속된 레스토랑을 당사자와 미리 방문하여 밖에 있는 메뉴판을 훑어보는 것도 좋다. 하지만 섭식장애는 늘 당사자의 개인적 취향을 능가하기 때문에 칼로리 함량이 적혀 있는 메뉴를 보는 것을 피하자. 대신 섭식장애 당사자가 무엇을 주문할지 결정하는 것을 도울 수 있다. 큰 도시의 번화한 거리에는 체인점으로 운영되는 레스토랑들이 있다. 당신과의 연습 덕분에 섭식장애 당사자는 결국 자신에게 '안전한' 식당을 만날 수 있게 될 것이다. 당신과 고민한 메뉴가 있어 선택된다면 당사자가 편안해지겠지만, 처음 방문한 레스토랑에서 감당하기 힘든 음식을 먹게 된다면 셰프에게 당사자가 마음에 걸려 할 그 재료를 빼고 요리해 달라고 부탁하는 메시지를 전달해 볼 수도 있다. 그 일이 레스토랑 측에서도 수용할 수 있는 일임을 당사자가 알게 해 보자.

 실천하기

당신은 영양과 재섭취에 관해 더 많은 것을 알고 싶을 것이다. NICE 가이드라인에는 섭식장애 가이드라인뿐만 아니라 영양에 관한 정보가 있다.

• 성인을 위한 영양 가이드(2006): www.nice.org.uk

영국영양학협회(www.nutrition.org.uk)는 건강하고 균형 잡힌 식단과 식품군들의 이점을 소개하고 있다.

 기억할 점

1. 규칙에 기반한 섭취행동에 대해서 더 빨리 이야기하고 침착하게 다루어질수록 건강한 식생활 계획 실천을 위한 동기 부여가 되고, 일관된 격려가 함께할수록 섭식장애 회복 과정의 코스가 더 짧아질 가능성이 크다.

2. 각 단계를 지나면서 섭식장애 당사자가 만들어 낸 새로운 변화가 어떤 의미를 가지는지 당사자의 말을 들어 보자.

• 변화를 겪었을 때 내가 관찰한 것
• 변화를 위한 시도가 무엇이었는지, 그것으로부터 내가 배운 점
• 나의 다음 계획

6. 식사 회복을 위한 지원

만약 섭식장애 당사자가 영양학적 안전을 스스로 확신할 수 없는 상태라면 지원을 받는 식사를 시행할 필요가 있다. 다음 이어지는 내용은 가정에서 보호자가 식사 지원을 어떻게 실천할 수 있는지에 대한 아이디어를 제공한다. 이것은 「정신보건법」에 따른 입원 치료를 피하기 위해 당사자와 상호 합의하에 선택하는 전략일 것이다.

음식은 섭식장애 당사자를 회복시키기 위해 도움을 주는 가장 중요한 '약'으로 개념화되어야 한다. 당사자는 회복하기 위해서 약으로서의 음식을 선택하였지만, 여전히 먹기는 감당하기 힘든 부작용을 만들어 낸다고 느끼고, 받아들이기 힘들다고 믿는다. 그 주저함을 극복하려는 개별적인 노력과 힘이 필요하다.

1) 지원받는 식사를 위해 준비할 것

지원받는 식사를 위해 필요한 윤곽과 당사자의 규칙에 따른 먹기를 수정해 가는 핵심 전략을 소개한다.

(1) 식사를 미리 계획하기

가능하다면, 무슨 일이 일어날지 스토리보드를 만들어 가듯 시각화해 본다. 그 후 식사하는 동안 다음과 같은 말로 코칭한다.

- 어제 너와 함께 이 계획을 세웠단다.
- 식사 시간만큼은 어떠한 것도 변화시키지 말자고 서로 동의했단다.
- 기억해 보자. 우리는 식사 계획을 세웠고 우리의 목표는 밖에 나가서 식

사를 하는 거였어.

- 우리는 다음 번 식사 계획을 위해 미팅하기로 했었어. 목표는…….
- 이 식사 후에 네가 말하고 싶었던 것을 이 종이에 적어 보겠니? 다음 회의 때 적은 것을 함께 나눠 보자.

(2) 적절한 목표 정하기

함께 간식을 먹으면서 계획을 세워 볼 수 있다.

(3) 달성할 수 있는 성공

우리는 늘 이룰 수 있는 목표로 시작해야 한다. 너무 당연하게 얻을 수 있는 목표는 성공의 감각을 얻기 힘들므로 선택하지 않는다. 섭식장애 당사자와의 토론과 섬세한 계획이 핵심이다. 대화하는 동안 무슨 주제가 어렵게 다가오는지, 해결하고 싶은 것이 무엇인지, 목표로 향하면서 체중 증량 과정에 실패가 있다면 그 부분에 대해 어떻게 느끼는지 부드럽게 집어 말하며, 생명의 안전을 위해서라면 입원을 제안하거나 활동을 제한하는 것도 필요하다. 우리들의 궁극적인 목표는 당사자가 회복을 위해 계획된 활동을 시작하는 것이다. 시작하는 것과 지속해 나아가는 것은 끝마치는 것보다 더 중요하다. 옛말을 기억해 보자. '첫 시도에 당신이 성공하지 못한다 하더라도, 계속해서, 계속해서, 다시 해 보는 거다.'

(4) 확고한 한계와 경계 세우기

이상적으로는, 시작 전 상호 동의가 좋다. 침착하게 그들을 격려하자. 필요할 땐 언제라도 다시, 조용히, 일관되게 '그 부분에 대해 나와의 대화 자리에서 네가 동의했단다. 나중에 또 얘기할 수 있겠지만, 지금은 어렵구나.'와 같은 말로 코칭해 보자. 예를 들어, 일주일에 몇 kg을 증가시킬지 서로 동의했다면 다음과 같이 말할 수 있다.

- 너에게는 이 식사가 진짜로 필요하단다.
- 내가 여기에 앉아서 도와줄게.
- 식사 후에 우리 어디 좀 갈래? 가면서 네가 무엇 때문에 그토록 힘이 드는지 얘기해 보자. 하지만 지금은 먹기에 초점을 맞춰 보자.
- 지금은 계획 유지가 잘 안 되고 있구나. 우리가 짠 그 계획에 얼마나 근접할 수 있는지 나중에 얘기해 보자.

(5) 거식증적 속삭임을 물러나게 하기

거식증과 함께 온 '넌 먹을 자격이 없어. 넌 바보야.' '넌 살찐 여자일 뿐이야.' '네가 먹을 수 있는 자격이 있다고 누가 생각할까?' '넌 이런 식으로 나의 규칙을 깨트려 버리는구나?' 등의 '거식증적 속삭임(anorexic minx)'은 당사자의 내면에서 혹은 가까이에서 비난하고, 판단하라고 부추긴다. 당신의 변함없는 따뜻함과 일관된 사랑만이 비판과 비난, 좌절감을 조장하려던 생각과 의도를 물러나게 할 수 있다.

그렇게 되기 위해 보호자가 해야 할 말은 다음과 같다.

- 먹는다는 것은 정상적인 일이고, 몸이 필요로 한다는 것을 기억하자. 모든 사람은 에너지원으로써 음식이 필요하단다.
- 먹지 않을 때 너의 대사 기능은 점점 더 떨어진단다.
- 음식은 진짜 문제가 아니고, 그건 너의 느낌이란다.
- 우리, 섭식장애가 승리하게 내버려 두지 말자.

개인이 겪고 있는 섭식장애 진단명이 무엇이든 상관없이 그 특별한 속삭임들은 건강한 식습관으로 돌아가고자 하는 당사자의 노력을 혐오로 바라보고, 폄하하고 훼손시킨다.

위로의 자세를 취하라. 가벼운 토닥임, 손을 잡거나 어깨를 두드려 주거나 편안한 분위기 속에서 대화하면서 주위를 분산시키는 것도 좋은 방법이다.

(6) 가능할 때마다 칭찬하고, 지지하기를 기억하기

단순한 것 같지만 '좋아.' 혹은 '잘했어.'라고 말함으로써 우호적인 관계를 느끼게 하자. 어려운 상황을 이겨 냈다면 그것에 대해 충분히 인정해 주자.

- 난 널 믿는단다. 네가 이걸 해낼 수 있다는 걸 알아.
- 네게 일어난 고통 속에서도 넌 참 잘하고 있어.
- 섭식장애 생각과 맞서 싸우기 위해 용기 있는 행동들을 보여 주었던 너에게 깊은 인상을 받고 있어.
- 우리의 계획에 충실하기 위해 너는 충분히 용감했어.
- 계획을 유지하고 있는 너의 강인함이 정말 인상적이야.
- 넌 정말로 강한 사람이야. 널 진심으로 존경해.
- 너의 건강을 위해 네가 가진 규칙에 변화를 주려고 유연하게 반응했었다는 게 정말 놀라워.

(7) 작은 과제들을 성공시킴으로써 큰 과제를 성취하도록 돕기

- 우리가 30분 동안 식사하기로 했었지? 1/4이 남은 이 음식을 5분 안에 다 먹어 볼까? 5분 중에 1분 남아 있을 때 네게 알려 줄까?

(8) 식사 시간 동안 의견이 달라서 생기는 말다툼에 휘말리지 않기

필요하다면 다음에 만날 때, 이 주제로 이야기해 볼 것을 제안하고 동의를 구하자. 조용히, 참을성 있게, 친절함을 유지하자. 보호자가 부정적이면서 집요한 '섭식장애 속삭임(eating disorder minx)'을 물리쳐 가면서 섭식장애 당사자를 회복시키고자 노력하고 바라보는 것은 힘든 일이지만, 이겨 내야 하는 것은 마치 당사자를 위해 대신 전투를 벌이는 것과 같다.

(9) 전문가의 권위와 과학적 근거를 사용하여 섭식장애 당사자와의 충돌에서 비켜서기

- 의사 선생님과 치료 선생님이 가이드 했듯이 나는 너와 음식에 대해 긴 대화를 하지 않을 거야.
- 이 계획을 지키든 아니든 그건 너의 선택이야. 하지만 이것만은 기억해 주렴. 너의 건강에 관한 최저선이 있단다. 네가 미래에 무엇을 하고 싶은지를 생각해 보렴.
- 만약에 지금 먹기를 선택하지 않는다면, 네가 가졌던 많은 자유가 병원 입원과 함께 사라질 거야.
- 나의 영양학적 요구 사항들이 네가 생각하는 것과는 다르구나. 영양은 나이, 체중, 성별을 따른단다. 우리 집에서는 다른 사람들이 먹는 음식과 내가 먹는 음식을 서로 비교하지 않아.

(10) 당사자의 식사/간식 동안 당신이 차분해질 수 있도록 충분한 시간을 허락해 주기

식사를 방해할 수 있는 전화, 방문객에 의한 간섭과 침범이 생기지 않도록 환경을 조성하자. 이를 위해 타인들의 도움을 받자. 식사 등 다른 과제들에 대해 타인에게 위임하는 것을 두려워하지 말자.

(11) 당신이 화가 나거나 좌절감을 느낄 때 자동화된 감정적 반응으로 되돌려주지 않기

불안과 분노는 전염성이 강하다. 만약 당신이 불안해한다면 섭식장애 당사자의 불안감은 더욱 증폭된다. 10까지 세거나 깊은 심호흡을 다섯 번 해 보

자. 당신 스스로, 이 상황이 어떻게 진행되고 있는지 파악하기 위해 높은 벽에 붙은 파리가 된 듯이 내려다보는 상상을 해 보자. 조용하고 부드러운 음악을 배경으로 흘러나오게 해도 좋다. 필요하다면 분위기를 진정시키고, 안전한 분위기를 위해 어떤 것을 하는 게 좋을지 섭식장애 당사자에게 물어보아도 좋다.

(12) 부정적인 행동을 목격했다면 먼저 1인칭과 3인칭의 관점으로 침착하게 말하기

섭식장애 당사자의 속임수와 의식들에 관해 피드백을 줄 때, 당사자가 수치심, 굴욕감과 당혹감을 느끼지 않도록 섬세하게 배려하는 태도로 말한다.

- 네가 접시 가장자리에 버터를 묻히고 퍼트리는 것을 보았단다. 섭식장애와 연결된 행동을 안 하려고 애쓰는 너를 보고 싶구나.
- 힘든 전쟁 중이지? 내가 널 도와줄 수 있는 게 뭘까? 돕고 싶어.
- 간식이 접시에 남겨진 것을 보았어. 네가 섭식장애 생각에 맞서 싸워 주면 좋겠고 마지막 몇 숟가락을 다 먹으면 좋겠다. 좋은 먹기 습관이 참 중요하단다.

(13) 먹기와 보상 행동 두 가지 모두를 확실하게 다룰 수 있게 말하기

- 식사 후에 나와 함께 음악을 들으면서 30분을 보내기로 동의했었단다. 그리고 나서 최소 1시간 동안은 화장실에 가지 않기로 했었단다.

(14) 섭식장애 당사자의 긍정적인 면을 알고 있다고 보증하기

가능하다면, 부정적인 측면은 무시하자. 식사가 끝나면 '잘했어. 내 딸!' 혹은 비슷한 칭찬 한마디로 당사자의 노력을 일축하기보다는, 먹기로 약속한 음식을 다 먹었다면, 구체적으로 이름을 붙여 자세히 반영해 주자.

- 네가 이렇게 잘 해내 줘서 정말 좋구나. 냉장고에 요거트가 없다는 사실을 발견하면서 네가 다시 원래대로 돌아올 수 있겠다고 느껴져.
- 잘했어. 네가 참치를 조금 천천히 먹은 후에 파스타를 빨리 먹으면서 약속한 식사 시간을 지켜 주었지. 그건 좋은 변화임이 분명해.

(15) 안전 행동의 고리 속으로 들어가는 것 피하기

안심 함정에 빠지지 않는 것을 의미한다. 이것은 쉬운 선택을 하고 싶은 충동을 참아 내는 것이다.

(16) 서로에게 피드백하는 시간 가지기(단, 식사 직후는 피하기)

무엇이 잘되었고, 무엇이 잘 안 되었고 어려웠는지를 말하면서 새로운 계획을 세운다.

식사하는 동안 의사소통 자체가 따뜻하고 긍정적이라는 것을 보증하는 것이 매우 중요하다. 쉽지 않겠으나, 평가와 비판하고 싶은 마음들, 비난의 표현들은 되도록 자제하자. 장난감 다루듯이 음식을 먹지 않고 수저로 휘젓거나 아주 긴 시간 동안 변화 없이 먹는 시늉만 하고 있는 것 같이 보이면 그 자체에 화가 나고 실망스러울 것이다. 당연하다. 매일매일, 하루 종일, 식사 시간 때마다 성자 같은 인내가 필요할 것이다. 당신 혼자 감당하기 어렵다. 도움을 줄 사람들이 필요한 일이다. 가족 중 누가 이 특별한 역할에 적합할까? 종종 어머니보다 아버지들이 오히려 음식 자체에 큰 의미를 두지 않을 수도 있어서 이 일을 잘 해내기도 한다.

표 12-5 **피해야 할 말과 해야 할 말**

피해야 할 말 (당신의 목소리 톤을 생각해 보자)	해야 할 말 (조용히 침착하게)
• 왜 다 안 먹었니?	• 넌 내게 다 먹을 거라고 말해 주었단다. 말한 대로 해 주겠니? 넌 할 수 있을 거야.
• 저기 남아 있는 마지막 숟가락 다 먹을 수 있지?	• 너에게 지지와 격려가 필요하다는 걸 잘 알아. 그리고 네가 그것을 할 수 있다는 것도 안단다.
• 빨리. 어서. 마지막 숟가락이면 다 되는데 아직 다 못 끝냈구나? 시간이 없어. 내겐 해야 할 일이 있어.	• 해내야 한다는 마음에 용기까지 가지는 게 얼마나 어려운지 알고 있어.
• 그건 낭비야!	• 거식증 속삭임에 귀 기울이지 않으려고 우리 더 노력해 보자.
• 나는 그것을 준비하는 데 몇 시간을 보냈어! 그런데 너는 안 먹고……	• 영양학적으로 네 몸이 안전 수준에 다다르기 위해서는 몇 개의 단계를 거쳐 내야 한단다.
• 아프리카에 있는 아이들을 떠올려 봐!	• 난 지금 너와 논쟁하고 싶지 않단다. 우리 우선 영양 회복을 위한 치료를 시작해 보자.
• 그렇게 음식을 자르는 건 정말 꼴보기 싫구나!	• 우리가 서로 동의한 계획에는 저녁 식사를 45분 이내로 하기로 했었어. 지금 시간을 보니 식사 시간이 15분 남았구나! 내가 도와줄 일이 있을까? 국이 식었는데 다시 데워 줄까?
• 네가 이룬 것을 봐봐. 얼마나 작은 일이니? 네가 작은 쥐라고 생각하니?	• 그 부분이 충분히 크지는 않구나. 조금 더 노력해 봐 주겠니?

7. 1/2, 반 정도로 지원하기

직면하는 것뿐만 아니라 덜 간섭적인 방법으로도 지원할 수 있다. 시간, 자신감, 진보 자체가 당사자에게는 새로운 도전일 것이다. 섭식장애 당사자가 회복해 감에 따라 당신의 역할은 변화할 필요가 있다. 돌고래 비유를 떠올려 보자. 섭식장애 당사자에게 어떠한 희망도 없을 때는 돌고래처럼 먼저 헤엄치면서, 길을 내고 일정한 방향으로 나아가 보자. 그들에게 지지대가 필요하다면 나란히 헤엄치면서 코칭하고 격려하자. 섭식장애 당사자가 긍정적인 진전을 만들고 있고 독립적이 되고자 할 때는 그들의 옆에 있으면서도, 조용히 그들보다 약간 뒤에서 그들이 손을 뻗으면 쉽게 닿는 거리에 있자.

> 줄리는 BMI 16kg/m²이 되었고, 섭식장애로 인한 건강 악화로 1년간 대학을 휴학하였다. 휴학 기간 동안 기간제 사무 행정 일을 했다. 일하는 시간 동안 그녀는 어떻게 먹어야 하는지, 언제 먹어야 하는지에 대해 아빠로부터 문자를 받기로 동의하였다. 아침 10시 30분 간식 시간이면, 줄리의 아빠는 '너를 생각한단다.'라는 문자를 보낸다. 그러면 줄리는 '했어요.'라는 답장을 보낸다. 이러한 방식을 통해 점진적으로 도달해야 할 목표에 다가가고 있다.

> 내 스스로 점심 혹은 간식을 먹어야 할 때, 지갑에 있던 '플래쉬 카드(flash card)'가 도움이 되었다. 그 카드는 한쪽 면에는 내가 먹어야만 하는 다섯 가지 이유가 적혀 있고(장기 목표/단기 목표), 다른 쪽 면에는 부모님들이 직접 써 준 용기를 주는 격려의 문구가 적혀 있다. 내가 흔들릴 때마다 그 카드를 보면서 섭식장애가 어떻게 나를 파괴하고 있는지 현실로 되돌아와 깨닫게 됐고, 내게 그 카드는 값어치를 헤아릴 수 없을 만큼 소중하다.(AC)

반면, 섭식장애 당사자가 식사 중에 전화로 형제, 친구, 부모에게 대화를 시도하기도 하는데, 이는 당사자가 혼자 식사할 경우 주의를 전환할 수 있는 방법이다. 때때로 섭식장애 당사자에게는 식사와 간식에 있어 특별한 도전을 해야 할 경우(아마도 그날의 새로운 이벤트가 있다면) 몇 개의 접시에 몇 개의 문장을 미리 붙여 둔다면 당사자의 하루가 더 평화로울 수 있다. '이 음식은 자유와 미래를 위한 티켓이야.' 혹은 '넌 우리에게 가장 특별한 존재! 네 자신을 스스로 돌보아 주렴.'과 같은 문장이다.

사만다는 3대가 함께 산다. 사만다의 부모는 치료 과정을 회고하면서 식탁에 있는 모든 사람이 주의를 기울여 사만다에게 식사 코칭을 하는 것은 도움이 되지 않는다는 결론을 얻었다. 그래서 한 사람을 지정해 다음과 같은 문장을 사용하여 사만다의 식사를 코칭하기로 했다. 이를 테면, '접시의 음식을 4등분으로 나누면 어떻겠니? 그중 1개를 6분 안에 먹어 보자. 그런 후에 다음 조각으로 이어 가면 된단다. 내가 시간을 알려 줄게.' 그리고 '해냈구나. 잘했어. 결국엔 목표를 달성하게 될 거야. 그럼 이제 다음 단계를 시작해 볼까?' 그날의 '섭식 코치(eating coach)'는 사만다 옆에 앉아 조용히 가이드한다. 다른 가족들은 코칭에 참여하지 않는다. 식탁에 앉아 있는 다른 사람들은 자연스러운 주제로 대화를 하면 된다. 식후 가능하다면 섭식장애와 상관없는 활동에 사만다를 자연스럽게 포함시켰다.

다음 내용은 먹기를 미루는 섭식장애 당사자의 습관을 어떻게 다루었는지 또 다른 보호자에 의해 만들어진 팁이다.

제 딸은 말하고, 말하고, 말하느라 그렇게 느리게 먹었던 겁니다. 그녀가 어떤 주제에 대해 이야기하기 시작할 때 그녀는 말을 멈추지 않았어요. 때로는 우리가 그녀에게 말해야만 했어요. "응, 알았어, 미안하지만 이제 말하기 사랑을 멈추는 게 좋겠구나. 아빠와 나는 네가 먹는 동안 계속 여기 앉아서 서로 대화할 계획이고, 1시간 정도 있을 예정이야.

당신은 섭식장애 당사자가 보다 유연한 사고방식을 가지도록 코칭하고 싶을 것이다.

오늘 네가 추가로 먹어야 할 영양이 무엇인지 주사위를 굴려 정해 보자. 여섯 면의 숫자에 대해 각각 다른 간식을 매칭해 보면 어떻겠니?

생활할 때 어떻게 하면 조금 덜 엄격할 수 있는지, 무엇을 어떻게 시도할지 배워 보자. 내가 주는 이 봉투들 안에는 각기 다른 간식의 이름을 적은 종이들이 들어 있 단다. 무작위 추첨이야. 재밌겠지? 한 번에 하나씩. 만나 볼까?

기억할 점

1. 굶주림은 덫이다. 굶주림(절식)은 뇌의 기능 발달을 방해한다. 굶주림은 정상적이 고 합리적인 선택을 할 수 있게 하는 능력을 없앤다.

2. 식사는 어디에서 하는가?

3. 식사는 언제 하는가?

4. 식사하는 동안 누가 '섭식 코치(meal coach)'가 되어 주는가?

5. '섭식 코치'는 조용하고 공감적이고 일관되며 인내와 확고함을 가져야 한다.

6. 변화를 생각하는 능력과 영양 섭취 필요성 사이에서 균형을 맞추는 일은 어려운 과제다.

7. 정신건강 행동 강령(Mental Health Act)이 섭식장애 당사자의 건강을 보호하고 안 전망으로 사용될 수 있다는 인식과 함께 딜레마를 인정해야 한다.

8. 개입 전후 대화와 반영이 중요하다. 무엇을 잘했는지, 무엇을 성취하지 못했는지 에 관한 분석을 통해 다음을 준비하는 것이 변화를 위한 핵심 키워드이다.

8. 또 다른 정보들

섭식장애 당사자의 남편이 만든 웹사이트(www.anorexiacarers.co.uk)가 있다. 그 사이트에서는 당신이 할 수 있는 것이 무엇인지와, 회복에 필요한 조언들을 얻을 수 있다. 특히 식사 시간을 어떻게 보내면 좋은가에 대해 좋은 정보들이 있다.

효과적인 소통 개선 및 보호와 치료 구축에 관한 몇몇 팟캐스트도 있다. www.grainnesmith.co.uk

국제자선단체인 F.E.A.S.T.(섭식장애 당사자의 가족 능력 강화와 치료 지지를 위한 단체)는 다양한 정보와 지원을 제공하여 보호자를 돕고 있다. 당사자들의 부모는 www.feast-ed.org의 '저녁 식탁 주변에서(Around the dinner table)'라는 포럼에 참여 가능하다.

제13장
폭식과 구토 극복을 돕는 방법

1. 폭식으로 자동화된 사고방식의 원인 이해하기

먹기는 생존의 핵심이다. 먹는 음식 열량의 5분의 1(약 500kcal)은 우리가 뇌를 움직이는 데 사용된다. 뇌는 뇌가 필요로 하는 만큼 충분히 영양을 소비해야 한다는 것을 확실히 보여 주는 신체 기관이다. 뇌는 2개의 주요 시스템으로 이루어진다.

- '뉴트로스타트(Nutrostat)' 시스템은 '신체 영양 균형(body nutrient balance)'을 포함한다. 이것은 영양소의 수준과 신체 부위의 구성을 모니터링하고, 그에 따라 식욕을 조절하며 적용한다.
- '욕구(Drive)' 시스템은 특정한 음식을 먹었을 때의 자극과 인상을 학습했고 기억하는 것을 통해 먹고 싶은 욕구와 먹은 후의 기쁨을 몸이 떠올리는 것이다.

섭식장애 당사자는 이 두 가지, 뉴트로스타트 시스템과 욕구 시스템이 교란되어 있다. 오랜 굶주림 혹은 불규칙한 영양 공급은 당사자가 영양 균형 상태에서 벗어나게 만든다. 뉴트로스타트 시스템이 가동되면, 몸이 먹고 싶어한다는 강한 신호를 뇌로 보낸다. 이것은 섭식장애에 있어 폭식이 왜 흔하게 일어나는 현상인지를 설명하는 근거이다.

몸의 자연스러운 욕구 시스템(the body's natural drive system)은 정서적 문제들, 특이한 식습관 및 혈당(blood sugar)의 급격한 변화로 인해 무시될 수 있다. 큰 폭의 혈당 변동에는 몇 가지 요인이 있다.

- 대부분의 가공된 음식은 당 흡수가 빨라 혈당을 가파르게 치솟게 한다. 과도한 당류 섭취는 습관적이고 충동적인 섭식 행동을 유발하여 중독에 취약한 뇌로 변화시킨다. 이것은 단순하게 먹는다는 것과는 분명히 구별되는 양상이다.
- 구토는 혈당을 큰 폭으로 변화시킨다.
- 단식과 폭식 패턴 또한 혈당 수치가 최고점과 최저점을 찍게 만드는 원인이다.

균형 잡히지 않은 다이어트와 섭취 패턴들, 극단적인 체중 조절 수단인 장기간의 단식과 습관적인 구토는 폭식 행동이 일어나는 상황을 조성한다. 습관은 의식적이고 목표 지향적이기보다는 자동화된 사고방식(an automic mindset)에 의해 움직여지는 행동이다. 사람들이 보다 적은 정신 에너지로 더 많은 것을 성취할 수 있게 해 주는 '자동조정(auto-pilot)'[1]에 매력을 느끼고

---

1) 항공기·로켓 등 비행체의 안정·조종·유도에 필요한 제어신호를 주는 자동조종장치이다. 첫째 목적은 비행을 안정하게 제어하는 것이고, 둘째 목적은 자동적으로 조종시키는 것이며, 셋째 목적은 다른 장치와 연동(連動)된 자동유도이다.

이끌리는 것은 흔한 일이다. 그러나 폭식과 구토가 자동화된 사고방식의 한 부분이 되면, 몸의 피해가 크고 바꾸기 힘들다. 사춘기의 뇌는 학습에 있어, 특히 습관에 취약한 환경에 놓여 있다고 볼 수 있다. 그리고 중독적으로 먹는 과식이 빠르게 몸에 밸 수(학습될 수) 있다. 폭식/구토로 자동화된 사고방식은 일을 마친 후 혼자 집에 있거나, 친구와 말다툼 후 불안을 느낄 때 쉽게 촉발된다.

2. 폭식에 대한 반응

당신은 당사자의 폭식 행동을 발견할 때 다양한 반응을 보일 수 있다. 경우에 따라서는, 신경성 식욕부진증이 불행한 전체 그림의 부분이라서 섭식장애 당사자가 굶거나 단식한 후 폭발적인 과식이 시작되었다면 처음에는 당사자가 무엇인가를 먹고 있기 때문에 안심할 수도 있다. 하지만 거식증이 있든 없든, 당신이 사다 놓은 식료품들이 사라지기 시작하면서 나머지 가족들에게 좋지 않은 영향을 끼칠 때에는 화가 나기 시작할 것이다. 그 행동에 어떻게 접근해야 하는지 당혹스럽고 불편하다. 당신의 초기 안심 반응에 상관없이, 그 행동은 위험한 습관으로 변질되기 때문에 과식 문제를 빨리 해결하는 것이 중요하다. 구토, 씹고 뱉기, 음식을 낭비하는 행동은 당사자 스스로에게도 혐오스럽게 여겨져 당사자의 분노를 유발시키며, 타인에게도 분노와 혐오감이 전염된다. 하제를 쓰는 행위는 위험하고 무섭다. 당신은 음식물 보관 찬장과 주방을 자물쇠로 잠그거나 집에서 폭식하는 행위를 완전히 금지하는 등 극단적인 방법으로 뛰어들고 싶어질 가능성이 높다.

하지만 이런 전략들이 강요되면, 섭식장애 당사자는 또 다른 교활한 대책과 색다른 형태의 저항으로 당신을 도발할 것이다.

- 협상을 통한 해결책을 얻기 위해 노력하는 것이 더 낫다.
- 일관되게 적용될 수 있는 규칙을 정하고 서로 동의하는 것이 더 좋다.
- 어떻게 그 목표에 도달할지에 대한 선택이 있을 수 있다.

대처에 도움을 주는 가장 좋은 방법은 정서적이면서도 인지적인 노력을 하게끔 하는 알아차리기-계획 세우기-실천하기(APT) 전략이다.

- 고요한 상태에 머물기 위해 노력하자.
- 지속적이고 일관된 반응으로 절제해 보려고 노력하자.

 알아차리기

문제에 대한 변화를 지원할 수 있는 방법을 묻고 그 주제를 다루었던 제8장 '의사소통'의 적극적이고 긍정적인 의사소통 방식을 사용하자.

이번 주 내내 매일 네가 폭식했다는 것을 알고 있단다. 그래서 나는 네가 걱정돼. 의사가 말하길 너의 폭식행동이 정상적인 섭식조절 기능을 방해한다고 하셨어. 그것 때문에 너의 식습관을 너 스스로 제어할 수 없게 만든다고 하셨어. 그래서 너의 영양학적 균형을 조금 더 신경 써 주었으면 해. 폭식을 조금씩 줄여가는 계획을 세워 보는 건 어떠니? 내가 볼 때에는 너의 폭식을 멈추게 할 수 있는 유일한 사람은 너인 것 같아. 어떤 일이든 내가 도울 수 있는 게 있다면 기꺼이 널 도울게.

하룻밤 사이에 모든 것을 바꾸는 게 불가능하다는 것을 알아. 하지만 폭식을 줄이기 위해 내가 도울 수 있는 게 뭐가 있을지 한번 같이 생각해 보자.

내가 읽은 것들 중에서 몇 가지를 언급한다면…… 괜찮은 생각이 떠오를 것 같아……. 너도 읽어 보겠니?

당신 자신에게 감정적인 반응이 나타났다는 것을 알아차렸다면 당신을 진정시킬 수 있는 운동, 이완을 돕는 호흡에 집중해 보자. 들이마시고(흡~) 내쉬는(퐈~) 호흡을 다섯 손가락을 접어 가며 천천히 5번 해도 좋다.

즉각적인 성공을 기대하지 말자. 기대하는 것을 얻으려면 (여러 번일지도 모르지만) 자주, 차분하게 조용히 준비하고 반복하자.

> 널 많이 사랑한단다. 그리고 나는 네가 ……때(예를 들면, 먹었던 음식을 모두 토할 만큼 아픈 병에 걸려서 화장실이 엉망이 되어야 했을 때)마다 마음이 좋지 않구나……. 하지만 난 여전히 널 사랑해.

폭식에 관한 자동화된 사고방식이 어떻게 촉발되는지 이해하려면 선행 사건-행동-결과(ABC) 접근을 사용하자.

선행 사건(Antecedent), 에피소드가 일어나기 전에 무슨 일이 생겼는지 명확히 파악해야 한다(예를 들어, 당사자와 함께 외출하기로 했던 친구의 사정에 의해 계획이 변경되어서 그 상황을 거절로 느끼는 경우). 혹은 어떤 요인이 이러한 에피소드를 만들었는지 파악해야 한다. 그런 후에 행동(Behaviour)에 대해서 생각해야 하고, 결과(Consequences), 폭식 다음에 오는, 특히 생각과 감정에 관해서 파악해야 한다. 선행 사건, 행동, 결과에 대해 어떻게 다루고 모니터링해야 하는지 보자.

1) 선행 사건 다루기

- 많은 양의 음식에 자유롭게 접근할 수 없도록 가정 내 음식의 양을 최소화하자. 이것은 음식을 더 자주 구입해야 하는 것을 의미하기도 한다.
- 시리얼, 쌀, 건조 과일들을 열린 선반 위 투명한 용기에 담아 보관하자. 그러면 음식이 사라졌을 때 확실하게 보인다. 이 방식은 섭식장애 당사

자가 폭식하기 전 망설이게 만들 수 있다.

- 유혹적인 음식을 진열해 두지 말자.
- 구미가 당기는 음식들을 숨겨 두지 않도록 한다. 그것은 단지 음식에 대한 섭식장애 당사자의 박탈감을 증가시킬 뿐이다.
- 음식을 살 수 있는 돈을 제한하자고 당사자에게 제안한다.
- 섭식장애 당사자와 함께하는 동안 긍정적이고 따뜻한 분위기를 유지하려고 노력하자. 폭식이 일어날 것만 같은 시간에는 함께할 수 있는 다른 활동을 제안하자. 직소 퍼즐, 태피스트리, 그림으로 대화 놀이, 음악 듣기, TV 시청, 스마트폰 속 사진을 정리하는 활동을 제안해 보자. 이러한 활동들은 일종의 주의 분산 역할을 할 것이고 서로 대화할 수 있는 비공식적인 기회를 제공할 수 있다.
- 당사자의 식사 규칙에 근거한 '금지된' 음식을 당사자에게 강요하거나 유혹하는 것은 폭식을 유발할 수 있다는 것을 기억하자. 심지어 음식을 구입하고 집 어딘가에 보관한다는 정보조차도 당사자에게는 충분한 유혹이 될 수 있다.
- 스트레스를 받을 수 있는 상황임을 당신이 알고 있다는 것을 당사자에게 알리자. 당신이 무엇을 어떻게 도울 수 있는가를 당사자에게 물어보자.

2) 행동 모니터링하기

해로운 습관을 멈추게 할 수 있는 중요한 도구 중 하나는 언제, 어떻게, 무엇으로, 어디서 그런 일이 일어나는가를 모니터링하는 것이다. 이러한 과정을 노트북에 기록하거나 일기로 쓸 수 있다. 가능하다면 섭식장애 당사자가 직접 쓰는 것이 이상적이다. 만약 섭식장애 당사자가 간섭으로 여기지 않고 도움이 된다는 데에 동의한다면 주말마다 써 온 일기를 함께 보며 이야기를 나누어 보자고 제안할 수 있다. 에피소드 전후로 어떤 일이 일어났는지를 알아차리면서 새로운 모델링을 제안할 수도 있다.

ABC 접근법과 감정 조절을 사용하여 보호자의 사고방식을 익혀 보자. 당신이 외출하고 돌아왔을 때 폭식의 흔적을 발견하면 다음과 같이 행동한다.

- 멈추고 그 자리에 가만히 서서 깊은 호흡으로 당신 자신을 안정시키자.
- 당신의 감정 반응, 신체 반응, 행동의 경향성을 체크하자.
- 당신의 감정이 고요해지고 차분해지면 대화를 시작할 수 있고, 대화 시작의 순간을 선택할 수 있다.

그 후 다음과 같이 말할 수 있다.

- (당신이 알아챈 징후를 말하면서)나는 네가 폭식했다는 것을 알아챘단다.
- 무슨 일이 벌어졌는지 함께 이야기를 나누는 게 도움이 될 거야.
- 네가 폭식하지 않게 도울 수 있는 게 뭘까? 네가 말했던 행동들을 따라가면서 같이 생각해 볼까?

3) 결과

가정 내에서 일어난 결과를 무시하거나 회피하지 말자. 폭식 당사자의 폭식을 은폐하거나 청소해 버리고, 끊임없이 음식을 다시 채우는 등 당신의 반복 행동이 당사자가 병을 직면하는 것을 피하게 하고 병과 결탁하도록 만든다. 결과를 다루기 위한 새로운 규칙이 필요하다.

- 먹었던 모든 음식은 제자리에 놓아야 한다는 규칙을 만들 수 있다.
- 아침 식사나 특별한 때를 위해 만들어 둔 음식을 먹어 치운다면 나머지 가족들은 기쁘지 않을 것임을 분명히 알게 할 수 있다.

- 주방과 욕실은 그들이 사용 후 원상 복귀해 두어야 한다고 주장할 수 있다.
- 폭식을 보조하거나 지원하지 않을 것이고 음식을 사는 데 돈을 주지 않을 것임을 당사자에게 명확히 할 수 있다.
- 침대 위에서 먹지 않기 등의 규칙을 제안할 수 있다.

이 규칙은 각 가정환경과 병의 단계에 따라 다르고, 침착하게 여러 번 반복해서 강조하고 언급되어야 한다.

이상적인 경우, 병의 초기라면 이 규칙에 관해 외식하면서 화내지 않고 조용히 필요한 이유에 대해 가족들에게 동의를 구하면서 시작될 수 있다. 이 규칙 적용이 가족에게 얼마나 현실적인지, 특정한 규칙을 어긴다면 어떤 책임이 따르는지 여러 번 침착하게 가족 모두에게 설명하고 재작성할 수 있다.

가능한 한 규칙이 지켜졌을 때, 긍정적 행동에 대한 칭찬과 보상을 주고, 규칙이 깨졌을 때에는 명백한 대가가 있음을 강조해야 한다.

하지만 일어날 수 없고, 일어나지 않은 제재(sanction)를 말하지 않도록 주의하자. 예를 들면, '네가 또다시 그렇게 한다면, 난 널 버릴 거야!'와 같은 언급은 위협이고 협박일 뿐이다.

강력한 최후통첩(intense ultimatums)이 섭식장애 당사자에게 강요된다면, 당사자는 행동으로도 감정적으로도 어떤 노력도 하지 않으려 할 것이다. 변하기를 원하는 것은 당사자에게 달려 있음을 강조하는 것이 늘 중요하다. 하지만 규칙은 모든 사람(당사자, 보호자, 가족)을 위한 것이다. 당사자를 포함한 다른 가족 구성원에 대한 당신의 배려와 존경심을 보여 주어야 한다(예를 들어, 당사자는 다른 사람들의 아침 식사를 위해 음식을 충분히 남기고, 폭식 후 주방과 화장실을 청소해야 한다).

3. 변화의 장점과 단점 바라보기

자신의 행동을 바꾸려는 동기는 다양하다. 보통은 불확실하고, 자신이 난관을 뚫고 잘 수행해 나갈지에 대한 의심으로, 변화를 망설인다. 제7장의 '상태측정 가늠자(Readiness Rulers)'를 통해 섭식장애 당사자의 현재 변화 단계를 평가하면 유용하다. 체크된 측정치는 당사자의 문제 행동을 포기할 때 주어지는 장단점에 관해 당신과 협의할 준비가 되어 있을지도 모른다. 동기 수준은 날마다 다를 수 있고, 긍정적인 변화를 달성하는 데는 시간이 걸린다. 가능한 한 무엇이든 칭찬하고, 당사자가 변화할 수 있다는 것을 당신이 진심으로 믿고 있다는 것을 알게 하려면 반갑지 않은 병리적 행동 빈도가 감소한 것 역시 성과로 인정할 수 있어야 한다.

4. 실천하기: 현실적인 목표 세우기

 지지를 위한 합의된 목표를 가지고 작업하기

자동화된 폭식 사고를 극복하기 위한 효과적인 접근은 폭식 습관을 무시하고 건강한 식습관을 재교육하여 다시 세우는 것이다. 여기에는 많은 노력이 필요하며, 적극적인 제언과 느린 변화에 대한 인내가 요구된다. 습관 변화를 위한 지지를 어떻게 제공할 수 있는지에 관한 몇 가지의 팁이 있다. 늘 그렇듯, APT 계획은 따라가기에 좋은 구조를 가지고 있다.

알아차리기

모니터링 및 일기 작성은 폭식의 사고방식을 극복하는 데 핵심적인 도구임이 밝혀졌다. 하지만 그 과정을 유지하면서 드는 수치심, 악화될 것 같다는 걱정으로 인해 저항이 있을 수 있다. 저항 그 자체를 탐색하고, 말도 안 되고 아주 작은 도전이라도 시행하면서 성취하는 기간을 경험하는 것이 도움이 된다. 폭식 없이 지내는 날이 생기고, 비스킷으로 폭식 욕구를 달래다가 결국 멈추게 되는 날이 올 것이다.

계획 세우기

먹기와 식사 계획은 자동화된 습관을 깨트리는 데 도움이 되는 단서들을 재확인하는 방식으로 구조화할 필요가 있다. 다음은 계획에 포함시킬 수 있는 몇 가지 아이디어이다.

- 식사 계획에는 정기적으로 시간 간격을 두고 하루에 섬유질, 탄수화물 및 단백질이 골고루 포함된 혼합 식단을 나누어 먹어야 한다. 이것은 두세 번의 많은 양의 식사보다 더 자주 먹는 것을 의미한다.
- 섬유소가 많고 천천히 에너지를 올리는 식품을 선택하자(낮은 혈당 지수 식품군). 그 음식들은 호르몬과 신경 세포를 활성화시키며 '포만감'을 채워 주고, 폭식 욕구를 낮출 수 있다.
- 매 식사 때마다 단백질을 섭취하는 것은 지속 가능한 수준의 포만감을 제공할 것이다.
- 완전가공식품으로 만든 식사와 간식은 제한하자.
- 다른 사람들과 함께 먹어 보자. 스카이프(skype)와 줌(zoom) 등 온라인 대면을 활용한 함께하는 식사도 대환영이다.
- 폭식 습관을 떠올릴 수 있는 장소, 시간, 세팅에 당사자를 노출시키지 말자.
- 정상 범위(BMI 19~24kg/m^2)의 체중을 유지하자(저체중이거나 과체중일 때 욕구와 보상 기제에 과민 반응이 생긴다).
- 구토를 지연시키거나 정지시킬 수 있는 전략을 생각해 보자. 여기에는 몸의 다른 감각 체계를 사용하여 뇌의 쾌락 시스템을 자극하는 활동이 포함된다. 예를 들면, 춤이나 걷기를 통해 촉각 살리기, 음악 감상, 팟캐스트를 듣거나 노래 부르기, 명상을 통해서 내면의 눈으로 평화로운 장면을 떠올리기 등을 하는 동안 몸이 점차 차분해지고 편안하여 깊은 호흡을 반복하며 몸의 다양한 감각 시스템이 안정화된다.

탐정처럼 깊게 파고드는 APT 순환 과정을 두세 번 반복하게 될 것이다. 섭식장애 당사자의 음식과 관련 없는 행동(예를 들면, 식기세척기를 청소하거나

입원환자의 예

　모즐리 병원 입원 환자 병동의 폭식 전면금지 정책은, 병동을 벗어나 비밀스럽게 폭식하는 섭식장애 환자를 대상으로는 불가능한 과제였다. 정책은 하루에 한 번 폭식을 허용하는 것으로 변경되었다. 이 계획은 입원 환자 돌봄 계획에 포함되었다. 정책의 변화에 대해 우리는 더 많은 토론을 하게 되었다. 치료진과 환자가 고양이와 쥐 게임과 같은 상황에만 갇혀 있기보다는, 폭식의 개인적 패턴을 탐색, 모니터링하고 환자도 그 행동에 대해 우리에게 개방하도록 허락하였다. 이것은 간호사에게 환자의 사고와 감정을 안전하게 다룰 수 있게 하는 다른 전략들을 계획하는 데 도움이 되었다.

집안일을 돕거나 형제자매에게 친절하게 대하는 것)을 인정해 주고 칭찬하면서 당사자의 긍정적인 개별적 특성(예를 들어, 책임감이 강하고, 인정이 많은)을 자주 언급해 주어도 좋다. 음식에 관한 당신의 언급은 유지하되, 체중과 체형에 관한 언급은 최소화하자. 어떤 행동을 바꾸려는 노력에 대해 긍정적으로 당신의 의견을 말해 주면서 변화가 얼마나 어려운지에 대해서도 말해 주자.

　과정 중 퇴행이 발생할 경우 지금까지 이어 온 노력을 강조하며 목표 재설정을 통해 좌절의 구멍에 미끄러지지 않고 다시 노력하도록 돕자.

　우리의 중요한 목표는 하루아침에 마법처럼 모든 것을 바꾸려는 게 아니라 작지만 관리 가능한 단계를 통해 천천히 성공을 향해 나아가서 그 성공을 통합하여 더 나은 장기 회복으로 이어 가게 하는 데 있다.

　습관은 바꾸기가 어려우므로 조금이라도 빈도 감소가 있다면 그 역시 반가운 일이다. 연구에 따르면 건강한 두뇌가 행동화하는 습관을 고치기 위해서는 약 5,000시간 이상의 시간(각각의 습관에 대해 10주 소요)이 필요하다고 보고된다. 부정적인 결과를 많이 보여 주는 변화하기 힘든 행동에 대해 실현 가능한 목표를 정하는 것이 중요하며 실패 가능성이 너무 높지 않아야 한다. '난 절대 다시는 폭식하지 않을 거야!'라는 식의 목표는 늘 실패할 가능성이 높다. 한편, 목표가 너무 쉽다면 잘난 체하거나 지루해할 수도 있다. 작은 목표와 그것을 성취하기 위해 필요한 기술에 대해 생각할 때는 두 사람의 머리를 맞대어 궁리하는 것이 훨씬 더 효과적이다.

- 성공하는 경험을 통해 변화가 강화될 수 있도록 작고 겸손하게 시작하자.
- 정기적으로 해 왔던 바를 되돌아보고 앞으로 어떻게 진행하는 게 좋을지 새로운 목표를 다시 세우는 것이 중요하다. 경험에 비추어 목표 변경 준비를 하고 성공하지 못한 목표 설정에 보호자가 기여했다면 그 잘못에 대해서 당사자에게 사과하자.
- 섭식장애 당사자를 돌보는 보호자들, 치료 전문가, 가족 모두 환자의 개별 상황을 고려하면서도 현실적이고 성취 가능하도록 계획 및 전략들을 발전시킬 수 있다.

제14장
힘든 행동 다루기

1. 행동의 우선순위

섭식장애는 많은 까다로운 증상과 행동이 복합적으로 얽혀 있는 병이다. 가장 우선순위에 두어야 하는 것은 무엇보다도 영양적으로 더 건강해지는 것이다. 섭식장애로 고통받는 많은 사람에게 이것의 의미는 더 많이 먹는 것으로, 구토 혹은 이뇨제와 변비약 사용을 줄이면서 음식 흡수를 받아들여야 한다는 것으로 이해한다. 예측할 수 없는 분노, 자기 파괴적인 의식들, 불안감으로 인한 논쟁 등의 행동은 타인에게 심각한 영향을 끼칠 수 있지만, 이것들이 섭식장애 당사자의 생명을 위협하는 것은 아니므로 적절한 영양을 보장하는 것보다는 우선순위가 낮아진다.

제 딸의 섭식장애는 가족 모두에게 영향을 주었어요. 딸의 폭식 후 주방은 엉망이 되기 일쑤였고 식사 후 화장실은 사용할 수 없었죠. 우리는 늘 막힌 변기와 배수 문제를 해결하기 위해 배관공을 불러야 했고 많은 돈을 지불해야 했습니다. 거기에는 모두가 느끼는, 예측할 수 없고, 통제 불가능한, 사소한 일들('잘못된' 식기와 그릇들이 사용되고, '적절치 않은' 시간대에 열리거나 닫히는 문)에 의한 분노가 있습니다. (GLS)

딸은 많은 시간을 욕실에서 보냅니다. 샤워를 한다고 말이지요. 아무도 아침을 준비할 수 없게 돼요. 아빠는 정시에 회사에 출근해야 하고 나머지 두 아이 역시 학교로 출발해야 한다는 것이 그 아이에게는 문제로 여겨지지 않는 것 같아요. 문제가 빈번하게 일어나서 결국 우리는 또 하나의 욕실을 얻기 위해 이사해야 했어요. (F)

섭식장애 당사자가 영양학적으로 그리고 의학적 측면에서 덜 위험할 때에야 비로소 다른 영역의 변화를 위해 협상하는 작업이 가능하다. 어떤 영역을 다루어야 할 것인가에 관해 이번 장에서 논의하며, 제13장에 소개했던 ABC 접근을 보다 정교하게 사용해 보고자 한다. 그런 다음 섭식장애에서 대표적인 문제 행동을 하나씩 다룰 것이다.

2. 기본 규칙

일반적으로 부모에 대한 청소년의 행동에서는 존중이 부족하지만, 섭식장애가 생기면 특히 더 심하게 왜곡되어 '존중'이라는 주제를 다시 제기할 필요가 있다. 섭식장애 당사자에게 침착하고 일관되게 그리고 확고하게 존중의 부족은 용납되지 않는다는 사실을 말해야 한다. 비록 종종 당사자는 믿기 어려울 수도 있겠으나, 섭식장애 당사자도 사랑받을 자격이 있고, 지지와 존중을 받을 가치가 있다는 사실을 말해 주어야 한다. 모든 사람은 똑같이 치료받을만한 자격이 있고, 당사자가 받았던 자비, 동정심, 귀함, 돌봄과 같은 수준으로 타인을 대해야 한다는 것을 당사자 역시 배워야 한다.

가족 규칙은 합의가 필요한 과정임을 강조하면서, 그러한 규칙이 존재해야하는 이유와 윤곽을 잡고 함께 논의할 필요가 있다. 규칙의 필요성과 규칙에 의한 스트레스도 해결되어야 하고 집 안에 있는 섭식장애 당사자를 포함한모든 가족 구성원의 삶의 질이 나아지기 위해서 필요한 과정임을 명확히 해야 한다. 가족이 원활하게 기능을 유지하도록 보장하는 것이 무엇인지 정확하게 알 수 있도록 하려는 것이 목적이고, 함께 힘을 모아 한 팀이 되는 협력적 돌봄의 기능을 유지해야 한다.

3. 행동유발 요인들에 대처하기

섭식장애를 일으키는 강력한 유발 요인에는 불안과 스트레스가 반드시 포함된다. 가족의 부정적 정서 반응들, 예를 들어 비난, 적대감, 권위로 누르려는(코뿔소) 혹은 눈물로 호소하는(해파리) 반응은 당사자에게 더 많은 스트레스와 각성을 불러일으킨다. 이 모든 반응이 순차적으로 이어지면 정적 강화 과정을 통해 병리적 행동이 지독하게 굳어진다.

반대로 가족이 받아들이려고 노력하고, 따뜻한 분위기를 조성하며, 차분하고, 일관되게, 연민의 분위기를 장려한다면(돌고래와 세인트 버나드), 부적 강화 과정을 통해, 병리적 행동이 소멸되어 간다. 하지만 이 접근이 보호자에게 힘든 도전임은 분명하다. 보호자는 섭식장애와 그것의 영향에 대해 보호자 자신만의 강렬한 감정적 반응을 가지고 있기 때문이다.

보호자 자신의 감정 반응을 별도로 이해하기 위해서는 가족이라는 무대에서 벗어나 당신 자신을 바라보는 것이 도움이 된다. 모즐리 병원에서는 부모, 형제자매, 다른 보호자들이 문제들로부터 떨어져 있는 시간을 가질 때 이 과정이 촉진된다는 것을 알았다. 새로운 관점을 얻는 것이 필요하다. 문제와 거리를 두면서 친구, 보호자 집단, 헬프라인 전화, 치료 전문가들 등 섭식장애 당사자 보살핌에 직접적으로 관여하지 않는 사람들과 많은 이야기를 나누어 보아야 한다. 반려견과 산책하거나 생각과 감정을 예술로 표현해 보는 시도 등을 통해 주의를 분산시키는 것도 필요하다. 이렇게 할 수 있는 시간이 드물겠지만 이 도전이 중요한 이유는 돌봄과 당신을 분리함으로써 당신의 정서 반응을 온전히 바라보게 하고, 섭식장애 당사자에게도 타임아웃(time out)을 주는 이점이 있기 때문이다. 이 시간을 통해 보호자는 새로운 에너지를 얻게 되고, 힘든 상황에서도 일관적이고 효과적인 돌봄이 가능해진다. 당신 자신을 돌보는 것이 왜 중요한가에 대해서는 제6장에 나와 있다.

4. 행동과 씨름하기

기억할 점

가족 안에서 일어나는 섭식장애와 관련된 행동 패턴을 검토해야 한다. 가족 중 누군가가 무심코 한 반응이 당사자의 섭식장애 행동을 당연한 듯 만드는가? 순교자처럼 수용했던 것일까? 혹은 섭식장애 행동들이 수용될 수 있고 쉽게 하는 일로 보였을 수도 있다. 섭식장애 당사자가 소란스럽게 먹고, 식사 전 짜증을 내고, 부정적인 자기반추를 해서 주목받는가? 이런 행동들은 당사자가 안심할 수 있도록 가족 모두가 무심코 끌어들여진 것은 아닐까?

우리는 보호자인 당신에게 '인내와 관용이 없는' 모습을 바라거나 병리적 섭식장애 행동 변화를 위해 끊임없이 움직일 것을 제안하는 것이 아니다. 긍정적 변화는 시간이 필요하고, 문제 해결을 위해 요구되는 것들을 연습하는 데 많은 시간이 걸리기도 한다. 여기에 APT 접근이 도움이 될 것이다. 일어난 행동을 기록하고(알아차리기), 변화를 위한 계획에 집중하기 위한 통찰의 시간을 보내며(계획하기), 정기적으로 섭식장애 당사자와 함께 진행 과정에 대해 검토하는 시간을 가진다면, 긍정적인 진전에는 칭찬이, 노력이 더 필요한 부분에 대해서는 대화할 수 있는 기회가 생길 것이다.

[그림 14-1] 동조하는 순교자들. 가족은 섭식장애 당사자를 화나게 하고 싶지 않다. 그들은 더 큰 걱정과 불안을 품고, 섭식장애 당사자의 규칙을 따르기 위해 할 수 있는 일을 한다. 예를 들어, 원하는 종류의 시리얼을 사기 위해 먼 마트로 운전을 하거나 섭식장애 당사자의 운동 루틴을 방해하지 않기 위해 거실 구석에 빽빽이 모여 앉아 있거나 오후 7~11시까지는 당사자가 단독으로 주방을 사용하도록 허락하기도 한다. 이것은 단기적으로 당사자를 안심시키고 흥분을 가라앉힌다. 하지만 불행하게도 규칙을 따르는 자체가 섭식장애 병리를 지지한다는 것을 의미하기에 장기적으로는 당사자의 건강을 해치는 행위다.

당신도 모르는 사이 다음과 같은 함정에 빠질 수 있다.

- 주방에 들어갔을 때, 당사자가 폭식하고 있다는 것을 알고 그만하라고 싸우는 것(이러한 집중과 관심은 폭식을 조장하고 유지시킬 수 있다)
- 당신 지갑에서 돈이 사라졌다는 사실을 덮는 것(부정적 결과를 없애는 일)
- 씹고 뱉은 음식물 쓰레기 혹은 구토한 토사물이 든 봉투를 당신이 버리고 있는 것(부정적 결과를 없애는 일)

- 주방과 욕실을 당신이 깨끗하게 청소하는 것(부정적 결과를 없애는 일)
- 화장실 문에서 잠금장치를 두는 것(당사자가 섭식장애를 숨기기 위해 새로운 비밀스럽고 교활한 행동을 채택하도록 장려하여 질병에 힘을 부여하는 일)
- 당사자가 원하는 특정 시간에 주방이나 욕실을 단독으로 사용할 권리를 주는 것(부정적 결과를 없애고, 섭식장애를 보다 '특별한' 것으로 만드는 일)
- 매 식사 후 당사자가 백 번의 계단 오르내리기를 하는 것을 별다른 지적도 없이 허용하는 것(부정적 결과를 없애는 일)
- 가족의 아침 식사를 위한 어떠한 음식도 남기지 않고 먹어 치웠다는 것을 별다른 지적도 없이 허용하는 것(부정적 결과를 없애는 일)
- 체중과 체형에 대한 긴 대화에 참여하는 것(섭식장애의 병리적 사고에 관심을 주는 일)
- '아니야. 넌 뚱뚱해 보이지 않는단다. 아니야. 그걸 먹는다고 무지막지하게 체중이 늘지는 않을 거야. 아니야. 너의 위는 그리 거대하지 않단다.'라고 하며 안심시키려는 것(섭식장애의 병리적 사고에 관심을 주고, 신빙성을 부여하는 일)

전문적 치료를 통해 섭식장애 당사자의 생각과 행동이 두 부분에 의해 움직이고 있음을 깨닫게 된다.

- 섭식장애를 적 또는 억압하고 싶은 행동이 있는 '거식증 괴물'로 여기는 부분
- 정상적인, 즉 섭식장애가 아닌 행동과 함께 발전시키고, 격려하고, 반성하도록 허용하고 싶은 부분

섭식장애와 관련된 문제들과 부정적인 자기비난이 대화 속에 나타나지 않게 하는 것은 매우 어렵다. 기억하자. 당신의 대답을 통해 섭식장애 당사자의

섭식장애에 관한 신념이 맞다고 승인하는 줄도 모르고 승인하고 심지어 격려까지 하게 될지 모른다. 그 대화에 빠지기 전 옆으로 물러나려고 노력해야만 한다.

> 치료자 선생님은 너와 음식과 관련한 행위들에 대해 이야기할 때 너의 병을 더 나쁜 쪽으로 강하게 만들 수 있다고 말씀하셨단다. 그래서 난 그 주제로 너와 말하지 않고 싶구나.

> 우리 둘 모두에게 음식에 관해서 대화하는 것은 도움이 되지 않아. 이야기의 주제를 바꾸자.

> 체형과 사이즈에 관한 주제로 빠지고 싶지 않구나. 그 주제에 대한 내 의견을 너는 이미 알고 있단다.

조금 더 성찰해 볼 시간을 갖는 게 당사자와의 대화 중에 가능하게 느껴진다면, 섭식장애 증상 뒤에 있는 정서(감정)를 살피자.

> 네가 오히려 상처를 입은 것처럼 들리는구나. 무슨 일이 있었는지 이야기해 줄 수 있겠니?

'섭식장애를 일으키는 내면의 속삭임(minx)'을 제거하기 위해서는 일관된 규칙들을 명확하게, 일관되게 지속하는 것이 매우 중요하다. 예를 들면, 화장실을 엉망으로 만들고 나가 버리거나 폭식하기 위해 타인의 지갑에서 돈을 훔치는 행위화의 문제는 둘 다 용납될 수 없다는 규칙같은 것들이다.

이번 장의 후반부에서는 섭식 병리의 안전 행동들(구토, 과운동, 폭식, 자기 비난과 충동)을 어떻게 적극적으로 다루어야 하는지 자세하게 논의하였다.

섭식장애가 아닌 과제들을 당사자가 완료하였을 때와 부정적 상태로부터 물러나 유연한 태도로 '보다 큰 그림(bigger picture)'을 보려고 할 때, 칭찬과 격려라는 형태의 보상들을 주어야 한다. 보호자인 당신이 긍정적 측면을 인식하고 알아본다는 사실을 당사자가 알 필요가 있다.

'건강함(healthy)'을 증진시키기 위한 또 다른 효과적인 방법은, 섭식장애와 상관없는 생각과 행동을 할 수 있는, 내용적으로도 의미 있는 시간을 함께 보내는 것이다. 당사자는 당신의 관심을 받으면서, 섭식장애에 눈길 한번 안 주는 경험을 하면서 자유와 기쁨, 즐거움과 만족, 성취감이 있다는 것을 깨닫는다. 하루 최소 1시간 정도 섭식장애 당사자와 함께 취미 활동을 하는 것이 목표다. 그 일에 당신만이 총책임자일 필요는 없다. 다른 가족 구성원이 함께 산책할 수도 있고, TV 시청을 함께할 수도 있고, 수다를 떨 수도 있고, 카드게임, 퍼즐, 공예 활동 등을 함께 할 수 있다. 요가, 태권도, 필라테스, 명상과 같은 수련들은 섭식장애적인 생각으로부터 분리될 수 있는 기술을 발달시킬 수 있고, 스트레스를 잊게 하며 불안을 완화하여 '머리를 맑게' 할 수 있다. 함께 할 수 있는 작은 커뮤니티를 찾는 것은 섭식장애 당사자뿐 아니라 보호자인

기억할 점

1. 섭식장애 행동을 강화시킬 수 있는 작은 가능성도 그만하게 하기 위해 노력해 볼 수 있는 방법을 고민해야 한다.

2. 섭식장애를 부추기는 생각, 감정, 행동에 갇히지 않도록 노력하자. 대신 차분하고 따뜻하고 유연한 사고로 말도 안 된다고 여길 수 있는 명확한 기대(예: 삶=먹기, 섭식장애=손상된 삶의 질)를 설정하자.

3. 가정에서 먼저 변화가 필요한 행동과 상황을 파악하자. 필요할 경우 당신의 행동을 먼저 바꾸는 것 또한 의미 있는 출발이다. 문제를 해결하는 데 도움이 되는 긍정적인 전략을 찾아보자. 명확한 경계와 목표 그리고 기대 수준을 정하자.

당신에게도 도움이 된다.

5. 섭식 병리적 행동에서 변화를 모색하기

1) 도전 과제 1: 대화의 구조를 세우기 위한 거미줄 다이어그램 사용하기

섭식장애 속 많은 문제행동 탓에 때로는 상황에 대한 전체 조망이 어렵다. [그림 14-2]에서 보이는 거미줄 다이어그램은 당사자의 주 증상들을 표현해 놓은 것으로 대화를 구조화할 때 도움이 된다. 이는 보호자와 섭식장애 당사

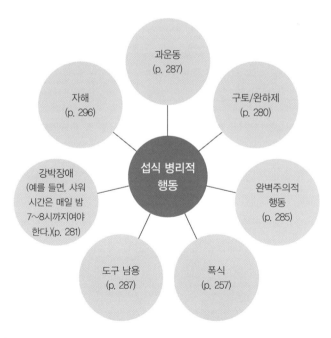

[그림 14-2] 거미줄 다이어그램을 이용해 까다로운 섭식 병리적 행동들을 개념화하고 순위를 매 길 수 있다.

자가 회복에 대해 보다 큰 그림을 숙지할 수 있고, 하나의 영역에만 집중하지 않게 한다.

도표를 빈칸으로 바꾸어 당신 가정 안에서 특별히 일어나고 있는 문제와 섭식장애와 관련이 있는 다른 증상이나 문제를 추가해 보자(분노 발작, 함께 먹지 않기, 몸의 구석구석 치수 체크 등등). 각 동그라미 속에서 가리키는 페이지를 보면 까다로운 행동을 어떻게 관리해야 하는지 알 수 있다.

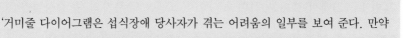

실천하기

'거미줄 다이어그램은 섭식장애 당사자가 겪는 어려움의 일부를 보여 준다. 만약 당신이 이 중에서 가장 변화되었으면 하는 것이 있다면 무엇인가?'

섭식장애 당사자가 이 다이어그램을 보면서 어떤 식으로 가리키는지, 어떤 반응을 보이는지 보자. 욕구(Desire), 능력(Ability), 이유(Reason), 필요성(Need)과 관련하여 당사자 스스로 변화를 탐색할 수 있게 해 보자. '욕구, 능력, 이유, 필요성(DARN)' 질문들은 섭식장애 당사자의 특정 행동을 변화시키기 위한 준비 수준을 확인하고 대화를 활성화시킬 수 있다.

- 제일 먼저 변화하기를 바라는 부분에 대해 이유를 좀 더 말해 줄 수 있겠니?(욕구)
- '구토'를 골랐구나. 구토를 줄이기 위해 네가 할 수 있는 일이 무엇일까? 그것을 이루기 위해 내가 도울 수 있는 것은 없니?(능력)
- '구토'라고 표시된 원을 골랐네. 그것이 왜 너에게 가장 중요하게 느껴졌는지 내가 조금 더 깊이 이해할 수 있게 도와주겠니?(이유)
- 이 다이어그램에서 너는 '구토'를 골랐구나……. 의사 선생님이 네 높은 혈중 염분 수치와 치아 손상을 말씀하셔서 그런 거니?(필요성)

선택한 문제행동을 변화하는 데에 SMART 기준을 충족시키는지 확인해 보자.

- 도전과 변화가 구체적인가(Specific)?

- 도전과 변화가 측정 가능한가(Measurable)?
- 도전과 변화가 성취 가능한가(Achievable)?
- 도전과 변화가 현실적인가(Realistic)?
- 도전과 변화가 정해 놓은 시간 내에 가능한가(Time)?

　행동 변화를 위한 도전은 섭식장애 당사자가 느끼는 편안한 수준을 약간 넘어서지만, 그럼에도 불구하고 달성 가능한 것으로 느껴져야 한다.

2) 도전 과제 2: 대화의 구조를 세우기 위해 상태측정 가늠자 사용하기

　당사자로부터 병리적 행동이 확인되었다면 당신은 '상태측정 가늠자'(제7장 참조)를 사용할 수 있다. 행동 변화를 위해 당사자가 얼마나 준비되어 있는지, 어떤 자신감을 얼마나 가지는지에 대한 대화를 구조화해야 한다.

실천하기

　다음과 같은 질문은 대화를 시작하기에 유용할 수 있다. '너 스스로 너에게 0점을 주지 않았다는 것은 변화를 원하고 있다는 뜻이란다. 0점을 주지 않고 네게 왜 3점을 주었는지 내게 말해 줄 수 있을까?'
　대화는 섭식장애 당사자 내면으로부터의 긍정적인 변화 이유를 자신과 타인에게 보여 줄 수 있는 기회다. 대화 속에서 당사자를 칭찬할 수도 있고, 변화를 향한 당사자의 자존감과 자신감을 강화하는 역할도 한다.

> '네가 섭식장애에 맞서 0점으로부터 더 멀어지는 건 분명 힘든 일이야. 너를 6이나 8쪽으로 더 멀리 가게 하려면 무엇이 도움이 될까?'
>
> '조금 더 멀리 나아갈 수 있도록 내가 도울 수 있는 일은 뭐가 있을까?'
>
> 이제 보호자인 당신이 평점을 내려 보겠다는 말을 당사자에게 전한다.
>
> '네가 변화하고 있다는 것을 내가 얼마만큼 중요하게 생각하는지 너의 것과 평행한 선 위에 표시해 볼게.' (당신이 얻은 당사자의 섭식 행동을 공개하고 조언하기 전에는 반드시 먼저 동의를 구하자.)

이것은 타협을 품은 협상의 첫 단추가 될 수 있다.

대화가 잘 진행된다면 이 과정에 더 많은 시간을 보내자. 거미줄 다이어그램 속 행동들에 대해 차례차례 다루어 가면서 좀 더 명료해질 것이다. 하지만 섭식장애 당사자의 반응이 매우 부정적이라면, 대화를 나눌 수 있는 또 다른 기회를 기다리는 편이 더 현명하다.

당사자들에게 있어 회복을 향한 큰 장애물은 그들의 삶의 많은 영역에서 비현실적인 높은 기대치를 설정한다는 것이다. '난 구토하지 않을 거야. 절대로 다시는 안 할 거야.' 그래서 시작할 때부터 이미 실패가 정해져 있는 경우가 많다. 성취 가능한 목표를 세우는 것이 매우 중요하다. 특히 섭식장애 당사자를 위해 쉽게 고칠 수 있는 문제 행동들을 먼저 해결해야 성공과 진전에 대한 긍정적인 경험을 이어 갈 수 있다. 하지만 섭식장애 당사자에게는 이런 식의 성공이 잘못된 것을 바로잡는 데 있어서 덜 가치 있게 느껴지거나 무의미하게 여겨지기도 한다.

> "처음에는 바꾸기 쉬운 것을 하고 그 다음에는 조금 더 어려운 것을 계속해 나가려고 노력하는 것이 좋은 생각 같아."
>
> "내가 먼저 말해도 될까? 의사선생님이 목표는, 다룰 수 있고 해낼 수 있는 것으로 작게 나누는 것이 좋겠다고 알려주셨어. 우리 속담에 '성공하는 경험만큼 더한 성공은 없다'는 건 정말 맞는 말 같아. 우리가 어떤 일을 성취할 때 기분이 정말 좋지? 그러니까 가능한 한 빨리 너도 성공의 경험을 얻는 것이 중요하다고 나는 느껴. 넌 어떠니?"

섭식장애 당사자의 극단적인 사고방식을 들었을 때, 당사자가 보다 현실적인 반응을 보이도록 유도할 수 있다면 도움이 될 것이다. 이를 위한 한 가지 방법은 비현실적인 야망을 반영하는 '악마의 속삭임(Devil's Advocate)'을 침착하고 차분하게 연기함으로써 그들의 반응을 조금 더 과대, 과장, 과잉적으로 반영해 주는 것이다.

"너는 한 번의 첫 성공을 기대하고 있는 거야."

"너는 모든 것이 당장 올바르게 바뀔 것이라고 말하고 있는 거야."

"너는 '한 번에 한 걸음씩'을 믿지 않아."

이러한 대화 후에 섭식장애 당사자가 말했었던 것을 요약해 들려주자.

"내가 이걸 제대로 이해했는지 볼게. 너는……."

"네가 말한 것에 대해 나는 이렇게 생각해……."

6. 언어와 가족의 기질 특성

극단적인 사고방식 패턴은 집안 내력일 수 있다. 가족 구성원 중 비현실적인 기대와 함께 이러한 사고 함정에 빠지는 사람이 있는지 생각해 보면서 다음 질문들을 스스로에게 해 보자. 당신은 작고 섬세한 부분에 초점을 맞추느라 보다 큰 그림을 놓치고 있진 않은가? 당신에게 경직된 경향이 있는가? 섭식장애 당사자와 가족 구성원들은 대화를 통해 극단적인 성향에 대응, 극복해 나가는 데 도움을 받는다. 당신의 어떤 경향성이 당사자에게 영향을 준다고 느낀다면, 당신의 사고방식과 행동에 변화를 주려고 노력하는 과정을 통해 섭식장애 당사자에게 중요한 롤모델이 될 수 있다.

또한 '재앙화' 사고를 조심하자. 실수가 재난처럼 보일 수 있다. 만약 당신의 생각이 '그렇게 해야만 한다, 할 것이다, 혹은 반드시'와 같은 조건적 어구가 많이 박혀 있는 문장을 사용한다면, 이런 표현들을 사용하지 않기 위해 노력해야 한다. 그러한 언어 표현은 너무 지시적이고, 고압적이며, 통제적으로 들릴 수 있고 섭식장애를 유지하는 데 기여한다.

7. 행동 다루기 1: 구토

1) 대화 예시

식사 후 너의 위에 들어 있는 음식을 비워 내고 싶어 한다는 것을 알고 있어. 그래야 네가 더 안전하다고 느끼고 덜 불안하겠지. 이러한 습관이 너의 건강을 얼마나 해치고 있는지, 정상적인 식사 조절 기능이 혼란스러워진 것에 대해 많이 염려돼. 너의 행동을 바꾸고 안 바꾸는 것은 너에게 달려 있다는 것을 잘 알고 있지만, 그런 행동의 반복을 끊을 수 있도록 내가 도와줄 수 있는 건 없을까? 아니면 최소한 충동이 일어나지 않거나 다른 행동으로 대체하도록 나랑 같이할 수 있는 것을 찾아보자.

2) 도움이 되는 전략

대화 후 행동과 관련한 변화들을 소개해 주는 것이 항상 제일 좋고, 강요보다는 협상이 더 낫다.

- 식사와 욕실 사용 사이의 시간 제한을 당사자와 함께 설정하고 협상한다.
- 식사 후 당사자 혼자 있게 하지 말고 친구에게 전화를 걸어 대화하거나 당신과 함께 활동하게 하자.
- 식후 불안이 안정되도록 무언가를 제공하자. 등을 문질러 주거나 머리

마사지 혹은 발 마사지도 좋다.

3) 부정적 결과들

구토라는 결과로부터 섭식장애 당사자를 옹호하지 마라. 만약 욕실 청소 및 배관 문제가 생기면, 우선 그 문제에 대해 대화하고 다른 가족 구성원에게 어떤 영향을 주고 있는지 다루어야 한다. 명확하게 그리고 침착하게 섭식장 애 당사자의 행동으로 인한 결과를 다루어야 한다. 당사자의 후퇴와 고통을 인지하고 그들의 행동이 끼치는 결과가 건강에 어떤 영향을 주는지를 보면서 그 싸움을 이기기 위해 무엇을 도울 수 있는지를 물어보아야 한다. 예를 들 어, 누군가 변기, 욕실에 구토 후 구역질이 나는 상태로 떠나 버리면 당사자 는 어떻게 느낄지 물어보는 것이다.

8. 행동 다루기 2: 반복행동과 강박

강박적인 사고와 행동은 근본적인 위협에 대한 느낌을 제거하고 두려움을 누그러뜨림으로써 섭식장애 당사자가 안전하다고 느끼게 한다.

1) 함정

섭식장애 당사자를 돌보는 보호자들은 종종 당사자의 충동적이고 반복적 인 행동에 반응하는 함정에 빠질 수 있다. 섭식장애 당사자가 자신은 실수하 지 않았고, 그래서 뚱뚱해지지 않을 것이고 못생겨지지 않았다고 안심시켜 달라고 부탁할 수도 있다. 보호자인 당신을 자신과 같은 생각 패턴 안에 끌어 들여 타당성을 입증하고 싶은 것이다. 일단 안심하게 되면, 불안은 감소하고

[그림 14-3] 이 이미지는 불안을 달래기 위해 당사자의 의견을 수용하기 시작하면, 2인 삼각경기
에서처럼 당신이 어떻게 붙잡힐 수 있는지 묘사한다. 두려움은 당신을 꽁꽁 묶어 당
신을 쓰러뜨릴 것이다. 예를 들어, 안심을 제공하려고 하는 당신의 반응, '넌 뚱뚱해
보이지 않아.' '난 요리에 전혀 기름을 사용하지 않았어.' 등이 당신을 묶은 끈을 더
단단하게 조일 것이기 때문이다.

당사자에게는 보상이 된다. 따라서 당사자가 안전하다고 믿기 위해서는, 같
은 질문을 반복해서 '괜찮아'라는 답을 들어서 즐거운 효과를 얻어야 하는 강
요가 이어진다. 하지만 불안 감소는 일시적일 뿐이다. 타인으로부터의 안심

효과 및 재확인은 단기적인 증상 완화로, 치료 효과가 아니다. 따라서 불안이 다시 증가하고 악순환이 계속된다. 질문의 강박성은 다음 내용의 전략들을 따르고 있고, 매우 미묘하여 보호자에게 책임을 전가하는 것을 포함한다.

- 보호자에게 자신이 한 일이 안전한지 또는 안전할 것인지 물어 본다.
- 결정을 끊임없이 재검토하는 성향을 띤다.
- 보호자가 없을 때 특정 행위(예: 먹기)을 거부한다.
- 음식, 칼로리, 체중, 체형에 관한 주제로 장시간의 토론(예: 세부사항 점검)을 한다.

　궁극적인 목표는 당신이 협박을 당하거나 꼼짝 못하게 되어 이러한 대화의 '춤'을 추지 않게 하는 데 있다. 섭식장애 안에서 부정적인 사고 또는 행동의 부정적인 결과에 대한 회피에 동조하고, 강박과 반복 행동들을 암묵적으로 옹호하는 것은 알코올중독 환자에게 술을 더 주는 것과 같다.

2) 강박행동을 감소시키기 위해 협상하기: 성공을 위한 조언

- 섭식장애 당사자는 자신이 강박행동에 빠져도 되는 특권이 있는 것처럼 여겨져서는 안 된다(예: 주방/욕실을 어느 시간이라도 독자적으로 사용할 수 있는 자유). 이에 가족과의 토론을 통해서 합리적인 규칙에 합의해야 한다.
- 섭식장애 당사자와 함께 불안감을 야기하는 행동들에 대해 모두 대화한 후, 각 행동에 대한 안전 행동 깨기 목록을 작성하는 것이 도움이 될 수 있다. 당사자의 강박을 깨거나 중단하기 위한 전략을 고안해 보자. 각각의 안전 행동에 탐닉하지 않는 것이 얼마나 많은 불안감을 일으키는지 예측하고 수치화해 보는 것이다(〈표 14-1〉 참조).

표 14-1 안전 행동 깨기		
안전 행동 깨기	예상 불안(0~100)	실제 불안(0~100)
식후 30분간 앉아 있기	99	
음식에 무슨 재료를 사용하고 무엇을 첨가했는지 조사하지 않기	95	
자신이 뚱뚱한지 보호자에게 물어보지 않기	92	
자신이 이 음식을 다 먹어야 하는지 그만 먹어야 하는지 묻지 않기	85	
체중 측정 줄이기	80	
몸 체크하는 데 소비하는 시간 줄이기	75	
운동하는 시간 줄이기	75	
친구나 개와 함께하면서 운동이 주가 아니게 하여 덜 강박적으로 만들기	70	

- 모든 영역에서의 즉각적인 변화보다는 한 번에 하나의 문제 행동을 줄이기 위한 계획을 세우자. 모든 부정적인 행동을 한 번에 다루려고 한다면, 당사자는 패닉에 빠질 것이고 회복을 위한 지속적인 진행 가능성은 줄어든다.
- 성공적인 변화의 가능성을 극대화하기 위해 높은 수준의 고통보다는 중간 정도의 고통을 초래하는 행동을 목표로 삼아 섭식장애를 극복하는 것이 가능하고, 성취할 수 있다는 것을 다음의 문장을 응용하여 사용하면서 당사자에게 상기시키자.

의사 선생님이 (나에게) 너의 행동에 관해 네게 안심을 주는 함정에 빠지는 것이 회복에 도움이 되지 않는다고 말씀하셨어. 안심 함정은 너의 높은 불안이 계속될 뿐이라는 것을 확인하는 거라고 하셨어. 지금 네가 불안한 것은 알지만, 그 불안은 반드시 사라질 거야. 불안이 스스로 사그라들도록 기다려야 한단다.

완고하고 변하지 않는 너의 시간표 때문에 집안의 일들이 보류되는 것이 모두에게 도움이 되지 않았어. 융통성을 배우고 새로운 환경에 적응하기 위해 노력하는 것은 참 중요하단다. 지금은 불안하겠지만 곧 안정될 수 있을 거야.

　네가 느끼고 있는 강력한 불안은 반드시 지나간단다. 걱정스러운 생각들을 작게 만들려면 우리가 뭘 할 수 있을까? 함께 산책할까? 직소 퍼즐은 어때?

• 불안을 줄이는 데 도움이 되는 방법은 다음과 같다.
　− 요가, 댄스, 국선도, 필라테스 같은 과격하지 않은 운동
　− 평온한 음악 듣기, 재미있는 활동하기, 그림 그리기나 공예활동
　− 깊게 이완 호흡을 하기, 마음에서 떠오르는 이미지 시각화, 마사지, 페디큐어 혹은 네일아트 같은 기분 좋게 하는 요법

9. 행동 다루기 3: 강박 충동적 증상, 완벽주의와 씨름하기

　우리는 섭식장애를 가지게 된 사람들의 초기 및 아동기 발달을 보았을 때 강박적 성향이 강하다는 것을 발견하였다. 그 개념은 다소 엄격하고, 융통성이 없으며, 분석적이고, 주어진 일을 해결하기 위해 투정하거나 '올바른' 방식과 매우 높은 기준을 두고 일처리하기를 원하는 성향을 말한다. 그러한 측면이 성장기 동안 없었다 할지라도 섭식장애가 발병하게 되면 그런 측면들이 다시 강하게 당사자에게 드러난다.

　강박이 드러나는 형태(유형)는 다를 수 있다. 청결, 개인 위생, 정리, 물건 정렬, 음식 준비, 먹기 및 식사와 관련된 습관 등이 그러하다. 어떤 강박 충동 행동은 학교 일, 스포츠, 댄스 또는 여가 활동에 열성적으로 적용되고 훌륭한 성과를 내는 것으로도 나타난다. 섭식장애 당사자는 학습적인 면에서 매우 높은 점수를 성취하는 학생, 뛰어난 음악가, 헌신적인 스포츠 선수 그리고 엄

청난 경력과 전문적인 야망을 가진 사람들일 수 있다. 이러한 강박성은 높은 수준의 불안을 줄이는 역할을 할 수 있지만, 더 이상 더 높을 수 없는 수준의 소모적인 행동 기준에 그들을 붙잡아 맨다. 또한 이 기준을 믿는 신념은 섭식 장애 당사자의 자기비하를 강화한다. 성공에 대한 강력한 욕구로 인해 자신이 정상에 있어야만 하고, 최고가 되어야 한다는 것을 스스로에게 주입하는 것이다. '완벽함'에 실패한다는 것은 먹기와 같은 자기 돌봄(self-care)을 할 자격이 없고 가치가 없다는 좋은 이유가 될 뿐이다.

섭식장애 당사자는 실패와 실수를 할까 봐, 주위의 기대보다 못 미칠까 봐 공공의 비판을 두려워하며 산다. 당사자는 그들의 시간과 자원을 최대한 들여 이룬 것을 편안하게 받아들이지 못한다. 더 많은 시간과 노력을 투자한다 하더라도 최고의 결과를 얻지 못할 수도 있지만 말이다. 실제의 삶에서는 모든 시합에서 1위가 되고, 모든 시합에서 승리 골을 득점하고, 모든 경기에 주장 역할을 하고, 모든 직장/입학/오디션 인터뷰에서 선택받은 자가 될 수 없다. 하지만 섭식장애 당사자는 실수할 수 있다는 사실을 받아들이지 못한다. 우리 모두 약점을 가지면서도 다양한 능력과 강점을 가지고 있는 고유한 존재라는 것을 인정하지 않는다. 섭식장애 당사자는 친구와 가족이 섭식장애 당사자가 되고 싶어하는 사람을 좋아하는 것이 아닌, 있는 그대로의 당사자를 사랑하고 있다는 것을 깨닫지 못한다.

섭식장애 당사자는 그들의 실수와 잘못을 수용하면서 '응 그게 최선이었어!'라고 말할 수 있게 하는 세포가 없는 사람처럼 보인다. '충분해.' '다른 건 없을까?' '내 생각은 이래……'에서 나타나는 특성들은 당사자가 극단으로 치닫는 것을 피하는 방법을 떠올릴 수 있도록 돕는다.

① 충분해
큰 그림에서 보면 실패/실수/부정적 언급 등이 고통/불안/자기비판의 이유가 될 만큼 충분히 중요했을까? (앞으로 7년 동안 그것이 당신에게 얼마나 영향을 미칠까? 그것이 당신에게 얼마나 중요할까?)

② 다른 건 없을까?

더 중요한 다른 것은 없을까? 있다면 그것은 무엇일까? (성공/칭찬/성취 등이 당신의 행복, 당신의 건강, 당신의 미래, 당신의 가족과 친구보다…… 더 중요한가?)

③ 다른 사람의 생각은? 내 생각은 이래.

당신의 실수/실패에 관한 중요성/관련성을 판단하는 데 도움을 주고 책임을 나눌 수 있는 타인이 있는가? ('새로운 관점이 생기도록 내가 도와줄 수 있어. 같이해 볼래?' '내가 그 상황을 어떻게 바라보고 있는지 너에게 말해 주고 싶어.')

10. 행동 다루기 4: 과운동

강박적인 운동은 섭식장애에 흔한 행동으로, 불안을 줄이거나 섭식장애 당사자에게 안전하다는 인상을 준다.

운동은 건강을 위한 행동으로 보임에도 불구하고 섭식장애에서는 과도한 운동이 일으킨 결과로 인해 많은 비용을 지불해야 한다. 거식증과 폭식증 모두 당사자의 영양학적 건강은 위태롭다. 예비 에너지가 거의 없는 그들의 몸은 '불균형(out-of-balance)' 상태라 볼 수 있다. 중요한 근육이 소모되어 약해져 있고, 골다공증, 혈당 수치 비정상, '취약한' 심장, 빈곤한 체액과 염분 불균형 상태이다. 운동에 의해 몸에 절대적으로 필요한 에너지 자원까지 태워 버려 근육이 상처 입고 뼈가 부러지기도 한다. 게다가 대부분의 운동 루틴은 혼자 격리되어 하는 활동이다. 달리기, 헬스, 당사자의 침실에 설치한 운동용 자전거로 매일 저녁 몇 시간씩 운동하는 것 등이 있다. 만약 섭식장애 당사자의 건강이 심각하게 위태롭지 않다면, 운동에 대한 비현실적인 완전 금지보다는 운동 형태를 사회적 맥락에 적절하도록(예: 댄스 수업) 바꾸는 것이 도움이 된다. 하지만 기아로 인해 건강이 위태로울 때, 경쟁적이며 승부를 내야 하는 경기에 참여하는 것은 해롭다. 당사자의 운동루틴에 혼자 하면서 스스로 경쟁을 만들고 충동적인 측면을 제거하고, 사회적 연결을 통해 합리적인 경계와 즐거움을 추가한다면, 당사자는 운동에 대해 덜 광적이고, 덜 강박적인 관점을 채택하게 된다.

만약 당사자의 영양학적 안전이 더 중요하다면, 타협을 위한 대화와 최종 계획을 (쓰든 아니든) 공론화하는 것이 중요하다. 예를 들어, 만보기(pedometer)나 시간측정 기록에 준하여 당사자의 매일 운동 강도와 수준을 모니터링한 다음, 점진적으로 강박행동을 줄여 간다. 매일 저녁식사 후 1시간 반 동안 러닝머신을 뛰는 대신에, 같은 시간을 반려견과 함께 하는 산책을 제안해 보는 것은 어떨까?

섭식장애로 인해 당사자의 감정들이 억눌려 왔다면, 계획을 위한 친절하고 부드러운 토론조차도 변화에 대한 두려움과 불안감을 유발할 수 있다. 그러니 기억하자. '한 번에 한 걸음'이 핵심이며 하룻밤 사이에 모든 것을 바꿀 수 있는 계획은 없으므로 인내와 시간이 필요하다.

11. 행동 다루기 5: 강력한 정서들

섭식장애 당사자는 회복을 향해 시도하고 도전하는 과정 중에 격한 감정들을 표현하는 것이 일반적이다. 이를 다루기란 여간 어려운 일이 아니다. 그 감정들은 자해, 타해 혹은 물건을 부수거나 폭력적인 행동과 관련된 심각한 사건으로 확대될 수 있다. 이러한 폭발들은 공공연히 일어나 창피스러운 장면으로 이어질 수 있고, 보호자에게는 다루기 불가능하다고 느끼게 한다.

최근 결혼식에서 누군가가 내 딸이 싫어하는 발언을 했고, 내 딸이 정신을 잃은 듯이 소리지르며 격노했어요. 안에 있던 모든 사람이 무서워했죠. 상황은 큰 혼란을 일으켰고 그런 비슷한 상황조차 목격한 적 없는 저에게는 정말 견디기 힘든 시간이었습니다. 외동딸인 그녀와 함께 우리는 늘 조용한 집에서 살아왔습니다. 딸을 집으로 데리고 오려고 애쓰면서……. 격노로 눈먼 듯 통제 불능인 딸을 집으로 데리고 오는 건 정말 힘든 일이었습니다. (F)

어떤 행동이 허용 가능하고, 허용될 수 없는 것인지에 대한 명확한 가족 원칙들이 필요하다. 섭식장애라는 병이 집으로 들어오게 되면 이전의 가족 원칙들은 종종 흐트러지거나 무시되기도 한다.

각 가족 원칙에는 '최저선(bottom lines)'이 있다. 원래 있던 원칙이든 새로운 원칙이든, 허용할 수 없는 행동에 원칙이 유지되면서 어떻게 적용될 수 있는지, 원칙의 변화가 불가피한지 가족이 모인 자리에서 대화로 확고한 합의에 이르는 게 정말 중요하다.

- 타인을 때리거나 집의 물건을 부수는 등의 행동은 허용되지 않는다.
- 공개적으로 증상이 노출되어 위험한 상황이면 즉시 집으로 온다.
- 가족 혹은 그 누구에게도 욕설이나 무례한 행동을 하지 않는다.
- 다른 사람의 물건에 손대지 않는다.
- 음식을 낭비하면, 돈을 지불해야 한다.

약속이 지켜지지 않을 경우 발생하는 결과에 대한 약속된 원칙이 명확히 해야 하며, 안정화 하는 방식, 용돈 회수(예) 등이 일관되게 지속적으로 적용되어야 한다.

섭식장애 당사자를 포함한 다른 가족 구성원일지라도 약속을 어겼을 때, '크랩 샌드위치(the crap sandwich)' 같이 긍정적인 피드백 사이에 비판을 끼워 넣는 식의 표현은 매우 유용하다.

> 진심으로 너를 사랑해. 네가 규칙을 깨트리거나 나를 향해 욕하고 소리지를 때는
> 참 싫지만 여전히 널 사랑하고 있단다.

이 표현이 필요하다고 생각하면 반복해서 말해 보자.

도를 넘는 자기 행동으로 규칙을 깨트렸을 때, 섭식장애 당사자는 그 상황을 인정하기보다는 더 큰 격노로 그 감정을 떨쳐 버리려 한다. 당사자가 안정이 되면, 조용히 다음 메시지를 들려주자. '엄마는 널 아주 많이 사랑해. 하지만 이건 싫고, 네가 한 행동을 순순히 받아들일 순 없어……. 하지만 여전히 널 사랑한단다. 안아도 되겠니?'

규칙을 세우고 다시 공론화하는 것, 장기간에 걸쳐 적용하려고 애썼던 효과적인 제재, 보상 활동 등이 무너졌다면 보호자의 심적 소진은 클 것이고, 당사자의 부정적 행동으로 인해 가족 전체의 삶에 영향을 받아 왔다면, 다시 일으켜 세우기는 매우 힘들다. 보상 활동의 수는 제한되며, 가능한 제재 또한 제한될 것이다. 예를 들어, 낭비된 음식이 대체되는 것에 대해 언급된 마지막 원칙(예: 음식을 낭비하면, 돈을 지불해야 한다)에서 이것이 가능하지 않은 경우(예: 당사자가 경제활동을 하지 않고 집에 재정적으로 기여하지 않는다면), 섭식장애 당사자가 생계를 유지하고 있는 경우보다 규칙 적용이 훨씬 더 어려울 수밖에 없다.

받아들일 수 없는 행동에 대해 견고함과 일관됨 사이에서 균형 감각을 찾아야 한다. 유연성을 모델링하는 것도 어렵고, 감정 폭발이 가족생활에 미치는 영향을 무시하는 것도 괴롭다. 이 부분에 대한 효과적 해결은 선행 사건 파악과 행동 및 결과(ABC)를 확인하고, 가족이 팀이 되어 긍정적인 변화를 발견하고, 당사자를 지지하고, 또 당사자가 무너질 때마다 당사자를 도울 수 있는 방법을 탐구하면서, 발견한 것들을 가지고 다루어 나가는 것만이 유일하다.

1) 선행 사건을 확인하고 해결하기

가능하다면 대화를 통해서 감정 폭발의 유발 요인들을 찾기 위해 노력하자. 빈번하게 발생하는 대부분의 유발 요인은 '분노와 압도적인 절망감'에 있다. 외부 사건에 대한 통제력을 가진 사람은 아무도 없지만, 감정적인 촉발들에 대해 완충하면서 모두를 도울 수 있는 한 방법은 일상생활 안에서 예상할 수 없었던 좌절에 대한 회복력을 개발하도록 가족 내 분위기를 가능한 고요하고 따뜻하게 만드는 것이다. 이 목표를 달성하기 위한 몇 가지 팁은 다음과 같다.

- 섭식장애 당사자를 돌보는 보호자는 휴식이 필요하다. 제6장에서 보호자의 회복과 재충전이 중요하다는 것을 소개하였다. 집안 분위기가 긴장되면 집 밖으로 잠시 나가는 것도 좋다. 5분 혹은 1시간을 개와 함께 정원 혹은 가까운 거리의 산책에 사용해 보자. 혹은 조용한 구석에서 5분 정도의 이완 호흡도 좋다.

  나의 감정적인 반응 때문에 내 자신이 좀 흐려지고 안 보이는 것 같아서 한걸음 물러설 필요가 있는 것 같아. 5분 정도(혹은 1시간) 후에 이야기하는 건 어떨까? 오늘 말고 내일도 괜찮아.

- 도움이 되지 않는 행동 패턴에 사로잡히는 것을 피하고, 섭식장애에 관해 논쟁하거나 우울한 생각들을 길게 대화하려는 것을 피하고자 의식적으로 노력하자(코뿔소를 떠올려 보자).
- 당신을 위해 독립적인 돌봄 시간을 계획해 보자. 스트레스를 받고 있는 동안(식사 중, 일에 몰두 중, 피곤할 때) 민감한 주제, 규칙, 목표, 변화에 관해 말하지 않는다.

- 감정이 끓어오르기 전, 그 감정에 주목하고, 받아들이고, 반성해 보자.

  네가 많이 흥분한 것 같이 들려. 산책할까? 안아 줄까? 내가 널 도울 수 있는 게 뭐가 있을까?

- 폭발 속에 보이는 패턴을 찾아보자. 어떻게? 언제? 왜? 누구 때문에? (때 때로 섭식장애 당사자는 가족 구성원들 중 '좀 더 약한 사람'을 알아본다.)
- 위기 상황에 간섭하기 위해 진정시키는 문장 말하기를 연습하고 개발해 보았다면, 실제와 맞닥뜨렸을 때에는 보다 침착하게 반응할 것이다. 다 음 문장을 반복해서 말해 보자. 거울을 보고 해도 좋다. 그래야 필요할 때 입에서 나올 수 있다.

  내 생각엔 우리 둘 다 조금 더 침착해진 후에 이야기하는 게 좋겠다.

- 섭식장애 당사자가 안정화하려고 노력하는 가운데 만난 내면의 이미지 에 대해서 어떻게 대할 것인지 생각해 보자. 호흡에 집중하자. 마음챙김 을 통한 바라보기가 유용하다.

  네 분노의 파도가 다가오는 것 같이 보여. 너의 몸 혹은 가까운 곳에서 그 분노를 찾아볼 수 있겠니? 어떤 모양이니? 너의 분노를 그려 볼 수 있겠니?

  평화로운 어딘가에 있는 너를 떠올려 보렴. 나에게 네가 보고 있는 모습 그대로 묘사해 줄 수 있겠니?

  우리가 이 방에서, 지금 느끼고 듣고 있는 무언가에 대해서 있는 그대로 말해 보자. 내가 먼저 시작해 볼게……. 밖에는 새들이 지저귀는 소리가 들려. 멀리서 희미

하게 비행기 우르릉 소리도 들리고……. 지금은 내 신발 속에 있는 내 발을 느끼고
있고 내 등을 받쳐 주는 소파의 쿠션을 느끼고 있어…….

• 하지만 감정 폭발 중이거나 직후에 섭식장애 당사자를 위로하는 것은
혼란스러운 행동을 강화시킬 수 있다.

2) 예방이 실패하여 결국 폭발이 일어났다면

• 까다로운 폭발 행동을 다루려고 할 때 당신에게 따뜻하지만 일관성이
있는지 확인하자.

나는 널 아주 많이 사랑하지만 네가…… 했을 때는 싫단다…….

내가 너를 사랑하지만 이 행동은 받아들일 수 없구나. 다른 누가 했더라도 그 행
동을 나는 받아들이지 않을 것이고, 너의 그 행동도 받아들이지 않을 거야.

• 침착하고 따뜻하게 '제발 멈춰 줘. 그 일에 대해 나중에 얘기하자.' 혹은
'우리 둘 다 침착해졌을 때 그때 얘기하자.'라고 말한다.
• 만약 당사자가 듣지 않으려 한다면 침착하게 당신의 핵심 메시지를 반
복하자.

널 사랑한단다. 하지만 이 행동은(소리 지르기, 비명 지르기, 때리기 등) 받아들일
수 없단다. 여전히 널 사랑하지만 그 행동은 싫단다.

• 좀 더 받아들일 수 있는 대안을 제시하려고 노력하고, 어떻게 도울 수 있
는지 당사자에게 먼저 물어보자.

사람들이 보는 앞에서 나에게 소리 지르지 말아 주기를 바라. 지금은 네가 화가 난 것 같아. 네가 가능할 때 너에게 무슨 일이 일어났는지 내게 이해할 수 있도록 설명해 주었으면 해.

- '안정화'할 수 있는 것을 제공하자. 그것은 당사자의 감정 상태에 대한 정동(affect)을 당사자의 몸의 감각과 주위 환경으로 옮기는 것을 목표로 한다.

너의 손을 벽이나 나무 그리고 돌 같은 곳에 살며시 올려놔 보렴. 너의 좌절감과 힘듦을 그것들에게 실어 보내 보자. 너의 힘듦을 그 속으로 퍼뜨려 넣는다는 상상을 하면서 너의 손과 손가락을 통해 벽이나 나무 그리고 돌로 스며들게 한다고 상상해 보자.

- 무엇이 감정 폭발로 이어졌는지 함께 의논할 시간을 정해 보자. 같은 날일 수도 있고, 그 다음날일 수도 있다. 어떤 행동이 받아들여지지 않는지 당사자가 알도록 해야 하며, 그 행동이 어떤 식으로든 다루어지기가 회피되거나 너그럽게 봐주어서는 안 된다.
- 사건에 대한 대화 후, 긍정적인 말로 끝내려고 노력하자. 즐거운 활동을 제안해 보자.
- 일기장이나 공책에 사건을 글로 써 보자. 모든 가족 구성원이 함께 둘러앉아 치료 전문가 혹은 자조 그룹과 이야기를 나누어도 좋다.
- 감정적으로 분출하거나 당신 스스로 비난하지 않는다. 당사자의 감정과 상황으로부터 당신을 분리해 내자.

3) 사례

열다섯 살 P는 음식 제한이 점진적으로 더욱 심각해졌고, 결국 제시간에 먹거나 마시지 못하게 되어 의학적 평가를 받기 위해 내원하였다. 평가 결과, 의학적 위험 범주에 해당되었고, 먹기를 가능하게 돕는 섭식장애 전문 병원에 입원하였다. 의료진은 그녀의 부모를 면회 가능한 시간에 병동을 방문하게 하여 그녀와 함께 병동에서 함께 식사하도록 허락했다. 입원 후 시간이 흐르면서, 가끔씩 집으로 외박을 가는 것이 허락되었다.

그러나 P의 부모는 P가 집으로 돌아오자마자 체중과 체형에 대해 다시 몰두하는 모습을 보였다는 것을 의료진에게 보고하였다. P는 스스로를 '살찌고 게으른 돼지'라고 불렀고 복부의 피부를 잘라 내는 것 같은 제스처를 취했다고 알렸다. P는 그녀가 무엇을 먹었든 열량을 다 태워 없애고 싶은 욕구로 부모와 외출할 때면 파워 워킹을 했다. 만약 가족이 그녀의 행동을 제재하면 비명을 지르거나 소리를 질렀고 욕을 하는 등 분노 발작으로 격하게 반응하였다.

상황을 ABC로 분석 후, P의 부모는 병동에서 다른 환자들과 떨어진 별도의 병실에서 자신들과 아침을 함께 먹는 P가 아침에 더 차분했다고 보고했다. P는 덜 불안해했고, 덜 불안정했고, 심하게 상처받지 않았으며, 자신의 행동에 과하게 몰두되지 않았고, 타인의 섭식 습관에 대해 민감하게 몰두하지도 않았다. P의 부모는 분노 발작과 같은 정서 표출이 용인될 수 없으며, 욕을 하거나 도망가 버리는 행동 역시 수용될 수 없음을 다시 한번 확고히 하였다. 그래서 만약 또다시 그러한 일이 생길 경우 집에서는 '타임아웃' 후 다시 입원을 한다는 명확한 규칙을 세웠다. P는 부모와 함께 문제행동을 극복한 도전들을 칭찬받았고 격려받았다. 부모는 아침 식사가 시작되기 전 병원에서 P를 데려왔고 상당히 호전되었음을 느꼈다고 보고했다.

12. 행동 다루기 6: 자해

자해는 강렬한 감정들이 말로 모두 표현될 수 없으며 아무도 주의를 기울이지 않고 누구도 들으려 하지 않아 아무것도 해결되지 않고 남겨진 채로 있을 때, 강력한 정서(분노, 상처, 고통, 공허감, 포기, 단절)를 표현하기 위한 수단으로 흔히 사용된다. 이때 겪는 몸의 고통은 정서적인 고통보다는 더 다루기 쉽다고 여긴다. 자해가 이어질수록, 당사자는 정서적으로 강력한 해방감 및 감정 분출을 경험하게 된다. 스스로에 대한 혐오감과 힘겨움을 말을 통해 소통할 수 없어서 좌절로 이어지고 그 좌절은 몸을 통해 행위화된다. 일부 자해 행위는 눈에 보여 타인들로부터 더 많은 관심을 받기 위한 강화의 목적으로 사용되기도 한다. 이는 당사자에게 긍정적 효과로 여겨진다.

논의된 모든 행동과 마찬가지로, ABC 분석법을 통해 대안적이고, 덜 위험하며, 선행 사건들을 다루기 위한 전략을 개발하는 데 유용하다. 괴로울 때는 타인들에게 다가가서 말하고, 도움을 요청하자고 교육하자. 불안을 다루기 위해 주위를 분산시키고, 이완 훈련을 해 보라고 권유하고, 방법도 교육하자. 감정과 생각과 몸의 감각이 어떻게 연결되어 있는지, 감정을 조절하는 방법도 알려주자.

13. 피드백

보호자로서 당신은 당사자에게 즉각적인 피드백을 제공할 수 있는 중요한 위치에 있고, 섭식장애 당사자의 건강 개선과 온전한 삶을 향한 행동을 선택할 수 있도록 코칭할 수 있는 위치에 있다. 코칭에는 많은 인내와 헌신이 요구되지만 당사자뿐 아니라 가족에게도 폭넓게 혜택을 가져다주는 이점이 있다.

이상적으로, 피드백은 즉각적으로 제공되어 긍정적인 행동을 더 강화하고 격려할 수 있어야 한다. '노력하고 있는 너를 보니 너무 반갑구나.' '그건 정말 잘한 거야.' '난 네가 그랬을 때 참 좋아.' 침착하게, '의사 선생님이 네게 무슨 말을 하셨는지 기억해 보자.'라고 말하며 섭식장애 관련 병리적 행동에 대해 부드럽게 상기시켜 주자.

표 14-2 | 피드백의 기술

- **긍정적인 것을 강조하자.**
  '네가 그 식사를 다루었던 방식은 네가 할 수 있었기 때문에 일어난 거야.'처럼 당신이 관찰한 것을 명료하게 말하자. 또한 '우리가 지난 일들에 대해 회고하던 지난밤, 너의 운동 계획 변화를 이야기 나눌 수 있었던 것이 참 기뻐. 결과적으로, 우리는 식사 후 시간을 침착하게 보낼 수 있었어.' 혹은 '네가 그것을 할 수 있었다는 것을 볼 수 있어서 기쁘고, 그것은…… 이러한 의미란다.'와 같이 말하여 당사자의 행동 변화를 반영해 보자.

- **당신의 지지를 강조하자.**
  '난 널 아주 많이 사랑한단다. 그리고 걱정된다. 나는 네가 건강을 지키기 위해 식사 후 먹은 것을 (뱉지 않고) 유지하는 것이 매우 어렵다는 것을 알아. 다음 번 구토를 막기 위해 내가 도울 수 있는 일이 있을 것 같아.'와 같이 말한다. 그러나 가능한 한 어떤 방법으로든 당사자를 돕고자 하더라도, 행동 변화의 모든 책임이 당사자에게 있다는 것을 이해시켜야 한다. '너만이 할 수 있단다. 하지만 너 혼자서는 (그것을) 할 수 없어. 난 내가 할 수 있는 방식으로 늘 너를 도울 거란다. 하지만 너 자신을 진짜로 회복시킬 수 있는 유일한 사람은 바로 너란다.'라고 말이다.

- **피드백에 균형을 가지자.**
  당신이 보고 싶은 행동의 종류 외에 당신이 목격한 문제 행동을 설명하자. 예를 들면, '난 널 많이 사랑한단다. 하지만 네가 나에게 소리치고/문을 쾅쾅 치며/비명을 지르는 것은 받아들일 수 없단다. 오히려 네가 무엇 때문에 그렇게 흥분했는지에 대해서 나와 앉아서 이야기 나누면 좋겠구나. 난 널 여전히 사랑하지만 그 행동은 받아들일 수 없단다.'고 말할 수 있다.

- **후퇴를 무시하지 말고, 침착하게 후퇴를 자각하자.**
  후퇴로부터 배우고, 무엇을 몰랐는지 알자. 미래의 어려움에 대비해 계획하고 당사자가 다시 도전하도록 격려하자.

- **싫어하는 행동을 받아들일 수 없다는 뜻과 그 행동을 하는 '사람'이 싫은 것이 아니라는 뜻을 분명히 구분하여 강조하자.**

- **개별적으로 조용히 피드백하자.**
  청중은 불필요한 방해물이기도 하다.

- **섭식장애 당사자를 참여시키자.**
  문제 진단, 해결책 계획 및 생성, 실천, 검토는 공동의 협의하에 결정해야 한다.

- **비판하지 말자.**
  '이해가 잘 안 되는구나. 어쩌면 너는 오늘 많은 노력을 기울이지 않았던 것 같아. 너는 나 없이도 간식 먹기를 참 잘하고 있었어. 그런데 오늘 간식은 왜 쓰레기통에 버렸니?' 와 같이 말하는 것은 좋지 않다.

- **당사자의 완벽주의에 화를 내기보다는 뒤로 물러나 무슨 일이 일어나는지 보자.**
  멀리서 보면서 보이는 큰 그림에 집중하면서 무엇을 배워 왔는지, 무엇이 중요한지 본다.

- **전진, 진행, 진보를 인정해 주자.**
  예를 들어, '너 진짜 잘해 왔어. 두 달 전에 네가 파스타 요리를 주문했었다면 불안감이 더 컸을 거야. 나는 네가 먹었을 때 너무 감동받았어. 가족 모두에게 특별한 외식이었고, 정말 잘했어. 고마워.'라고 말하자. 비록 그 어떤 진전이 만들어지지 않더라도, 주의를 기울여 어떤 노력이 있었는가를 살피고, 조그마한 변화일지라도, 있다면 칭찬해 주자. 모래알처럼 아주 작은 투지와 결단력에도 주목하고 격려해 주자.

기억할 점

1. 행동을 바꾸기 위해서는 선행 사건-행동-결과(ABC) 접근법이 필요하다.

2. 명확한 규칙과 목표가 필요하다. 새로운 규칙이 필요하다면 모든 가족 구성원과 함께 논의하여 반영하고 확인하고 발전시키는 과정이 필요하다.

3. 다양한 행동을 ABC 모델로 분석하고, 당사자와 가족이 함께 이야기한다.

4. 대화하면서 찾고, 도움이 되는 전략들을 계획하자.

5. 침착하고 일관되게 당사자의 변화를 격려하자.

6. 긍정적인 변화에 대한 모든 노력을 소중히 여기는 자비로운 반응을 보여 주자.

7. 정기적으로 검토하고 미래를 위해 계획하자.

8. 모든 진전을 격려하고 지침을 점검하는 것뿐만 아니라 정체, 후퇴, 좌절도 알아주고 인정해 주자. 그리고 모든 긍정적 노력을 칭찬해 주자.

제**15**장
회상, 검토 그리고 휴식

1. 요약

 우리는 종종 섭식장애 당사자와 소통이 제대로 이루어지고 있지 않다고 느낀다. 당신은 피곤하고 낙담하여 감정적인 상태일 수도 있고, 당신의 정서적 반영 자원이 고갈되어 순간적으로 화가 나기도 할 것이다. 아니면 섭식장애 당사자가 더 피곤해하고, 배고파하고, 감정적이며 당신과 정서적으로 연결되지 않을 수도 있다. 하지만 이런 일련의 잘못된 삽화는 올바르게 이해한 삽화만큼 유용할 수 있다. 즉, 무슨 일이 벌어졌는지, 무엇이 잘못되었는지 이해하려고 애쓰다 보면, 자비의 마음을 가지고 다시 시도하고자 하는 용기가 생긴다. 기억하자. 당신은 알아차리기-계획 세우기-실천하기(APT 방법)를 수없이 적용해 보면서 점점 더 많이 배우고 익힐 수 있다.

 또한 보호자로서 당신 자신의 건강과 안녕을 보호할 줄 알아야 한다는 것을 기억하자. '당신이 먼저 산소마스크를 쓰세요.'는 자녀와 함께 여행하는 부모 및 보호자들에게 지시되는 비행기 비상 행동 규칙이다. 만약 당신이 사고에 대비하지 않는다면 결코 자녀나 동료를 도와줄 수 없다. 이것은 집에 있는 모든 사람이 중대한 문제에 영향을 받을 때에도 똑같이 적용된다. 즉, 섭식장애 당사자가 어려운 고비들을 넘어갈 수 있도록 노력하는 과정에도 똑같이 적용할 수 있다.

2. 함께 작업하기: 가족이 팀이 되어 돌봄

섭식장애 치료에 관여하는 모든 사람들은, 치료 과정에 고군분투하는 한 명의 보호자에서부터 다양한 연령대의 구성원들로 이루어진 대가족까지 다양할 수 있다. 가족의 구성원들이 유아, 청소년, 직장인, 은퇴한 사람으로 다양할 경우, 삶의 단계가 다르므로 각기 다른 스트레스로 인한 감정적인 욕구와 반응이 모두 다를 수 있다. 가족 중 누군가는 취미와 사회적 활동을 즐길 수 있는 에너지가 줄어들어 피로감이 지속되고 소진된 듯한 느낌이 커진다. 이는 일이 잘못되었을 때 회복탄력성을 감소시키며, 집중력 감퇴 및 실수 증가로 이어져 인내심이 저하되고 불안감을 증폭시키기도 한다.

가족 구성원은 섭식장애 당사자와 함께 살 때 생기는 제약과 스트레스 요인에 적응하기 위해 노력하는 과정에서 영향을 받는다. 모든 요인을 보호자가 다룰 수 있든 아니든 곤혹스러운 행동 및 실제 상황은 가족 전체에 영향을 미친다.

섭식장애를 이겨 낼 수 있도록 당사자를 지원하고, 각자의 스트레스 반응에 대처할 수 있도록 가족 구성원 개인을 도와주기 위해 협력적 가족 돌봄 팀을 구축하는 것은 공동체 전체의 안정과 기능 유지를 위해 필요하다. 만약 일상생활 중 추가적인 어려움이 느껴지면 가족생활에 문제를 일으키는 사건과 섭식장애 당사자의 회복을 위한 효과적 지원 방법을 의논할 수 있는 '가족 포럼(family forum)'을 만들어 보자. 가정이나 '팀'의 상황이 어떠하든, 정기적 '가족 포럼'이 열리면, 연령대를 막론하고 가족 내의 모든 사람이 사건에 대해 이야기하며 어떻게 느끼는지 말할 수 있다. 또한 가족 돌봄 팀 구성원들이 새로운 상황이나 사건에 대한 다른 사람들의 반응을 인식할 수 있다. 궁극적으로 이것은 그 사건이 다른 방식으로 어떻게 영향을 미쳤고 심지어 해석되었는지 더 많은 대화와 이해를 나눌 수 있다.

섭식장애 당사자는 '나의 삶이며 당신들이 절대로 관여할 바 아닌 나의 문제'임을 주장하면서 더 강하게 저항할 것이다. 보호자는 섭식장애가 당사자의 건강과 미래에 영향을 미칠 뿐만 아니라 가족 내 모든 구성원에게 영향을 주고 있다는 것을 강조해야 한다. 따라서 온 가족이 그 상황을 다루는 것이 중요하다. 무슨 일이 생기든, 열린 토론을 통해 '힘듦을 나누고 규칙을 어떻게 세울지'를 고민하는 것은 왜곡된 사고를 교정하며, 병리에 맞서기 위한 효과적인 자원을 발달시킬 것이다. 입원 병동 안에서도 치료팀은 정기적인 미팅을 열어 필요한 정보와 자원을 공유한다. 이처럼 섭식장애 당사자의 가족 상황 안에서도 정기적 미팅이 필요하다. 팀워크가 없다면, 섭식장애가 상황을 통제해 버리기 쉽고, 고착되며, 당사자에게 벌어지는 강박행동들을 더 회피하게 되어 다루어 내기가 더 힘들어진다.

3. 가족 포럼: 얼마나 자주

가족 포럼은 집안의 모든 가족 구성원을 포함시키는 것을 원칙으로 한다. 직계 가족이 아니지만, 가족과 가까이 지내며 긴밀히 지내는 타인도 포함될 수 있다. 함께 테이블에 둘러 앉아 주 1회 정기적으로 모이는 것이 가장 좋다. 모든 사람들이 가능한 편안한 시간에 따뜻한 불 주위에 모여 앉아 보자. 포럼의 핵심은 모든 사람이 가족 안에서 일어난 일에 관해 똑같은 그림으로 보게 하여 이와 관련된 문제들을 논의하는 것이다.

- 참여한 모두가 자신의 감정에 대해 말할 기회를 갖고, 그 상황에 대해 어떻게 대처하고 있는지 설명해 주자.

- 어떤 개인이 특정한 시기에 추가적인 지원이 필요하다고 느낀다면 지원을 궁리해 보자.
- 다른 가족 구성원이 모르는 다른 일이 일어나고 있는지, 특히 시험, 특별한 일로 받는 스트레스들, 대가족의 건강상태가 나빠지는(어쩌면 조부모나 다른 누군가에게 추가 지원이 필요한) 상황들을 공유하자.
- 시작 시점과 흥미의 정도, 반려동물과의 산책, 지인들에게 메시지 보내기, 팀 스포츠 참여, 즐겁게 온라인 게임하기, 좋아하는 드라마/영화/음악을 함께 향유하기 등 모두를 위한 건설적인 휴식 시간을 추진하자.
- 가족 모두가 팀으로 함께하면서도 혼자만의 쉬는 시간을 가질 수 있도록 계획해야 한다. 팀원으로서 혼자 있다는 느낌이 들지 않고, 돌봄이라는 거대한 무게에 짓눌려 홀로 남겨지거나 고립되지 않아야 한다. 가족 중 한 사람(주로 엄마)이 주 보호자의 역할을 맡는 경우가 많다. 형제자매, 조부모, 가족 같은 기타관계, 배우자, 동거인 그리고 친구들은 섭식장애 회복 여정에 자문 역할을 할 수 있다.
- 한 부모 가정의 보호자의 경우, 매우 어려운 환경에 놓여 있고 홀로 심각한 상황에 대처해야 하기 때문에 상당한 고립감을 경험할 수 있다. 그들은 특별한 친구 도움을 줄 수 있는 지지 관계 혹은 사회적 자조 집단을 통해 지지망을 구축해야 한다. 그리고 주치의(GP)는 각 지역의 돌봄 지원 단체에 대한 정보를 보호자에게, 가족에게 주어야 할 의무가 있다.

가족 포럼을 구성하는 방법에 대한 보다 자세한 제안들은 가족과 보호자 그리고 전문가들에게 물어보자. 『Families, Carers and Professionals: Building constructive conversations』라는 책에 많은 정보가 있다.

4. 회복탄력성과 체력 키우기

　장기간 지속되는 섭식장애에 가족들 그리고 보호자는 오랜 시간동안 침착하고 일관되게 자비를 가지고 섭식장애 당사자를 지지할 수 있도록 자신의 체력과 회복탄력성을 키워야 한다는 사실을 인지해야 한다. 긴 시간 동안 생겨난 '많은 도발과 골칫거리'에 직면한다는 것은 결코 쉽지 않다. 당신에게 무엇이 필요한지 살펴라. 가족 각 구성원이 지속적으로 효과적인 돌봄을 유지하기 위해서는 많건 적건 각기 다른 지지 전략들을 필요로 한다. 스미스의 저서인 『Anorexia and Bulimia in the Family(가족 안에서의 거식증과 폭식증)』에는 거의 모든 장에서 보호자를 위한 여유 만들기에 대해 다룬다. 그리고 최근 그녀의 논픽션 『Surviving Family Care Giving(가족돌봄에서 살아남기)』에서도 '의사소통'은 핵심 주제다.

　매해 '큰' 명절과 휴가는 가족에게 올해의 하이라이트일 수 있지만, 섭식장애가 그 속의 일부로 존재할 때에는 가족이 정기적으로 숨 쉴 수 있는 여유가 '계획'되어야 한다. 30분에서 1시간 정도의 대화 시간, 집에서 조금 떨어진 곳에서 가족 외식, 1~2시간의 취미 활동, 1박 2일 숙면, 편안함과 휴식을 위해 시간 보내기 등이 모두의 생존을 위한 핵심 열쇠다. 휴가가 길수록 계획 세우기가 어려울 수 있지만 항상 약속과 지속적인 지지 및 연대를 중심으로 조직화하자.

　정기적인 가족 포럼과는 약간 다른, 매일의 과정과 문제에 대한 즉석 토론도 중요하다. 주방 안에서, 정원 안에서, 여행 중에 혹은 그 밖의 곳에서 무언가 하나씩 나타날 때마다 필요하다면 조용하고 합리적인 사고로 그 순간을 잡아 보자.

　의사소통하는 과정 중에 감정이 격렬해졌다면 '식히는' 시간을 가져야만 한다. 그 기간 동안 사건에 대한 논의와 실행 요인이 무엇이었는지, 결론은 무엇이었는지 점검하고 나서 미래를 위해 무엇이 필요한지 검토하자. 잘못된 가정과 오해에 대해서는 투명하고 명확해지도록 다루어 살피자.

5. 도움이 되지 않는 반응 검토하기

보호자는 섭식장애 치료와 회복에 도움이 되지 않는 자신의 반응을 객관적으로 검토하는 과정이 필요하다. 자신은 어떤 유형으로 반응했었는지 자각해 보자. 캥거루형은 과잉 보호와 당사자 대신 책임질 수 있는 무엇인가를 하기 위해 서두르며, 그 부분에 대해서 당사자가 책임져야 함에도 불구하고 보호자가 미리 제거해 버리기도 한다. 코뿔소형은 병리 행동에 맞서 논리적으로 논쟁하려 하고, 타조형은 오랫동안 문제를 무시해 왔고 문제가 사라지기를 바란다. 이에 보호자는 돌고래형과 세인트 버나드형의 접근 방식을 달성하여, 지시하고 직접 떠맡기보다는 지원하고 안내하는 방법에 대해 생각할 수 있어야 한다.

6. 취약점 해결을 돕기

회피, 감정 폭발, 완고함, 세밀한 부분에 집착하느라 더 과장되는 등의 핵심적인 취약성이 섭식 병리를 점점 더 위협적으로 만든다. 하지만 아무리 작은 변화일지라도 당사자가 어떠한 진전을 이루었는지 인정하고 주목한다면 병에 맞선 자신의 노력을 당사자가 인정하는 데 도움이 될 것이다.

• 네가…… 나에게 무엇에 대해 생각하고 있는지 말할 수 있는 용기를 발견했다는 것이 인상적이야.

- 네가 ……에 대해서 어떻게 느끼고 있는지 마음을 열고 말한다는 것은 쉽지 않았을 텐데…….
- ……에 대해 근원적으로 느끼는 것들을 말해 주어 고마워.
- 가슴에서 우러나오는 말을 하기까지 큰 용기가 필요했을 거야.
- 너는…… 충분히 ……할 만큼 유연해졌고/적응할 수 있고/다재다능해졌다고 생각해. 사려가 깊고, 사색적이었던 원래의 너로 느껴져.
- 너는 너의 안전 행동들을 교정하기 위한 자신감, 용기, 두려움 없는 결단의 마음을 이미 가지고 있었단다.

7. 사용하면 좋은 단어와 문구

　연습을 통해 보호자는 자신만의 유용한 문장들을 개발해야 한다. 거울 앞에서, 친구 혹은 가족 구성원 앞에서, 혹은 반려견 앞에서 스스로 연습해 보는 이유는 그것이 필요할 때 거의 자동적으로 떠오르게 하기 위해서이다. 그리고 위로해 줄 때든 침착하게 반응해 줄 때든 안정감 있게 표현할 수 있는 확률을 높이기 위해서이다.

> 미안해. 내가…… 때문에 피곤하구나/꽉 막힌 것 같아/불안해/화가 나……. 그래서 난 ……을 하지 않을 거야.
> 어젯밤에 나누었던 대화를 곰곰이 생각해 보았어. 내가 실수를 했다고 느껴졌어. 내가 ……라고 말했었어야 했던 것 같아/내가 말하려고 하는 것은…….

　구체적일수록 좋다. 만약 당신이 당신으로부터 잘못된 게 있다는 느낌을 당사자에게 표현할 수 있다면 잘못되어 간다는 것을, 특히 두려워하는 섭식장애 당사자에게 실수는 있을 수 있고 '괜찮아, 누구나 실수할 수 있지.'라는 메시지를 줄 수 있다.

'나는 ……에 대해서 슬퍼/화나/행복해/좌절되었어.'라고 말하는 것처럼 보호자가 사랑에서부터 분노까지 작은 감정까지도 자신의 감정에 솔직하게 반응하는 것은, 자신의 감정을 말하고 보여 주는 것이 괜찮다는 강력한 메시지를 당사자에게 전달할 수 있다.

얼굴을 맞대고 전달하는 모든 말이 강력하고 효과적이지만, 늘 얼굴을 보고 말해야만 하는 것은 아니다. 글, 전화, 문자 메시지, 이메일로도 가능하다. 사랑한다는 내용의 편지나 카드도 모두 소중하다.

8. 반복

섭식장애는 예측할 수 없는 많은 단계를 가지며 오랫동안 전진과 후퇴를 반복하기 때문에, 필요한 만큼 자주 말하고 싶은 것들을 반복할 준비를 해야 한다. '기대했던 바가 나타나지 않았어. 내 말이 소용없는 거야' 하면서 포기하지 말자. 차분하게, 침착하게, 꾸준히, 적절한 타이밍에 포기하지 않고 하는 것이 내면의 비판자에 맞서는 태도의 핵심이다.

9. 그대로 놔두는 것

때때로 섭식장애 당사자는 당신에게 싸움과 같은 것을 걸기도 한다. 그 장면에서 당사자는 당신을 낮은 자존감을 가진 자신을 비난하고 비판하는 자의 위치에 둘 수 있다. 이러한 함정 혹은 덫을 피해 당신만의 고유한 표현을 사용하여 당사자와 대화해야 할 것이다.

네가 ……에 대해 말한 것에 호기심이 생기는구나.

내가 잘못하고 있다는 것을 알 수 있게 도와줘서 고마워. 내가 조금 더 깊게 이해할 수 있도록 이야기해 주겠니?

나는 너에게 최선을 다하기 위해 무엇을 해야 할지 당황스럽고 혼란스러워. 조금 더 생각해 볼게. 그래서 나에게 휴식 시간이 좀 필요한 것 같아.

난 너와 다투고 싶지 않단다. 생각할 시간을 가지고 싶어. 산책을 하거나 내 방에 혼자서 생각할 시간이 필요해. 그런 다음 계획을 세워 보자. 언제가 좋을까?

그 얘기는 정말 중요한 주제인 것 같아. 생각할 시간이 필요해. 그것에 대해서 조금 더 많이 이해하고 싶어. 나에게 어떤 관점이 생길 시간이 필요해. 모든 문제를 해결하기 위해서 글을 써 보고 싶어. 그런 다음 그 주제로 되돌아갈 계획을 세우자. 언제가 좋을까?

난 내가 느끼는 바를 말해 왔고 너는 네가 느끼는 바를 말해 왔어. 지금은 우리 둘 다 휴식 시간이 필요한 것 같아. 우리 이 주제에 대해 다시 이야기할 시간을 언제로 하면 좋을까?

필요하다면 약간 변형해서 문장을 반복적으로 연습하고 익히자. 말을 할 때, 당신의 비언어적인 표현과 당신의 톤, 어조에 대해 잘 알고, 침착하게, 자비의 마음으로 존중하는 것이 핵심임을 기억하자.

10. 안심을 준다는 함정

당사자를 끊임없이 안심시키기 위해 반복적으로 이루어지는 대화는 회복에 해롭다. 침착하게, 섭식장애 당사자와 함께 규칙을 정하는 것으로써 안심을 준다는 함정의 양을 줄여 보자.

나는 네가 안심하기 위해 너를 그 생각에 묶어 두려고 하는 것이 도움이 되지 않는다는 것을 이해하고 있어. 네가 나에게 다시 물어보면 나는 이렇게 대답할 거야. "예전에 우리가 그 부분에 대해서 한 번 이상 얘기했던 것으로 기억해. 그때 내가 무엇이라고 말했는지 기억할 수 있니?"

너의 체중 감량에 대해 내가 무엇을 느끼고 있는지 물어봐 주어서 고맙구나. 그 부분에 대해서 너는 어떻게 생각하고 있는지 궁금하구나.

11. 수용할 수 없는 행동

수용할 수 없는 행동을 방치하지 말자. 환영할 수 없는 부정적인 행동이 일어났을 때 당신은 그 행동이 왜 받아들여질 수 없는지 침착하게 설명할 준비가 되어 있어야 한다. 다루기 어렵고 까다로운 행동에 대해 보호자인 당신의 자리에서 가장 중요한 것이 무엇인지 우선순위를 매긴 다음, 합리적으로 변화가 쉬운 것들부터 도전하자.

섭식장애 당사자가 깨 버린 규칙에 대해 간략히 설명해 주고, 처음 그 규칙에 동의한 이유를 들어 보자. 그리고 그때부터 어떤 부분이 조금씩 나아져 갔는지를 상기시켜 주자.

비명을 지르고 소리를 치면 안 돼. 나는 너를 매우 사랑하지만 비명 지르고 소리치는 것은 용납할 수 없구나. 다른 누구라도 그런 행동을 했다면 그것을 받아들이지 않을 거고, 그게 너라도 그 행동을 받아들이지 않을 거야. 그건 나를 속상하게 하고 마음이 아프단다. 어떤 이유로 네가 (마음의) 문을 닫거나 열 때, 조용히 내게 말해 주면 좋겠어.

12. 중요한 격려의 말

중요한 격려의 말이 필요할 때가 언제일지 생각해 보자. 그리고 '난 네가 ……했을 때 정말 좋아.' '……해 주어서 고맙구나.'와 같은 긍정적인 행동에 대한 칭찬을 떠올려 보자. 세탁물을 정돈한다거나 재활용 쓰레기를 분류하는 등 아무리 작은 노력이라 할지라도 당사자가 할 수 있게 하고, 다른 가족이 그 사실을 알게 하여 그것이 얼마나 고마운 행동으로 여겨지는지를 보여 주자. 표현하지 않으면 사랑받지 못한 것으로 느끼는 섭식장애 당사자에게는 '나는 널 사랑해. 난 섭식장애 행동이 싫단다. 하지만 여전히 널 사랑해.'와 같이 말로 표현하여 사랑을 전달하길 바란다. 긍정의 힘을 더 보여 주자. 용기를 북돋우고 격려할 아주 중요한 단어 및 문장을 정기적으로 찾아보기 바란다.

의식적으로, 변화를 향한 모든 진전에 대해 긍정적인 관심을 주자. 고통 받고 있는 사람이 변화하고자 노력하는 것들을 기억해 줌으로써 매일의 변화에 대해 지지를 보낼 수 있다. 처음 외국어를 배울 때 변화는 더디지만, 끊임없는 연습의 시간을 거치면 능숙해지는 때가 다가오는 것처럼 말이다.

13. 회복 노력을 반영하는 또 다른 긍정 표현 형용사

'극복했다'뿐 아니라 긍정적 변화로 향하고 있음을 보여 주는 행동들을 칭찬하고 주목할 필요가 있다. 보호자인 당신의 혀끝에, 당사자가 필요로 하는 기술을 묘사할 형용사가 준비될 필요가 있다. 예를 들어, 유연한, 용기 있는, 적응할 수 있는, 자원이 풍부한, 용감한 등등. '난 네가 진짜로 이 문제를 해결해 갈 수 있는 자원이 풍부하고 용감하다고 생각해.' 기억하거나 기록해 두었던 격려의 말 리스트에 긍정 표현 형용사들을 덧붙여 보자. 훨씬 더 부드럽고 풍부해질 것이다. 당신만의 건설적인 문장이 탄생할 수 있다.

14. 전진과 후퇴를 기록하기

일기와 메모 쓰기는 힘든 사건들로 인한 좌절과 아주 작은 진전으로 인한 성공들을 기념하고 축하하기 위한 증거로서 매우 유용하다. 그 자료를 가지고 치료 전문가와 상담하는 것도 좋다. 매일, 주 1회 혹은 주기적이지만 간헐적으로 모두 다 괜찮다.

15. 기록의 이점

일상생활 중 부정적인 측면만을 기억해 내는 것은 매우 쉽다. 반면에 어떤 상황에 대해, 가족 중 누군가가 의식적으로 추가한 기억과 느낌은 당사자의 스트레스를 긍정적 관점으로 발달시키는 데 도움이 된다.

> 남동생: 누나가 내 숙제를 도와주어서 너무 고마워.
>
> 엄마: 차를 만드는 것에 대해서 너와 논쟁할 때 너무 화가 났어. 왜냐하면 우리는 이미 무엇을 먹을지, 누가 요리를 할지 계획했었기 때문이야.
>
> 아빠: 정원에서 너와 함께 새들에게 모이를 주었을 때 즐거웠단다. 참새가 날아오고 날아가는 것을 함께 지켜보면서 흐뭇했어. 참새가 짹짹거리고 있을 때 재밌었지?!

섭식장애 당사자: 내가 너무 무례했어요. 엄마. 전 우리가 정했던 음식에 대해서 너무 골몰하느라 스트레스가 심해졌어요. 전 엄마를 사랑하고 엄마의 지원에 감사해요. 아빠, 우리가 서서 아기 새들이 식탁에서 모이를 먹기 시작하는 것을 함께 지켜보았을 때 그건 정말 멋졌어요. 그리고 동생아, 내가 너의 숙제를 도와줄 수 있어서 기뻐.

언니: 내가 잘못한 부분에 대해 사과할게.

섭식장애 당사자: 엄마와 함께 다리 위에서 오리들을 보고 강을 따라 산책하니까 참 좋아요.

엄마: 내일 너와 하루 종일 박물관에 간다니 너무 기대되는구나.

아빠: 나의 약속을 기억하고 내게 말해 줘서 고마웠어. 네가 아니었으면 깜박 잊고 지나갈 뻔했구나.

16. 결론

이 책의 끝에서 당신은 다음과 같은 것이 얼마나 중요했는지 배웠다.

- 침착한 마음
- 일관된 마음
- 자비를 가지는 마음
- 섭식장애를 가진 당신의 자녀를 소중히 하고 코칭하여 섭식장애에 맞설 자신감을 가지게 돕는 것
- 실용적인 해결책을 찾음으로써 당신 자신과 가족 모두를 보살피고 돌보며, 회복에 다다르기 위한 발견의 항해 위에서 당사자와 함께 여정을 따르고 완료하기 위해 어떤 지원이 필요한지 아는 것

이제 당신은 섭식장애와 대화하는 것이 비생산적이라는 것을 알았고, 사랑하는 당신의 자녀 혹은 배우자를 코칭하는 것이 진정한 변화를 만들 수 있다는 것을 알았다.

- 유심히 귀 기울여 들으며 대화하자.
- 의사 결정에 앞서 당신의 머리와 가슴을 사려 깊게 살피자.
- 가족이 하나의 팀이 되어 일관된 접근 방식을 확고히 하고 명확한 소통, 협력, 조화를 이루려고 노력하자.
- 약점을 보완하고, 사회적 관계망을 통해 당신 자신의 강점을 지각하고 성장시키자.
- 새롭게 도전 받을 때마다 새롭게 도전하고자 하는 용기를 가지자.
- 확신을 가지면서도 친근하게 접근하면서 문제 해결의 능력을 발전시켜 나가자.

이제 당신에게 행운이 깃들기를 바라면서 지극한 소망을 보낸다.

참고문헌

Bell, L. (2004). *Managing Intense Emotions and Overcoming Self-destructive Habits*. Brunner-Routledge.

Miller, W., & Rollnick, S. (1991). Motivational interviewing: *Preparing people to change addictive behaviour*. Guilford,

Miller, W., & Rollnick, S. (2002). *Motivational interviewing*. Guilford.

MIND. (2013). *Understanding Self-harm*. MIND.

National Self Harm Network. (1998). *'The hurt yourself less workbook'*. National Self Harm Network.

Rollnick, S., Mason, P., & Butler, C. (1999). *Health Behaviour Change*. Churchill Livingstone.

Royal College of Psychiatrists. (1998). *'Manging deliberate self-harm in young people. CR64: A fact sheet from Royal College of Psychiatrists'*. Royal College of Psychiatrists.

Schmidt, U., Alexander, J., & Treasure, J. (2015). *Getting Better Bite by Bite*(2nd.). Routledge.

Smith, G. (2004). *Anorexia and Bulimia in the Family*. Wiley.

Smith, G. (2007). *Families, Carers and Professionals: Building constructive conversations*. Wiley.

Smith, G. (2014). *Surviving Family Care Giving*. Routledge.

Treasure, J., & Alexander, J. (2013). *Anorexiaz Nervosa: A recovery guide for sufferers, families and friends*(2nd.). Routledge.

Veale, D., & Wilson, R. (2005). *Overcoming Obsseive Compulsive Disorder*. Robinson.

Venables, J. F. (1930). Anorexia nervosa: Study of the pathogenesis and treatment of nine cases. *Guy's Hospital Report, 80*, 213-226.

찾아보기

저자 소개

Janet Treasure(OBE, Ph. D, FRCP, FRCPsych)는 영국 런던대학교 킹스 칼리지 교수이자 임상의이다. 섭식장애 치료와 연구의 세계적인 리더로, 이 분야 치료를 획기적으로 발전시켰다. 트레저 교수의 관심사는 새로운 형태의 치료법을 개발하기 위해 병리학 연구를 사용하여 환자 및 보호자와 공동으로 작업하는 것을 포함한다. 이로부터 그녀는 질병의 관리 기술에 관한 정보 공유 도구를 개발해 왔다.

Gráinne Smith는 전직 교사이자 작가이다. 그동안 수많은 보호자와 가족과 교수 및 치료 전문가와 함께 영국 각 지역 헬프라인과 회의, 워크숍, 학회 활동을 해 왔다. 지금은 완치되었지만 그녀의 딸은 청소년기에 거식증(폭식/제거유형)으로 진단받았었기에 가정 내 보호자들을 위한 사례들은 모두 그녀의 과거 실제 경험을 근거로 한다.

Anna Crane은 개업의이며, 섭식장애를 앓았던 개인사가 있다. Student BMJ에서 겪었던 그녀의 경험을 글로 남겼다. 병원에서 일차 진료 시 섭식장애 판별 프로파일을 강화하고 교육을 통해 일반의를 대상으로 한 커리큘럼 적용범위를 확장시키는 데 앞장서 왔다. 그녀는 의사들에게 섭식장애 환자 진단과 환자 지원을 위한 교육을 제공하고 있다.

역자 소개

김율리(Kim, Yourl-Ri)

연세대학교 의과대학을 졸업, 동 대학원에서 정신의학박사학위를 받았으며, 런던대학교 킹스칼리지의 연구전임의, 임페리얼칼리지런던에서 연구원으로 근무했다. 아시아인 최초로 국제섭식장애학회 종신펠로우이며, 대한민국의학한림원 정회원이다. 인제대학교 교수 및 섭식장애정신건강연구소장이자 모즐리회복센터 소장을 역임하고 있다.

전 인제대학교 서울백병원 정신건강의학과 교수

　　영국 런던대학교 킹스 칼리지 정신의학연구소 섭식장애분과 연구전임의

현 인제대학교 일산백병원 정신건강의학과 교수

　　국제섭식장애학회 종신펠로우

　　대한민국의학한림원 정회원

• email: youlri.kim@gmail.com

권젬마(Kwon, Gemma)

오랜 시간 섭식장애 당사자와 가족을 회복으로 안내하면서 깨달은 것은, 섭식장애로 인해 끊어진 삶의 이야기들이 다시 연결되어 이해될 때 진정한 치료적 변화로 나아갈 수 있다는 것이었다.

전 서울백병원 정신건강의학과 섭식장애클리닉 미술치료사

　　모즐리회복센터 섭식장애전문 미술치료사

현 한국표현예술심리상담학회 전문예술심리상담사

　　가천대학교 특수상담대학원 미술치료학과 박사과정

　　경희대학교 생활과학대학원 아동가족학과 박사수료

　　한국라깡임상정신분석협회 정신분석 임상가 과정 수련 중

　　IFS practitioner

• email: ineepee@gmail.com

〈표지 그림〉

정은혜　제주도 숲이 있는 마을에 사는 화가, 미술치료사, 생태예술가

그림 설명　우리는 모두 연약함이 있기에 자기 안의 연약함과 닿는다면, 다른 연약한 이들을 향해 연결된 뿌리의 마음을 만난다.

사랑하는 가족이 섭식장애를 앓고 있을 때
신 모즐리 기법(원서 2판)

Skills-based Caring for a Loved One with an
Eating Disorder (2nd ed.)
－The new Maudsley method－

2025년 2월 25일 1판 1쇄 인쇄
2025년 3월 5일 1판 1쇄 발행

지은이 • Janet Treasure · Gráinne Smith · Anna Crane
옮긴이 • 김율리 · 권젬마
펴낸이 • 김진환
펴낸곳 • ㈜**학지사**

04031 서울특별시 마포구 양화로 15길 20 마인드월드빌딩
대표전화 • 02-330-5114   팩스 • 02-324-2345
등록번호 • 제313-2006-000265호

홈페이지 • http://www.hakjisa.co.kr
인스타그램 • https://www.instagram.com/hakjisabook

ISBN 978-89-997-3290-4 93370

정가 20,000원

※ 본 도서 역자들의 인세는 섭식장애 인식개선 활동에 기부됩니다.

출판미디어기업 **학지사**

간호보건의학출판 **학지사메디컬** www.hakjisamd.co.kr
심리검사연구소 **인싸이트** www.inpsyt.co.kr
학술논문서비스 **뉴논문** www.newnonmun.com
교육연수원 **카운피아** www.counpia.com
대학교재전자책플랫폼 **캠퍼스북** www.campusbook.co.kr